대륙을 품은 섬
영국견문록

대륙을 품은 섬, 영국견문록

케임브리지로 간 중문학자의 영국 문화, 예술, 역사 탐방기

지은이 | 장동천
펴낸이 | 김성실
기획편집 | 이소영 · 박성훈 · 김진주 · 채은아 · 김성은 · 김선미
마케팅 | 곽홍규 · 김남숙
인쇄 · 제책 | 한영문화사
펴낸곳 | 시대의창
출판등록 | 제10−1756호(1999. 5. 11)

초판 1쇄 발행 | 2015년 9월 25일

주소 | 121−816 서울시 마포구 연희로 19−1 4층
전화 | 편집부 (02) 335−6125, 영업부 (02) 335−6121
팩스 | (02) 325−5607
이메일 | sidaebooks@daum.net

ISBN 978−89−5940−572−5 (03920)

ⓒ 장동천, 2015, Printed in Korea

이 도서의 국립중앙도서관 출판시도서목록(CIP)은
서지정보유통지원시스템 홈페이지(http://seoji.nl.go.kr)와
국가자료공동목록시스템(http://www.nl.go.kr/kolisnet)에서 이용하실 수 있습니다.
(CIP제어번호: CIP2015023626)

대륙을 품은 섬

영국견문록

케임브리지로 간 중문학자의 영국 문화, 예술, 역사 탐방기

장동천 지음

시대의창

일러두기

1. 중국 고유명사는 국립국어원 외래어표기법에 따라 표기하고 한자를 병기했다.
   단, 일부 '천안문' 등 고유명사는 한국 한자어 발음으로 표기했다.
2. 서양 고유명사의 경우 내용상 중요한 것에만 원어를 병기했다.
3. 도서명은《 》, 잡지명, 영화명, 글 제목 등은〈 〉로 표기했다.

책머리에

필자는 2014년 2월부터 1년간 방문학자 신분으로 영국의 케임브리지 대학에 머물렀다. 중국 문학을 공부하는 내가 굳이 영국으로 떠난 이유는, 근현대 시기에 중국과 유럽 열강 간의 교섭과 충돌의 역사에 대한 관심 때문이었다. 하지만 떠나기 전 내가 접한 영국에 대한 정보는 매우 빈약했다. 편하게 읽을 것만 찾기는 했지만, 중국쪽 자료를 제외하면 이원복 교수님의 《먼나라 이웃나라》(영국 편)와 박지향 교수님의 《영국적인, 너무나 영국적인》, 그리고 김규원 기자님의 블로그 〈오랑캐의 세상잡기〉 정도가 거의 전부였다. 나의 노력은 그렇다 치고, 시중에 출판된 영국 관련 읽을거리도 여행 정보 말고는 의외로 많지 않았다. 하물며 중국과 유럽 간의 관계를 기술한 책은 더 말할 필요가 없겠다. 그래서 포괄적이나마 이 방면을 서술한 책도 필요하겠다는 생각을 어렴풋이 하면서 영국으로 갔다.

막상 영국에 가서 이것저것 보다 보니 자꾸 다른 욕심이 났다. 전공 논문과 관련이 없다고 그냥 버리기에는 아까운 잡스러운 메모가 점점 늘어갔다. 그것을 다듬은 산문 원고가 쌓여가다 급기야 주객이 전도되고 말았다. 원래 의도한 것도 성격이 바뀌어 전체 묶음의 일부로 포함되었다. 이 책이 교양서도 수필집도 아닌 괴이한 형식이 된 것은 그런 저간의 사정 때문이다. 사실 감성까지 폭넓게 담아내기에 논문 형식의 글은 적절치 않았다. 게다가 내가 이처럼 자유롭게 글을 쓸 기회가 앞으로 많지 않을 것이라는 초조감도 한몫했다. 대학교수라도 모든 일상이 논문 업적과 연구비 실적에 좌우되는 삭막한 시스템 속에서, 설사 안식년 중이더라도 마냥 편하게만 지낼 수 없는 것이 또한 오늘의 현실이기 때문이다. 그런 현실과 거리가 있는 이 책은 어쩌면 상아탑 안에서는 관심을 사지 못할 수도 있다. 같은 이유로 학과와 연구사업단에 소속된 동료 교수님들께는 송구한 마음도 든다. 글을 다 쓰고 나니, 은사인 허세욱 교수님께서 생전에 필자에게 수필을 써보라고 권하신 일이 떠올랐다. 비록 기대하신 만큼은 아니지만, 절반쯤이나마 은사님과의 약속을 지킨 셈이 되어 그 점에서는 다소 마음이 가벼워지기도 한다.

우리 속담에 "서울 놈은 비만 오면 풍년이란다"는 말이 있다. 많이 아는 사람은 가만있는데, 섣불리 아는 사람이 요란을 떤다는 뜻이다. 그러나 영국 문화에 대한 지식이 얕은 나로서도 나름의 핑계는 있다. 보이는 것만 보았기에 그만큼 인상적이었고, 깜냥이 빤하기에 더 과감하게 글로 옮길 수 있었다고 말이다. 거기에다 전공이 중국 쪽인 덕에 알량하나마 그 방면의 지식까지 동원할 수 있었다고 한다면 더더욱 합리화될는지 모르겠다.

　사실 기대와 달리 영국 대학의 분위기는 전반적으로 단조로운 편이었다. 안정된 연구 시스템을 경험한 것은 좋았지만, 약간의 시각과 방법론의 차이 외에 영국이라고 대단히 다른 점은 발견할 수 없었다. 하지만 그간 동아시아 안에서만 맴돌던 내게 영국은 필경 특별한 것을 선사해주었다. 가장 값진 선물은 전혀 다른 배경의 문화를 통해 생각의 여지를 넓혀 주었다는 점이다. 이 덕분에 유럽의 역사와 동서 교류에 대해 평소 내가 품어온 지적 호기심을 제법 넉넉하게 채울 수 있었다. 이 책은 그중에도 각별한 인상을 받은 것만을 선별해서 기록한 것이다. 연수 일정에 맞춰 객관적인 지식을 요령 있게 나열하는 것은 내 취향도 아니려니와, 능력 밖의 일이기도 하다. 설사 각 편 사이의 연속성이 떨어지더라도, 나는 대상에 대한 소회에 의미를 두어 기술하고자 했다. 모쪼록 내가 누린 지적·감성적 행복감을 독자들과 조금이나마 나눌 수 있다면 저자로서 더 바랄 것이 없겠다.

　이 책이 나오기까지 여러분이 도움을 주셨다. 우선 기꺼이 연구 파트너가 되어준 케임브리지 대학 아시아중동학부의 수전 다루발라Susan Daruvala 교수께 감사드린다. 함께 지낸 기간이 반년뿐이지만 넉넉한 동료애를 보여준 중국인 방문학자 가오리친高麗琴, 황칭黃擎 교수께도 감사드린다. 생활과 답사의 든든한 동료가 되어준 경남과기대의 나희라 교수님과 부산대 강유진 선생님, 영국통으로서 항상 좋은 정보를 제공해준 전 남춘천여중 교사 안현기 선생님, 그리고 이웃해 살면서 타국 생활의 빈틈을 이모저모로 메워준 교민분들께도 감사드린다. 가족처럼 사랑을 베풀어주고 값진 이야기도 해준 아일린 커리어Eileen G. Currier 여사와 티나 알렉산더Tina Alexander 선생 님, 그리고 생활의 조언자가 되어준 모이라 오설리번Moira O'Sullivan 선생님과 방문학자를 위한 봉사 단체인 NVSNew Comers and Visiting Scholars의 회원 여러분께도 감사드린다. 더불어 파리 일정이 순조롭 도록 도와주신 김미현, 피에르 코엘료Pierre Coello 사진작가 내외분께 도 진심으로 감사드린다.

그밖에 영국에 있는 동안 내내 '카톡'으로 안부를 전해준 지도 학 생을 비롯한 고려대 중문과 대학원생 스물네 명 모두에게도 감사를 표한다. 이들과 나눈 문자 대화는 이 책을 저술하는 데에 커다란 자 극이 되었다. 초기 정착을 도와주신 고려대 국문과의 권보드래 교 수님과, 영국에서 강의해봤다는 죄로 꼼짝없이 선배의 출국 준비를 챙기고, 본서의 초고까지 검토해준 서강대 홍지순 교수께도 감사드 린다. 홍 교수처럼 필자의 영국행을 열정적으로 도와준 또 다른 후 배는 에든버러 대학에서 박사 논문을 쓴 고려대 중국학연구소의 심 태식 교수였다. 그런데 성탄절이 얼마 지나지 않은 일요일 새벽, 심 교수의 급작스러운 부음을 접했다. 심 교수의 소천은 내게 청천벽 력이었으며, 그로써 영국 연수의 큰 목적 하나를 상실하게 되었다. 뒤늦게라도 이 책을 고 심태식 교수의 영전에 바쳐 감사 인사를 갈 음하고자 한다.

영국으로 떠나면서 한국에 남긴 유일한 소망은 돌아올 때도 어머 니가 건재하시는 것이었다. 소망을 이뤄주신 어머니께 감사드리며, 먼 영국까지 모시지 못한 대신 이 책을 안겨드릴 수 있게 되어 무한

한 기쁨으로 생각한다. 더불어서 영국 생활을 즐겁게 만들어준 세 딸과, 모든 답사에 길동무가 되어주고 책의 마지막 교정까지 꼼꼼하게 도와준 아내 노은정 선생에게 사랑과 감사를 전한다. 마지막으로 격려와 함께 귀한 사진 자료를 보내준 사오쉰메이邵洵美 선생의 차녀 사오샤오훙邵綃紅 여사, 장이蔣彝 선생의 손녀 장신이Hsinyee Chiang 여사, 베이징의 라오서老舍 기념관에 감사드린다. 그리고 어려운 상황에서도 흔쾌히 출판을 맡아주신 시대의창 출판사 김성실 대표님과 출판사 가족분들께 심심한 감사를 표하고자 한다.

정릉 북한산 자락에서
장동천

차례

1장.

1 파운드의 행복

1파운드의 행복

영국에 도착해서 정신없이 한 달을 보내고 조금 여유가 생겼을 때 가족과 함께 처음으로 본 영화가 〈메리 포핀스〉였다. 이 영화는 내가 아주 어렸을 때 보았지만 오랫동안 기억에 남아 있었다. 보통 오래전에 본 영화를 다시 접할 때는 처음 보았던 시점에서 멀어질수록 기억과 실제 영상 사이의 차이가 크기 마련이다. 이 차이는 경이가 되기도 하고 실망이 되기도 한다. 어릴 때는 〈메리 포핀스〉에서 실사와 애니메이션이 합쳐지는 장면에 제일 흥분했던 것 같다. 하지만 지천명의 나이가 되어 다시 보니 희한하게도 눈에 들어오는 것들이 따로 있었다.

　나의 유년 시절 기억 속에 뚜렷하게 남아 있는 배역은 마법사 가정교사 메리 포핀스와 굴뚝 청소부 버트 그리고 두 아이들뿐이지, 잘나가는 직장인이지만 아이들에게 꾸지람만 하는 아빠와 여성운동을 한답시고 늘 늦게 들어오는 엄마는 아니었다. 그런데 다시 볼 때는 나도 모르게 아빠와 엄마의 배역이 확대되어 보였다. 특히 아빠 조지 뱅크스의 준엄한 표정 뒤에 감춰진 아이들에 대한 애정과, 그가 실직당했을 때의 인간적인 모습이 의외로 가깝게 다가왔다. 사실 이 영화에서 가장 극적인 변화를 보이는 사람은 주인공인 메리 포핀스나 아이들이 아니라 아빠인 조지 뱅크스다.

영화 〈메리 포핀스〉는 1934년부터 1988년까지 시리즈로 출판된 여덟 편의 원작 소설 중 초기작 네 편을 섞어서 압축해놓았다. 그런데 원작 전체를 보면 아빠 역할의 비중이 영화만큼 크지는 않다고 한다. 원작가인 패멀라 린든 트래버스는 이 작품을 영화로 만드는 것을 한동안 거부하다가 가까스로 영화화에 합의했다고 한다. 영화 제작에 까다롭게 간여한 그녀는 아버지로 인한 트라우마뿐 아니라 아버지를 향한 연민과 사랑까지 영화에 반영되기를 원했다. 영화화하는 과정 중에 이런 문제를 두고 트래버스가 디즈니사와 벌인 실랑이는 2013년에 〈세이빙 MR. 뱅크스〉라는 또 다른 영화로 만들어지기도 했다. 〈메리 포핀스〉가 영화로 나오기까지의 뒷얘기를 다룬 이 영화를 보고 나면 〈메리 포핀스〉가 약간 다른 차원으로 이해되기도 한다.

영국에 가서 〈메리 포핀스〉를 다시 보니, 이 영화가 전형적인 영국 문화를 보여준다는 점에서 더 흥미롭게 느껴졌다. 전에는 몰랐는데 신기하게도 영국을 상징하는 것들이 영화 곳곳에 삽입된 것을 발견했다. 그중 하나가 바로 아빠 뱅크스의 직장이 은행이라는 사실이다.

런던 뱅크 역 앞의 왕립증권거래소.

　예나 지금이나 금융업은 이 나라를 지탱하는 주요한 3차 산업이다. 런던의 지하철역 중에는 아예 이름이 '뱅크'라는 역이 있다. 이일대는 로마가 '론디니움'을 건설하면서 런던이 처음 시작된 곳이자, 또한 정치 중심인 웨스트민스터 일대와 대칭을 이루는 경제의심장인 곳이다. 이 역의 지상에는 중세 이래 도시의 동업조합이었던 길드 홀과 주식거래의 산 역사인 왕립증권거래소가 있으며, 중앙은행인 영국은행의 사옥을 개조한 거대한 영국은행박물관이 있다. 좁지만 호화로운 건물로 장관을 이룬 이 일대가 바로 내력 있는런던의 금융가다. 지금은 뉴욕에 밀린다고 하지만, 전 세계 외환 거래의 32퍼센트, 외국 주식의 43퍼센트가 아직도 이곳에서 거래된다고 한다.

조지 뱅크스가 이런 금융 대국의 전형적인 금융인이라는 점은 그의 보수적인 면모와 겹쳐져 있다. 그는 자식들에게 엄격할 뿐 아니라 내면의 감정을 잘 드러내지 않는다. 영국에는 '스티프 어퍼 립Stiff upper lip'이란 말이 있다. 윗입술을 움직이지 말라는 이 말은 곧 자기 속내를 함부로 드러내지 말라는 뜻이다. 감정이 절제된 표정은 빅토리아시대(1837~1901) 이후 오랫동안 영국 상류층을 상징하는 기호가 되다시피 했다. 비록 이 영화는 에드워드시대(1901~1910)인 1910년이 배경이지만, 뱅크스의 풍모는 빅토리아시대 영국 중산층 남성의 전형적인 행동거지와 다르지 않다. 그는 얼굴에 감정을 보이지 않는 만큼 대단히 형식화된 행동 양식을 드러낸다. 전통과 규범에 대한 맹신에 가까운 추종이 그러하다. 하지만 뱅크스가 지닌 권위는 영화에서 여지없이 풍자되고 해체된다. 심지어 동네의 퇴역 장성 노인들이 날마다 정오만 되면 대포를 쏘아대 주민들을 혼비백산하게 하는 것조차 뱅크스의 몸에 밴 영국인다운 허식을 극단적으로 희화화한 장면이다. 이런 설정에는 보다 실용적인 미국인들의 영국적 위선에 대한 풍자적인 시선이 담겨 있다.

영화 속 아빠의 변화를 이끌어내는 가장 중요한 모티프는 화폐, 그중에도 2펜스다. 영국에 오기 전까지 나는 펜스는 고사하고 기본 화폐단위인 파운드에 대한 개념도 제대로 없었다. 펜스는 고등학교 때 읽은 서머싯 몸의 소설 《달과 6펜스》를 통해 알게 되었지만, 그냥 낮은 화폐단위라고만 짐작할 뿐이었다. 고갱을 모델로 어떤 화가의 이야기가 전개되는 이 소설에서 달은 정신적인 이상을 상징하고, 6펜스는 세속적인 욕망을 상징한다. 하지만 그 책을 읽고 나서도 펜스는 별다른 인상을 남기지 않은 채 기억에서 사라진 것 같다. 고작 6펜스라고 한 것이 얼마나 상징적인 의미가 있는지는 훗날에야 알게 되었다. 그리고 더 세월이 흘러 마침내 영국에 와서야 비로소 펜스가 파운드의 100분의 1인 페니의 복수형임을 알았다. 그러고 보니 '달과 6페니'란 말도 없는 것 같았다.

파운드에 대한 기억도 별반 차이 없다. 파운드라는 화폐단위가 있다는 걸 처음 안 것도 어릴 적 신문에 실린 만화를 보고서였다. 제목이 '백만 파운드의 기적'이었던 그 만화의 원작은 마크 트웨인의 1893년 작 〈백만 파운드 은행권The Million Pound Bank Note〉이다. 영국의 별난 귀족들이 무일푼으로 미국에서 건너온 주인공에게 오로지 100만 파운드짜리 수표 한 장을 빌려주고 한 달을 잘 버티는지 내기를 한다. 수표 한 장 외에 쓸 수 있는 잔돈이 한 푼도 없는 소설의 주인공은, 오히려 가게 주인들로부터 환대를 받고 일약 사교계의 유명 인사가 된다. 어릴 때는 100만 파운드가 눈앞에 있는 것 같은 기분으로 실감나게 그 이야기를 읽었지만, 파운드를 직접 써보고서야 그게 나하고는 거리가 먼 무지하게 큰돈임을 깨달았다.

펜스건 파운드건 문학적 상상에서나 존재하던 화폐단위가 영국에 도착하는 순간 불현듯 현실 속으로 비집고 들어왔다. 공항에 마중 나올 사람이 늦어져, 공중전화를 걸기 위해 편의점에서 50파운드짜리 최고 액면가 지폐를 펜스 동전으로 바꾼 것이 첫 만남이었다. 잔돈으로 받은 지폐와 동전들이 너무 여러 종류여서, 현실에서는 첫 대면이지만 연거푸 세어보며 확인하느라 신기해 할 경황도 없었다. 나중에 알고 보니 남자들도 동전 지갑을 가지고 다닐 정도로 영국은 동전을 많이 쓰는 나라였다. 그런데 〈메리포핀스〉를 보고 나니 그때는 제법 익숙해진 영국의 화폐가 또 다른 정서를 자극했다.

메리 포핀스는 아이들에게 성당 앞에서 비둘기 모이를 파는 노파 이야기를 들려준다. 이때 성당 앞 계단에서 비둘기에 둘러싸인 노파가 스노볼 속의 신비로운 이미지로 전환되는 유명한 장면이 등장한다. 이 성당은 런던을 상징하는 교회당으로 규모가 가장 큰 세인트폴 대성당이다. 이 장면에서 줄리 앤드류스가 부르는 노래가 흘러나온다.

새에게 모이를 주세요, 한 봉지에 2펜스, 2펜스, 2펜스, 한 봉지에 2펜스랍니다.

Feed the birds, tuppence a bag, Tuppence, tuppence, tuppence a bag.

'터펀스tuppence'는 '투 펜스two pence'의 변형어로서, '시시한 일'이란 뜻도 있다. 영화에서는 당시 국왕 에드워드 7세의 얼굴이 새겨진 동전 두 닢으로 잠깐 등장한다. 아빠의 은행에 견학 가는 날, 2펜스를 받은 아이들은 성당 앞을 지나다가 비둘기 노파가 정말 있는 것을 보고 2펜스로 비둘기 모이를 사게 해달라고 아빠를 조른다. 하지만 아빠는 단호하게 이를 거절한다. 한편 은행의 직원들은 한결 같

이탈리아 화가 카날레토가 그린 세인트폴 대성당.

이 아이들에게 2펜스도 불리면 부자가 될 수 있다며 통장을 만들라고 종용한다. 이 과정에서 대소동이 일어나 은행은 난장판이 되고 아빠는 직장에서 쫓겨난다. 마지막에 아빠는 그 2펜스를 아이들의 연을 고치는 데 쓴다. 자선금이 될 수도, 부자가 되는 밑천이 될 수도 있었던 2펜스는 결국 가정의 행복을 위해 쓰인 셈이다.

2펜스에는 이 영화가 나름대로 제시하는 인생의 철학이 집약되어 있다. 돈의 가치는 상대적이며, 돈을 어떻게 쓰느냐에 따라 인생의 가치를 높일 수 있다는 것이다. 원작 시리즈 여러 편을 짜깁기한 디즈니사가 판타지 형식에 더 가까운 원작을 홈드라마로 재구성하면서 걸러낸 주제다. 원작 소설의 2펜스는 메리 포핀스가 아빠에게 아이들을 데려다주러 가는 길에 별 갈등 없이 적선하기 때문에, 영화에서만큼 강조되지는 않는다. 반면 영화 속의 2펜스는 냉혹한 금융 대국에도 가정의 따뜻함이 살아 있음을 입증하며 가족의 중요성을 일깨우는 결정적인 역할을 한다. 각색 과정에 사사건건 개입한 트래버스 부인이 마침내 영화 크랭크인에 동의한 이유가 거기에 있었단다. 인생에 실패한 주정뱅이로 인플루엔자에 걸려 일찍 세상을 뜬 트래버스 부인의 아버지도 원래는 호주의 은행가였다고 한다. 그녀가 그토록 간절히 바랐던 아버지의 정은 영화 속의 2펜스처럼 지극히 평범하지만 무엇보다 소중한 것이었다.

영화 속에서 줄리 앤드류스가 감미로운 목소리로 거듭 되뇌는 '터펜스'란 말은, 영국에서 이 영화를 본 뒤 마치 주술을 거는 듯이 한동안 나의 뇌리에 맴돌았다. 그때 나에게 펜스는 단지 최저 화폐 단위가 아니라 어떤 낭만적인 문화 용어로 격상되는 느낌이었다. 왜냐하면 이 단어와 멜로디가 환기하는 영화 속 에드워드시대의 도시 경관이 영국에 가서 내가 마주친 실제 풍경에 생생하게 오버랩되었기 때문이다. 그 경관 안에서 은행, 공원, 세인트폴 대성당 그리고 즐비한 굴뚝 집 등이 두루마리가 펼쳐지듯이 차례로 나타났다. 영화에서 세트로 재현했기에 더 그림 같았던 풍경이 21세기인 지금 내 눈앞에 태연하게 나타날 때는 잠시 넋이 나가기도 했다. 하지만 정신을 차리고 보면, 현실에서 2펜스로 할 수 있는 일은 이제 아무것도 없었다.

영국의 파운드는 현재 세계에서 1단위당 화폐가치가 쿠웨이트의 디나르 다음으로 높다고 한다. 내가 영국으로 떠날 때는 1파운드 당 무려 1,780원을 호가했다. 그러다 보니 영국 상점에서는 제품 가격이 소수점 이하의 두 자리 수까지 명시되는 경우가 많고 동네

1파운드 동전.

마트에도 1파운드가 채 안 되는 물건이 적지 않다. 달랑 2펜스만으로 할 수 있는 것은 없지만 페니 자체는 화폐단위로서 여전히 존재 의미가 있다. 그래도 생활에 기본이 되는 단위는 마트에서 카트를 빼낼 때 반드시 있어야 하는 1파운드였다.

1파운드짜리 동전은 다른 것보다 작고 더 도톰하다. 여러 개를 주머니에 넣고 다니면 마치 엽전 꾸러미를 찬 것처럼 둔중하면서 알찬 느낌이 들었다. 작아도 그것 두 개만으로 원두커피 한 잔을 너끈히 사 마실 수 있는 돈이다. 그래서 지갑에 신용카드나 지폐가 있어도, 바지 주머니 안의 1파운드짜리 동전을 매만지면 작은 행복감이 밀려왔다. 영화에서 비둘기 모잇값이 되는 '터펀스'처럼, 1파운드짜리 동전은 거리 공연이나 자선 행사가 많은 영국에서 길 위의 행복을 살 때도 요긴한 녀석이었다.

현대판 필담의 유용성

조선 시대에 역관들을 위해 만들어진 중국어 회화 교재로《노걸대老乞大》란 책이 있다. 여러 판본 중에 규장각에 소장된 1795년판《중간노걸대언해重刊老乞大諺解》의 첫 문장은 이렇게 시작된다.

　　大哥你從那裏來
　　다거 니 충 나리 레
　　큰 형아 네 어드러로셔조차 온다

　　我從朝鮮王京來
　　오어 충 챠션 왕징 레
　　내 조선ㅅ왕경으로조차 왓노라

오늘날의 중국어 발음과 한국말 표기로 바꿔주면, "따거, 니 충 나리 라이?/ 아저씨는 어디서 오십니까?", "워 충 차오셴 왕징 라이/ 나는 조선의 도읍에서 옵니다"라는 정도이겠다. 나는 이 문장을 볼 때마다 남다른 직업적인 공감을 느낀다. 외국어를 해야 밥 먹고 살 수 있는 나의 처지가 당시 역관들에게 절절한 유대감을 갖게 하기 때문이다.

그런데 예나 지금이나 외국어 공부에 입문할 때 가르치는 말이 또한 신기할 정도로 비슷하다. 낯선 상대와 소통하려면 자기 자신을 설명하는 말부터 배워야 한다는 것은 상식적인 진리다. 물론 지나쳐서 병폐가 될 때도 있다. 언젠가 초급 과정 학생들을 데리고 일본 학생들과 화상 수업을 진행할 때였다. 첫 시간에 자기소개를 하는데 일본 학생들이 판에 박은 듯 "우리 집은 식구가 몇이고, 누구누구 있고……"라고 하는 것이다. 나는 실소를 금치 못했지만, 한편 거울을 보듯이 부끄럽기도 했다. 우리 학생들에게도 비슷한 문제가 있었기 때문이다. 문법과 단어를 단계에 맞춰 기계적으로 가르치다 보니 다 큰 학생들이 유치원생 수준의 대화를 하게 된 것이다.

한동안 나는 중국어를 쓸 때 나를 설명하는 말을 쓸 일이 별로 없었다. 공식적인 자리에서는 내가 누구인지 상대가 이미 알고 있고, 모르는 사람과는 그냥 중국 사람인 척 말하면 되기 때문이었다. 외국어로 낯선 상대와 이야기할 때, 묻지도 않았는데 자기 소속을 먼저 밝히는 것은 그 외국어에 자신감이 없다는 뜻이다. 이는 약자이고 하수일 때 자기 방어적으로 나오는 표현이다. 하지만 영국에 가

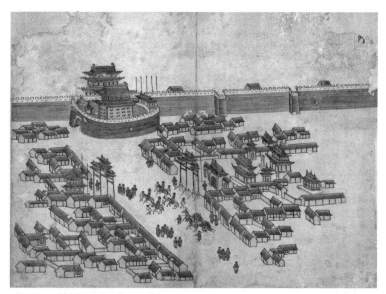

〈연행도〉 제7폭 '조양문'. 연경성(베이징성)의 동쪽 성문인 조양문에 당도한 조선의 연행사 일행을 묘사했다. 숭실대 한국기독교박물관 소장.

서는 똑같은 이치로 내 입에서도 이런 말이 부지불식간에 튀어나왔다. 특히 말이 일방적이고 속도도 빠른 전화를 받을 때 더 그랬다. "쏘리, 아이 칸트 언더스탠드"만 해도 되는데, 굳이 중간에 '아임 코리안'이 들어갔다. 내가 '코리안'임을 강조하려는 게 아니라 '네이티브 스피커'가 아님을 알아달라는 뉘앙스였지만 효과는 별로 없었다. 하기야 영어 잘하는 코리안이 또 얼마나 많은가?

중국을 왕래하던 조선 사신단에 구어口語를 구사할 줄 아는 사람은 물론 역관들뿐이었다. 다른 수행원들은 시종 역관에게만 의존할 수는 없기에 나름의 자구책이 있어야 했다. 다행히도 그들은 구어 대신 흔히 한문이라고 하는 문장어를 알고 있었다. 그 시절에는 아직 중국에도 언문일치가 되지 않아 공식어와 일상어, 즉 문장어와 구어가 서로 달랐다. 그리고 당시 문장어는 지금의 영어처럼 한자 문화권 내에서 통용되는 사실상의 국제어였다. 그러니 역관이 따라붙지 않아도 중국의 사대부들과 형이상학적인 대화까지 필담으로 척척 나눌 수가 있었다. 추사가 어린 나이부터 중국의 석학들과 교류할 수 있었던 것도, 《표해록漂海錄》을 쓴 최부가 중국어 구어를 모름에도 중국 각지를 전전할 수 있었던 것도, 바로 한자 문장어가 가진 국제적 성격 덕분에 필담이 통했기 때문이다.

유럽에서 이러한 한문의 역할을 한 언어는 물론 라틴어라고 할 수 있다. 그 배후에는 기나긴 중세 시대를 거치면서 막강한 문화 권력을 행사한 교회가 있었다. 중세 이후에는 비단 라틴어뿐만이 아니라 주요 언어 몇 개가 국경을 초월하여 서면을 통한 지식인들의 교류와 유대에 매개가 되어왔다. 그래서 17세기 말에서 18세기까지 유럽과 미국 등 북대서양 양안의 철학자, 예술가 들이 공통된 문장어로 나눈 지적인 교류를 하나의 범주로 비유하여 '문필 공화국 Republic of Letters'이란 개념이 생겨나기도 했다. 문필 공화국은 왕립 학술원의 학자들 사이에 형성되기 시작해, 나중에는 민간의 살롱과 잡지 문화에까지 확장된다. 이런 걸 보면 소통에서 소외되는 것은 정보에서 밀려나는 것이며, 말을 할 줄 안다는 것이 곧 문화 권력이 되는 것임을 알 수가 있다. 그래서 중세가 끝난 이후에도 라틴어는 사어死語가 되지 않았다.

〈마담 드 조프랭 살롱에서 열린 저녁 연회〉. 한 배우가 볼테르의 흉상 밑에서 볼테르의 희곡을 낭송하고 있다. 프랑스의 계몽 시기에 살롱은 문필 공화국이 유지되는 장소이기도 했다.

　　20세기 전반기까지만 해도 케임브리지 대학의 교수 과목 중 라틴어와 희랍어는 여전히 비중 있는 외국어였다. 지금도 그 전통이 남아 라틴어는 특별한 자리에서 사용된다. 예를 들면 각종 예식에서 쓰이는 의전 용어가 그렇다. 졸업식뿐 아니라 심지어 학생 식당의 식전 기도도 여전히 라틴어로 한다. 21세기의 대학 구내식당에서 이런 전통적인 풍경을 만나면 마치 중세 시대로 돌아간 듯한 착각을 하게 된다. 말이 전통의 일부로 남아 있다는 것은 굉장히 흥미롭다. 그것은 반대로 말이 전통을 지켜주고 있다는 뜻도 된다. 하지만 필담어 또는 의전어로서 유지된 라틴어의 생명력도 막강한 영어 앞에서 이제 거의 사라지고 있다.

영국에서 살기 위해서는 가장 먼저 해야 할 세 가지가 있다. 일단 어떤 집이든 주거지 주소를 확보해야 하고, 은행 구좌를 개설해야 하며, 마지막으로 전화를 개통해야 한다. 그 외에도 인터넷 개설, 보건소 등록, 각종 세금 수속 등의 절차가 더 있지만 이런 것들은 이 세 가지가 완

세나트하우스로 입장하는 케임브리지 대학 졸업생들. 졸업식에서는 여전히 라틴어의 존재감이 살아 있다.

료되어야 할 수 있다. 나는 숙소의 집 전화가 처음에는 끊겨 있어, 관공서와 아이들 학교, 인터넷 거래 사이트, 심지어 지인들에게까지 모든 전화번호를 핸드폰 번호로만 알렸다. 그런데 이렇게 하자 생각지 않은 두 가지 편리함이 있었다.

하나는 발신자를 쉽게 분류할 수 있다는 점이다. 이미 건더기는 핸드폰으로 걸러냈기 때문에 집으로 오는 전화는 십중팔구 광고성 전화여서 대응이 훨씬 수월했다. 두 번째는 주요 연락 창구를 핸드폰으로 해놓으니 모든 통화를 문자 통신으로 연계할 수 있다는 점이었다. 한국에서는 이런 용도가 중요한 줄 몰랐는데, 귀와 입이 제약을 받게 되니 문자 서비스가 그만큼 소중해졌다. 이 점에서 핸드폰은 정말 경탄스러운 첨단의 이기였다.

영국으로 떠날 때 지인들이 농담 반 덕담 반 건네준 인사말에는 영국식 영어와 관련한 것이 많았다. 심지어 미국식 영어와 많이 다를 텐데 괜찮겠느냐며 진심으로 염려해주는 친구도 있었다. 마치

내가 당연히 미국식 영어에 익숙해 있을 것이라는 듯이. 어머니는 내가 영국에 도착한 초기에 전화드릴 때마다 "브로큰 잉글리쉬는 잘 통하냐"라는 농담을 건네셨다. 내가 영어 전공자였거나 혹은 더 젊었더라면 당연히 이런 점들까지 세세하게 고려했을 것이다. 막상 생활 속에서는 그런 고상한 고민을 할 겨를도 없이 눈앞에 닥친 난관을 속전속결해서 넘어가야 할 때가 더 많았다. 이래서 '전투 외국어'란 말이 나온 것 같다. 그럴 때는 미국식이고 영국식이고, 심지어 '브로큰'일지라도 의사소통 자체보다 중요한 것이 없었다. 오히려 누가 뭐라든 자기네식 영어 발음을 줄기차게 고수하면서도 할 말 다 하는 인도 사람과 이탈리아 사람이 존경스럽기까지 했다. 이렇다 보니 대화에서 놓치는 말 때문에 낭패를 당하지 않으려면 문자를 쓰는 쪽이 확실했다. 문자 메시지는 그 옛날 한문이 중국에 간 조선의 문인들에게 그랬던 것처럼 나에게 아주 유용한 '필담'이라는 날개를 달아주었다.

영국 숙소의 집주인은 마침 중국계 중년 부인이었다. 하지만 안타깝게도 집주인은 홍콩 출신이라 중국 표준어에 익숙하지 않았다. 따라서 광둥어를 못하는 내가 집주인과 중국어로 소통할 가능성은 영어보다 나을 것이 없었다. 영어 실력은 나보다 좋았지만 집주인에게는 또 내가 알아듣기 힘든 특유의 말씨가 있었다. 그래서 우리는 영어로 전화 통화를 하다가 서로 수틀릴 때는 입이라도 맞춘 듯 동시에 외치곤 했다. "문자 메시지로 보내요!"

안개 나라의 비사秘史

우리나라에 《조선책략朝鮮策略》의 저자로 잘 알려진 황준헌黃遵憲은 청나라 말의 학자이자 외교관이었다. 김홍집에게 《조선책략》을 건네줄 때 그는 일본에 참사관으로 있었다. 이런 그가 청국 공사관의 2등 참사관으로 1년 남짓 런던에 체류한 적이 있다. 1890년 영국 등 4개국 통합 공사로 임명되어 유럽으로 떠나는 설복성薛福成의 천거로 그도 함께 가게 되었다. 그때 그가 지은 시에 〈런던의 짙은 안개 속을 거닐다倫敦大霧行〉(《인경려시초人境廬詩草》 권6)가 있다. 그는 이 시에서, 대영제국은 해가 지지 않는 나라라는데 정작 그 도읍인 런던에서는 해를 볼 수 없고 하늘이 내려앉을까봐 사람들이 걱정하며 산다고 풍자적으로 말한다. 심지어 "푸른 하늘〔蒼天〕"이 사라지고, "누런 하늘〔黃天〕"이 나타났다는 극단적인 말로 그 상황을 은유한다. 이 말은 원래 《삼국연의三國演義》에 황건

제임스 휘슬러의 〈회색과 금색의 야상곡〉.

적의 반란을 비유한 표현이자, 태평천국의 난 때 봉기의 슬로건이 기도 한 반역의 화두다. 그런데 이를 황준헌만의 과장이라고 볼 수 없는 것이, 그를 데려온 설복성의 기록에도 몇 달 동안 런던에서 해를 볼 수 없었다는 진술이 등장한다. 이방인의 시선에서 짙은 안개는 런던의 낯선 풍경 중에도 가장 낯선 것이었다.

　제임스 휘슬러라는 영국에서 활동한 미국 출신의 화가가 있다. 파리 오르세 미술관에 소장된 〈화가의 어머니〉라는 그림으로 유명한 사람이다. 미국인인 그에게 영국과의 인연은 실은 거듭된 실패 때문에 시작되었다. 그는 살롱전에 계속 낙선하자 파리에 환멸을 느끼고 런던으로 떠나버린다. 하지만 우연히 그린 어머니 초상화가 런던에서 입선한 뒤, 과거의 그림까지 재평가되면서 일약 세계적인 명성을 얻는다. 반골에다 한량 기질이 많았던 그는 당시 영국의 전위적인 화가 집단이었던 라파엘 전파前派 사람들과 친하게 지냈지만, 그의 그림은 오히려 인상파에 가까웠다. 그가 그린 〈야상곡〉 시리즈에는 그의 인상파다운 감성이 유감없이 발휘되었다. 그림 속의 런던 시가지와 템스 강은 온통 뿌옇게 색이 칠해져 있는데, 그럼으로써 드라마틱하게 강조되는 것이 안개다. 그 그림들이 얼마나 감각적이었던지, 절친한 작가 오스카 와일드는 심지어 휘슬러가 그리기 전까지 런던에 안개가 존재하지 않았다고 말하기도 했다.

영국은 1년 총강수량이 한국보다 적지만, 섬나라이고 해양성기후라 바다의 영향으로 흐린 날이 많고 습도가 높다. 그래서 영국의 상징 하나가 안개이며, 안개와 관련된 일화가 많다. 케임브리지에 도착해 처음 보았던 안개 낀 아침 풍경은 내게도 매우 인상적이었다. 길까지 뻗은 해묵은 정원수의 풍성한 실루엣 아래, 큰 개를 데리고 산책을 나온 사람이 안개를 타고 아스라이 사라지는 모습이, 정신없이 돌아가는 메트로폴리스에서 막 벗어난 나에게는 우아함을 넘어서 호사스러워 보이기까지 했다.

그런데 어느 정도 살아본즉, 안개 끼는 날보다는 비가 오는 날이 사실 더 많았다. 안개는 해가 뜰 것에 대한 전조다. 밤새 대기와 지표면이 빠르게 냉각되어 생기는 복사 안개는 날씨가 맑고 바람이 없을 때 왕성하게 생긴다. 하지만 영국은 본래 해가 귀하고 바람이 많은 나라다. 런던이나 케임브리지가 있는 남부 잉글랜드는 그나마 햇살이 자주 비치는 편이라는데도 여전히 비가 잦다. 게다가 이 비는 바람을 동반한 가랑비라 마치 분무기로 물을 마구 뿌려대는 것 같아서 우산을 쓰기가 애매한 경우가 대부분이다. 안개 낀 날이 없는 것은 아니지만 체감으로는 비 오는 날이 훨씬 많았다. 그럼 왜 많은 사람이 영국 하면 '런던 포그'를 떠올리는가? 사실 황준헌이나 휘슬러가 묘사한 런던의 안개는 우리가 지금 만날 수 있는 것과는 차원이 달랐다.

잘 알려진 것처럼 영국은 세계 최초로 산업혁명이 일어난 나라다. 그만큼 화석연료를 쓴 역사가 오래되었다는 뜻이다. 황준헌이 영국에 머문 시기는 산업혁명의 영향이 이미 도시 생활 일반에까지 확산된 빅토리아 왕조 말기였다. 당시 런던에는 시내에 공장과 화력발전소가 운집해 있었다. 게다가 가정마다 벽난로에 석탄을 땠기 때문에 난방을 해야 하는 계절에는 공기가 더욱 좋지 않았다. 그때 '스모그'라는 것이 인류 역사상 처음으로 영국에서 생겨난다. 그리고 가뜩이나 해가 귀한 영국은 스모그 탓에 어느새 안개의 나라로 인식된다. 황준헌과 휘슬러가 보았던 앞이 안 보일 정도의 지독한 안개는 단순한 안개가 아니라 사실은 화석연료의 연소로 생긴 스모그성 안개였을 가능성이 높다.

공해 전문가들은 스모그를 두 유형으로 구분하는데, 하나는 자동차 배기가스가 주범인 LA형 스모그이고, 다른 하나가 바로 연료용 석탄이 주범인 런던형 스모그라고 한다. 말하자면 LA형보다 런던형이 더 원조인 셈이고, 그 역사가 더 오래되었다는 뜻이다.

기술적인 측면으로만 볼 때 산업혁명은 '새로운 소재, 새로운 동력원, 새로운 기계, 새로운 노동 분업 체계, 그리고 새로운 운송과 통신이라는 다섯 영역의 빠른 발전'으로 요약할 수 있다. 이 다섯 영역의 도약이 남긴 흔적은 지금도 영국의 생활문화 속에서 가감 없이 옛 모습 그대로 쉽게 접할 수 있다. 영국에서는 200년 된 집도 웬만큼 큰 저

영국의 오래된 집 현관 앞에서 흔히 볼 수 있는 철제 진흙 털개. 부트 스크레이퍼Boot Scraper라고 불린다.

택이 아니면 대단한 문화재로 취급하지 않는데, 그런 보통 살림집의 쇠 문고리나 쇠울짱, 심지어 현관 문지방 옆의 무쇠로 된 진흙 털개조차 200년 전 조지시대에 만들어진 것이 흔하다. 일찌감치 강철 제련법이 발달한 덕이다. 강철은 수백 마리의 말을 대신하는 증기기관으로 이어졌고, 증기기관은 새로운 기계의 발명을 이끌어냈다. 또한 새로운 기계들은 다시 노동 구조를 재편하고 운송의 발달까지 불러왔다. 모든 변화의 진원지를 역으로 파헤쳐 보면 맨 아래나타나는 것이 바로 화석연료다. 많은 사람이 18세기까지 쓰던 식물성 연료만 가지고는 산업혁명이 불가능했을 것이라고 말한다. 즉당시 영국에 석탄이 무진장 매장되어 있었고 때마침 석탄의 실용화 기술이 개발된 것이 산업혁명에는 천운이었다는 것이다. 하지만 신의 선물과도 같았던 석탄은 그에 못지않은 심각한 재앙도 함께 가져왔다.

영국 근대사에서 스모그가 일상생활에 끼친 충격과 피해는 전쟁

빅토리아시대 도시의 열악한 주택 환경. 귀스타브 도레의 〈철도에서 바라본 런던〉.

에 버금갔다. 역사 기록을 보면, 런던에는 1878년, 1880년, 1891년, 1892년, 1911년 그리고 1948년, 1952년, 1956년, 1957년, 1962년에 주기적으로 스모그로 인한 환경 재난이 일어났다. 이는 환경 재난 중에서도 동일 원인에 의한 사고가 가장 빈번하게 일어난 사례라고 한다. 그중에도 우리나라가 한창 전쟁 중이던 1952년에 일어난 사고가 가장 충격적이었다. 그때 마침 런던의 한 공원에서 '우량 축우 경진대회'가 있었는데, 이 소들에서 처음으로 이상 반응이 나타났다고 한다. 이윽고 사람에게까지 징후가 확대되었고, 급기야 1,200여 명이 사망하는 심각한 상황이 벌어진다. 주택과 화력발전소 외에도, 이제 막 전차를 대신하기 시작한 버스에서 뿜어져 나온 황산화물 분진이 역전층의 작용에 의해 상공에서 정지된 상태로 수일간 도시를 뒤덮은 탓이었다. 야외 음악회도 취소되었는데, 그 직접적인 이유는 매우 어처구니없게도 무대가 보이지 않아서였다고 한다. 당시 스모그로 인한 암흑 상태가 지속되자 모든 항

1952년 12월 스모그로 자욱한 트래펄가 광장.

공 일정이 취소되고 백주에도 차량 등을 켜야 했다. 1952년의 충격 이후 '기네스북'의 창안자 휴 비버 경의 제안으로 1953년에 비버 위원회가 조직되었으며, 이들이 활약한 결과 1956년에 '대기오염 청정법'이 제정되어 국가 차원의 환경 관리가 시작된다. 지금 영국의 청정한 공기 상태는 근 150년간의 산업화 영향으로 거의 바닥까지 내려갔다가, 다시 수십 년간 각고의 노력을 들인 결과라고 할 수 있다.

  지금은 런던 같은 대도시도 공기가 나쁜 편이 아니다. 거기에서도 한참이나 떨어진 케임브리지는 말할 것도 없다. 케임브리지에 도착한 날 밤에 내 눈을 황홀하게 만든 것은 쏟아져 내릴 듯 밤하늘

에 가득한 별이었다. 황준헌이 만약 살아 돌아온다면 런던이 아니라 오히려 베이징의 하늘을 보고 경악할 것 같다. 몇 해 전 그곳으로 출장을 갔다가 그야말로 '황천'을 만나 기본적인 일만 보고 줄곧 호텔방에 갇혀 지낸 적이 있다. 런던에서 일어났던 재난은 매우 안타깝게도 이제 지구 반대편에 있는 동아시아의 문제가 되어버렸다. 지금은 영국이 경험한 최악의 전철을 다시 밟지 않도록 지역 국가들이 서로 머리를 맞대야 할 시점이다.

데이비드 애튼버러의 다큐멘터리

어린 시절에 우리 외가와 고모님 댁은 서울에 있었다. 그래서 나는 방학이 되면 남들처럼 시골로 내려가는 게 아니라 반대로 서울로 올라갔다. 우리 집에는 텔레비전이 없어, 긴 겨울방학에 서울로 상경하는 것은 나에게 진짜 도시로의 나들이, 그리고 텔레비전을 보러 가는 여행을 의미했다. 컴퓨터도 비디오도 아닌, 게다가 컬러도 아닌 흑백텔레비전이 뭐가 그리 재미있는지, 그 앞에 저녁내 앉아 있다 외할머니께 꾸중을 듣기도 했다. 그때 가장 흥미진진하게 본 프로는 동물 다큐멘터리들이었는데, 이는 나중에 〈동물의 왕국〉이라는 정규 프로그램이 되었다. 나는 원래 동물을 좋아하기도 했지만, 집짐승 아닌 야생동물이 화면에서 클로즈업되는 것이 마냥 신기하기만 했다. 새에게도 표정이 있다고 처음 느낀 그때부터 나는 다큐멘터리를 애호하기 시작했다. 그런데 나중에 알고 보니 내가

런던 하이드파크 서쪽의 BBC텔레비전센터.

접한 상당수 다큐멘터리는 영국의 BBC에서 만든 것이었다.

잘 알려진 것처럼 〈동물의 왕국〉을 만든 BBC는 다큐멘터리의 왕국이다. 우리나라에는 자연과학 분야의 필름이 많이 소개되지만, 역사, 사회, 예술 분야도 마찬가지로 세계 최고 수준이다. 세계 미디어 산업의 중심이 오늘날 미국으로 이동한 와중에 유독 TV 다큐멘터리에서 영국이 독주할 수 있는 이유는 BBC가 공영방송으로 남아 있기 때문이다. BBC는 세계의 공영방송 중에 가장 덩치가 크며 시청자 수도 제일 많다. 그 품질은 고액의 시청료로 뒷받침된다.

나도 영국에 도착한 뒤 얼마 안 되어 바로 BBC로부터 날아온 통지서를 받았다. 'TV 라이센스'를 취득하라는, 즉 시청료 납부하고 허가받아서 TV를 보라는 통지였다. 영국 내 거주자는 TV가 없더라도 인터넷이 연결되어 있거나, 하다못해 스마트폰이라도 가지고 있으면 연 20만 원이 넘는 고액의 시청료를 가구마다 부담해야 한다. 대처 총리 시절에 잠깐이나마 상업광고를 도입하려는 시도가 있었지만, BBC는 일절 상업광고에 의존하지 않고 프로그램의 판권 수입과 시청료만 가지고 운영된다. 그런데도 그 예산이 1년에 무려 7조 원에 이른다고 한다.

비싼 시청료를 받는 만큼 공적 서비스에 대한 BBC의 책무도 크다. 이는 방송의 품격에 고스란히 묻어나온다. 교양 프로그램만 보더라도, BBC는 특정 대상을 위한 군소 채널을 빼면 국내용으로 네 개의 주요 채널이 있는데, BBC2와 BBC4가 다큐멘터리 중심 채널이다. 국제용 채널 여섯 개 중에도 다큐멘터리 전용 채널이 따로 있다. 이 채널들이 주로 자체 제작 다큐멘터리를 방송한다고 치면, 재방송을 제외하더라도 거의 날마다 수편의 신작 다큐멘터리가 방송된다는 얘기다. 이 다큐멘터리들은 품질이 대개 우리나라의 어지간한 연중 특집 프로그램에 상당한다. '정평 있다'는 말이 괜히 생긴 것이 아니다.

BBC 다큐멘터리는 소재에서도 문자 그대로 '월드와이드' 하다 ('BBC 월드와이드'란 명칭의 산하 기업이 따로 있기는 하다). 물론 영국에 관한 소재가 가장 많지만, 세계 구석구석 망라하지 않는 것이 없다. 이는 영국이 세계에서 차지하는 위상과 당대 영국인들의 세계 인식이 반영되었기 때문이다. 그런데 아무리 BBC의 장점이 크다고 해도 또한 그 나름의 한계가 있다. 세계인의 BBC라 해도 영국의 방송사이고 주 시청자가 영국인이라는 사실은 소재 선택과 제작 시각에 영향을 끼친다. 예컨대 중동의 현재 이슈를 다룬 영상물은 아무래도 영국의 정치적 입장에서 자유롭지 못하고, 서구인들이 호기심을 가질 만한 소재를 주로 다루다 보니 한반도 관련 다큐도 북한에 관한 것이 더 많다. 그럼에도 유럽 바깥 지역까지 아우르는 BBC 다큐멘터리 팀의 폭넓은 관심은 인류 문화의 기록과 보전이란 차원에서 유네스코 이상의 역할을 한다고 할 수 있다.

BBC는 2008년 베이징 올림픽 직전에 6부작 〈와일드 차이나〉를 방송한 적이 있다. 중국 바깥에 있는 사람들은 예나 지금이나 주로 이 오랜 나라의 역사와 사람에만 주목했지, 자연환경이 어떤지는 상대적으로 관심이 없었다. 그런데 〈와일드 차이나〉는 중국 자연 지리의 현주소를 진단함으로써 세계인이 중국의 자연에 대해 새롭게 인식하는 계기를 제공했다. 이 작품은 야생동물에 대한 일부 섭식 전통을 제외하면 중국에 비교적 호의적인 시각을 유지한다. 하지만 바다 편에서는 중국 연안의 해양오염 문제를 강도 높게 우려한다. BBC 다큐멘터리의 이런 태도는 때로 세계인에게는 어떤 정치적 발언보다 강력할 수 있다.

내가 영국에 있던 해 여름에는 중국 관련 다큐멘터리로 또 하나의 걸작인 〈아트 오브 차이나〉 시리즈가 방송되었다. 스페인, 러시아, 독일, 미국 미술에 이은 연작 기획 시리즈의 일환인 이 프로그램은 고대에서 현대까지 중국 미술을 솜씨 있게 개괄해주었다. 물론 개중에는 중국 학계가 받아들이기 어려울 주장도 등장한다. 예를 들면 런던 대학 동양아프리카연구대학SOAS의 최근 연구 결과를 인용, 진시황의 병마용이 그리스의 사실주의와 접촉한 결과물일 수 있다는 것이다. 사실 회화의 기본이 서예에서 출발한다거나 대작일수록 바탕 형식이 두루마리라는 점 등 서양 세계에 동양 미술은 여전히 미스터리 투성이다. 동양 미술을 보는 그들의 관심은 아무래도 본질보다 형상에 더 몰려 있다. 더구나 20세기 이후의 현대미술에 대해서는 정치사가 끼친 영향력에 포커스가 맞춰진 면이 있다. 그래도 BBC가 만들었기 때문에 한동안 이 다큐멘터리는 세계에 중국을 가르치는 권위 있는 교과서 역할을 할 것이다.

BBC 다큐멘터리가 기술적 측면 이상으로 심혈을 기울이는 것은 지식의 심도와 전문성이다. 그런 질을 담보하는 비결 하나는 아예 전문가에게 진행을 맡긴다는 점이다. 이들의 다큐멘터리 내레이터는 성우나 연예인이 아니라 대개 방송 경력이

킹스 칼리지에 촬영을 나온 BBC의 장비 차량.

풍부한 해당 분야의 전문가다. 예컨대 문명사 다큐멘터리에는 으레 정치평론가이자 저널리스트인 앤드루 마, 건축사 다큐멘터리에는 건축사학자인 댄 크뤽섕크, 세계 미술 쪽에는 미술사학자인 앤드류 그레이엄-딕슨이 나오는 식이다. 전문가 진행자 집단의 넉넉한 인력풀은 작품에 대한 시청자의 신뢰로 이어진다. 자연 다큐멘터리 쪽에도 '다큐멘터리의 신'으로 불리는 유명 인사가 따로 있다. 바로 동물학자이자 방송인인 데이비드 애튼버러 경이다. 그는 BBC에서 다큐멘터리를 진행하는 전문가들 중에서도 최고참이자 가장 베테랑이라고 할 수 있다. 그는 또한 왕년에 〈동물의 왕국〉과 함께한 사람이기도 하다.

케임브리지의 클레어 칼리지에서 지리학과 동물학을 전공한 애튼버러는 1952년에 처음 다큐멘터리 제작에 참여한 순간부터, 무려 60년이 넘게 BBC의 다큐멘터리와 함께해왔다. 1926년생인 그의 연배에 방송국에 들락거리는 사람은 단역 영화배우조차 손가락으로 헤아릴 정도다. 그는 영국영화텔레비전예술아카데미BAFTA가

주는 상을, 흑백, 컬러, HD, 3D 프로그램으로 각각 받은 유일한 사람이라고 한다. 그의 활동 자체가 TV 다큐멘터리의 산 역사인 셈이다. 심지어 그의 이름을 붙인 딱정벌레, 거미, 벌레잡이 식물까지 있다고 한다. 애튼버러의 다큐멘터리를 보고 자란 학자들이 새로 발견된 종에 그의 이름을 붙여 존경을 표한 것이다.

우리나라에까지 그의 존재감이 뚜렷하게 각인된 것은 2007년에 방영된 이후 폭발적인 반향을 일으킨 〈살아 있는 지구〉라는 다큐 때문이다. 내레이션을 하는 구수한 음성의 할아버지가 바로 이 사람이다. 〈살아 있는 지구〉는 역대 할리우드 최고 흥행작이라는 〈아바타〉나 〈타이타닉〉에 버금가는 다큐멘터리계의 문제작이다. 영국에서 시리즈 앞부분 다섯 편이 BBC1 채널로 처음 방송된 2006년 봄에 평균 시청 인구가 1,140만 명에 달했다고 하니, 이 정도면 다큐멘터리로서는 천문학적인 시청률이다. 이 프로그램은 또한 세계 130개국에서 방영되었다. 대단한 성공의 배후에는 단순한 내레이터가 아니라 전문가로서 제작에도 참여한 애튼버러의 노련함이 있었다.

데이비드 애튼버러.

물론 완전무결할 것 같은 애튼버러의 다큐멘터리도 아주 가끔은 치명적인 약점을 드러낸다. 2011년 그가 진행한 〈프로

즌 플래닛〉에는 북극곰의 굴속에서 새끼가 탄생하는 것을 근접 촬영한 장면이 있다. 그런데 이 장면을 북극이 아니라 동물원에서 찍은 사실이 밝혀지자, BBC뿐 아니라 애튼버러에게도 비난이 쏟아졌다. 이에 대한 그의 답변이 걸작이었다. 진짜 야생 곰의 굴에 카메라를 들이대면 어미 곰이 새끼를 죽일 수 있고, 연출 화면이라고 자막으로 띄우면 시청자의 감동이 줄어든다는 것이다. 핑계 같은 답변에 실망한 시청자도 있었겠지만, 나는 과연 애튼버러답다는 생각이 들었다. 그는 다큐멘터리 제작 중 발생할 수 있는 윤리와 미학의 대립 문제에도 현명하게 대처하는 사람이었다.

환경 운동을 열렬히 지지하는 애튼버러는 노년에도 한가하지 못하다. 그는 생태계의 가장 큰 위협은 바로 사람이며 여전히 인구 조절이 필요하다고 주장한다. 또 세계의 정치 지도자들을 향해 기후 변화에 주목할 것을 호소하기도 한다. 그의 존재는 인생을 원숙하게 이해하고 자연마저 끌어안게 만드는 원로의 역할이 중요하다는 것을 새삼 느끼게 한다. 또한 세대를 뛰어넘는 소통과 협력이야말로 첨단을 표현하면서도 깊은 사색을 이끌어내는 BBC 다큐멘터리만의 저력이 나오는 또 다른 동력임을 실감하게 한다.

양귀비와 포피의 차이

모네의 그림 중에 〈아르장퇴유 부근의 개양귀비꽃〉이란 것이 있다. 화폭 왼쪽의 구릉을 타고 양귀비꽃이 붉은색 점으로 떼 지어 피어 있고, 꽃이 끝나는 오른쪽에 양산을 한가롭게 어깨에 걸친 부인이 소녀와 걸어간다. 6월 하순 영국 동해안에 있는 노픽 주의 헌스탄턴 해안으로 향하는 버스였다. 설핏 잠이 들었다 깬 나의 눈에 차창 밖으로부터 들어온 풍경은 딱 이 그림을 연상시켰다. 길 양편의 양귀비 밭이 흡사 주황색의 헝겊 띠를 덮어놓은 것 같았다.

그 꽃이 양귀비인 줄은 트리니티 칼리지의 정원에 답사를 가서 설명을 듣고서야 알았다. 양귀비이긴 하지만 정확하게는 개양귀비라 아편이 추출되지 않는 종이다. 하지만 우리나라에서는 시골에서 화분에만 키워도 경찰서에 불려 가는 수가 있어 도통 양귀비꽃을 구경하기가 어렵다. 양귀비류의 통칭은 영어로 '포피poppy'라 하는

데, 일상생활에서는 주로 개양 귀비를 가리킨다. 노픽에서 본 정도는 아니지만, 6월의 영국에서는 어디에서고 복스럽게 만개한 포피를 만날 수 있다. 그럼에도 내 눈에는 생화보다 조화로 된 포피가 훨씬 눈에 많이 띠었는데, 그 이유는 이러하다.

그란체스터에서 만난 포피.

 내가 영국에 있던 때는 마침 제1차 세계대전이 발발한 지 꼭 100주년이 되는 해였다. 동아시아에서 벌어진 제1차 세계대전의 직접적인 전투는 일본이 중국의 자오둥반도에 진주한 독일군을 선제공격한 것이 유일하다. 그래서 일본의 야욕만 드러낸 이 전투보다, 제1차 세계대전의 전후 처리 과정에서 발생한 3·1운동과 5·4운동이 지역 국가들에 훨씬 뚜렷한 기억으로 남아 있다. 총체적으로 동아시아에서는 제1차 세계대전의 영향이 식민 시대를 종식시킨 제2차 세계대전만큼 크지는 않다. 하지만 유럽의 경우는 전혀 다르다. 영어로 제1차 세계대전을 '그레이트 워Great War'라고도 한다. 제1차 세계대전 중 사망하거나 실종된 영국 군인만 약 100만 명으로 제2차 세계대전 때의 두 배에 달한다고 한다. 이 전쟁은 유럽 각국에 엄청난 인명 피해를 입히기도 했지만, 전쟁 결과 유럽의 전반적인 질서가 재편된 것이 더 큰 충격이었다. 제국이 해체되고 혁명의 광풍이 일어나고 서구 문명에 대한 낙관론이 심각한 회의에 봉착했다. 우리가 상상하는 현재 유럽 각국의 판도는 제1차 세계대전과 더

밀접한 관련이 있다. 그렇게 많은 사람이 죽고 지대한 영향을 끼친 전쟁이니 '그레이트 워'라고 불리는 것도 당연하다. 사람들 각각의 기억에 남겨진 상흔도 물론 그만큼 깊다.

전쟁 직후인 1915년 전사자를 기리는 어떤 시가 신문에 실린다.

플랑드르 초원에 양귀비가 피어났네,
줄지어 늘어선 십자가들 사이로.
그것은 우리가 뉜 곳을 알려주네.
(…중략…)
그대가 죽은 우리와의 믿음을 저버린다면
우리는 잠들지 못하리,
플랑드르 초원에 양귀비꽃 피어나더라도.

망자의 목소리로 전개되는 이 만가는 캐나다군의 중령으로 전쟁에 참가한 군의관 존 맥크래가 전사한 친구를 위해 썼다. 이 시가 알려진 이후 포피는 영연방 국가에서 전몰자, 특히 1, 2차 세계대전의 전사자를 기리는 꽃이 되었다.

영국에서는 11월 11일이 우리의 현충일과 비슷한, 전몰 영령을 위한 기념일이다. 이날과 가까운 토요일 저녁에 런던의 로열앨버트 홀에서 추모식이 진행되며, 일요일은 '리멤버런스 선데이'라고 해서 세나토프Cenatoph('빈 무덤'이란 뜻)에서 추모식을 따로 거행한다. 물론 두 행사 모두 왕실과 정부 요인들뿐 아니라 영연방의 대표들까지 대거 참석한다.

세나토프 앞에서의 리멤버런스 선데이 행사.

    일종의 돌비석인 세나토프를 나는 홍콩에서 복제품으로 먼저 봤
다. 홍콩 섬에서 가장 번화한 센트럴의 의사당 앞 광장에 있는 것을
보고 식민지니까 저런 곳에 전쟁 기념물을 세워놓았으려니 생각했
다. 물론 홍콩이 중국에 반환된 후 '평화기념비'로 용도가 바뀌었지
만, 그때는 그것이 식민주의가 남긴 정치적 산물 이상의 것으로 보
이지 않았다. 그런데 알고 보니 런던의 오리지널 세나토프도 비슷
한 위치에 있었다. 런던의 세나토프는 팔리아먼트 광장과 트래펄가
광장을 잇는 화이트홀 대로의 중앙에 세워져 있다. 서울로 치면 동
작동에 있어야 할 것이 세종로 중간쯤에 서 있는 격이다. 세나토프
가 길 한가운데 중앙분리대처럼 서 있기 때문에 11월 추모행사 때

런던타워 앞의 제1차 세계대전 희생자 추모 설치미술.

는 화이트홀 대로 전체가 행사장으로 변한다. 이때 참석자들이 가슴에 꽂는, 세나토프에도 헌화되는 꽃이 바로 포피다. 그러고 보니 내 눈에 그렇게 자주 포피가 눈에 띈 것은 제1차 세계대전 발발 100주년이었던 그해 포피를 쓸 일이 유난히 많았기 때문이다.

늦여름 어느 주말, 그간 런던을 갈 때마다 벼르던 런던타워 답사를 갔다. 노르만 고성 양식으로 12세기부터 조성된 런던타워로 들어가려면 폭이 꽤 넓은 해자를 건너가야 한다. 지하철역을 나와 해자가 보이는 곳까지 다가간 순간, 고풍스러운 성채보다도 양탄자처럼 해자 바닥을 뒤덮은 시뻘건 물체가 먼저 눈에 들어왔다. 가까이 다가가서 보니 하나하나가 도자기로 만든 양귀비꽃이었다. 물론 그

의미를 금방 알아챌 수 있었다. 이 설치미술은 세라믹 아티스트인 폴 커민스와 무대 디자이너인 톰 파이퍼의 합작품으로, 큰 덩치답게 '피로 물든 땅과 붉은 바다'라는 거창한 이름이 붙어 있었다. 제1차 세계대전의 희생자들을 기리기 위해 8월 5일 전쟁 개시일부터 11월 11일 전쟁 종식일까지 전시를 한단다. 이 퍼포먼스는 그간 영국에서 자주 보았던 포피 형상 가운데 결정판이라고 할 만했다. 기부 운동이 활성화된 영국답게 송이마다 예약 판매한 기부금은 희생자 가족을 돕거나 추모 사업을 벌이는 데 쓴단다. 사실 이뿐 아니라 매년 10월부터 슬슬 시작되어 추모 활동을 하는 동안 쓰이는 포피는 이런 식으로 기부되는 경우가 많다.

영국은 역사가 세계사와 복잡하게 얽혀 있는 만큼 전쟁도 많았던 나라다. 런던의 풍경을 더 극적으로 보이게 하는 기념 조각상 중에도 전쟁과 관련된 것이 많다. 많고도 다양하기에 이에 대한 후세 사람들의 평가도 꼭 일치하는 것만은 아니다. 하지만 1, 2차 세계대전 기념물은 다른 것과 사뭇 다르다. 나는 이 두 전쟁에 대해 대규모의 추모 행사가 지속되는 까닭이 애국심이나 민족의식보다 전쟁의 도덕성에 대한 공감대 때문이라고 생각한다. 만약 영국인들이 부끄러운 역사로 생각하는 아편전쟁이라면 당연히 이와는 다를 것이다. 1, 2차 세계대전의 발발 배경에 유럽 열강 사이의 복잡한 이권 대립이 없었던 바도 아니며, 또 초기에는 전쟁 개입에 반대한 사람도 있었다. 하지만 두 전쟁이 국민적 지지를 얻은 이유는 궁극적으로 방어전이었기 때문이다. 전쟁을 막기 위한 전쟁이 갖는 도덕적 가치는 세월이 지나도 퇴색하지 않는다.

킹스크로스 역에 붙여진 대형 포피.

추모 열기는 두 전쟁에 대해 사회 지도층이 보인 태도에서도 기인한다. 영국은 21세기 광명 천지에도 유럽 각국 가운데 진부한 신분제의 흔적이 가장 뚜렷하게 남아 있다. 격변의 20세기 전반기를 거치는 동안 신분 개념이 사라지지 않은 이유는 왕족과 귀족의 행보가 평민들에게 도덕의 바로미터였기 때문이다. 최상위의 귀족학교라 일컬어지는 이튼스쿨을 예로 들면, 양차 세계대전 중 그 학교 출신으로 전사한 사람만 무려 2,000여 명에 이른다고 한다. 또 제2차 세계대전이 발발했을 때, 부왕父王의 만류를 무릅쓰고 입대한 현 여왕 엘리자베스 2세의 일화는 너무나 유명하다. 사회 지도층의 이런 태도는 전쟁의 도덕성에 대한 재론의 여지를 불식시켜버렸다.

게다가 두 차례 세계대전은 아직 산자들의 기억이 닿아 있는 전쟁이다. 언젠가 노리치에 갔을 때 노리치 대성당의 한구석에서 그 지역 출신 6·25전쟁 참전 희생자들을 기리는 바닥 기념비를 발견한 적이 있다. 그들을 전장에 보낸 사람들이 여전히 어디에선가 잊지 않고 있다는 점이 인상 깊었다. 천 명이 넘는 영국 청년이 희생되었지만 이제 영국인들에게 6·25는 먼 나라의 아득한 일에 불과한 전쟁일진대, 1, 2차 세계대전은 더 말할 필요가 없다. 존재를 잊을 수 없는 가족의 역사에 관련되는 한, 양차 세계대전은 여전히 영국 사람들의 기억에서 떠날 수 없는 전쟁이다. 전쟁의 도덕성에 대한 보편적인 공감대까지 있으니, 그 추모의 열기는 명분이 있어 보인다.

하지만 포피는 아무래도 영국에 있을 때만 숭고하다. 2010년 캐머런 총리 일행이 중국을 방문하려 했을 때, 하필 11월 11일이 방문 기간에 끼어 있었다. 영국 방문단은 양귀비꽃 배지를 관례대로 착용하기로 했는데, 중국 정부가 이를 만류했다. 왜? 중국 입장에서는 양귀비가 아편전쟁의 굴욕스러운 기억을 떠올리므로 당연히 기분 좋을 리가 없다. 하지만 영국인들은 자신들의 뜻을 관철했다고 한다. 언론은 이에 대해, 돈 때문에 간 영국 수뇌부가 나름대로 보여준 소극적인 자존심의 표현이었다고 해석했다. 이럴 때 포피는 또 다른 얼굴을 드러내기도 한다.

피시앤칩스와 파티 문화

영국을 대표하는 음식이 무엇인지 그곳에서 1년을 지냈어도 여전히 모호하고 궁금하다. 음식에 관한 한 내가 영국을 제대로 체험했는지 의문이 들 정도로 기억에 남는 것이 별로 없어서다. 영국으로 가기 전, 내가 아는 영국 음식은 대구살튀김에 감자튀김이 곁들여 나오는 '피시앤칩스'가 전부였다. 칩이라는 튀김이 미국에서는 편으로 썬 것을 말하지만 영국에서는 막대형으로 채 썬 것을 의미한다. 한국에서 먹어본 기억으로, 나는 피시앤칩스를 그저 떡볶이 정도의 간식으로 생각했다. 그런데 영국에 가 보니, 그게 간식이 아니라 주식이며 반찬도 국물도 없이 단지 식초만 뿌려 먹는다는 사실을 알고 당혹스러웠다.

　그런데 피시앤칩스가 영국 대표 음식이라는 것에 아리송해하기는 영국인들도 마찬가지다. 이 음식의 대표성에 대한 외국인들의 오해는 식문화의 사회사적 배경을 고려하지 않은 데서 생겼다. 피시앤칩스가 확산된 이면에는 영국의 산업 역사와 계급 질서에 따른 문화적 특징이 존재한다. 이 음식은 공장 노동자들이 빨리 식사를 할 수 있도록 산업혁명 이후에 고안된 것

삶은 완두콩이 곁들여진 피시앤칩스.

이며, 20세기 전란 중에 국민들의 허기를 달래주던 눈물의 먹거리고, 20년전까지만 해도 거리에서 신문지로 싸서 팔던 것이다. 그래서 굳이 대표성을 가지고 말하자면 영국을 대표하는 '서민 음식'이라 할 수 있다. 보통 피시앤칩스 전문인 식당도 미국식 패스트푸드점 같은 도회적인 분위기보다는 우리나라의 국밥집처럼 서민적인 분위기가 더 농후하다. 산업혁명에 자긍심을 갖거나 서민살이의 애환을 아는 사람에게는 피시앤칩스야말로 의미 깊은 영국의 국민 음식이다.

전적으로 나의 경험에 의존해서 영국의 식사용 음식을 크게 세 등급으로 나누어보면 이렇다. 최상위에 있는 것은 각종 스테이크 종류다. 두 번째는 우리가 디저트로만 생각하는 파이 종류로, 밀가루 반죽에 고기소를 넣어 화덕에 구운 음식이다. 그리고 가장 저렴한 것이 샌드위치 아니면 튀김 종류다. 같은 스테이크 요리라도 서울의 결혼식 피로연에서 흔하게 먹듯이 전채에서 디저트까지 정식으로 즐기려면 '사이드 디쉬'를 따로 시켜야 한다. 그러므로 정찬이

아닌 평상시 식사에는 대개 그런 것을 생략하기 마련이다. 스프나 샐러드만 해도 값이 만만치 않기 때문이다. 이 점에서는 피시앤칩스가 별식이 될 수도 있다.

대학생들의 식사도 별반 차이가 없다. 상류사회의 풍류가 남아 있는 '다이닝홀('포말홀'이라고도 한다)'이라는 칼리지 식당에서 먹는 저녁 정찬은 그 격식만큼 요리도 제법 근사하다. 그러나 '버터리'라는 구내 카페에서는, 저렇게 먹고 어찌 공부를 할까 싶을 정도로 단출할 때가 많았다. 게다가 그곳에 온 학생들은 먹으러 온 것이 아니라 작정하고 이야기를 하러 온 듯 끊임없이 대화를 했다. 식사하면서 스마트폰을 보는 친구도 거의 없었다. 이들에게는 식사 행위 자체보다 대화가 훨씬 중요해 보였다.

유럽에 이런 우스갯소리가 있다. 어떤 사람이 천국에 갔더니, 경찰은 영국인이고, 연인은 프랑스인이고, 기계들은 독일산이고, 요리사는 이탈리아인이고, 이 모든 것을 스위스인이 관리하고 있더란다. 그런데 지옥엘 갔더니 경찰이 독일인이고, 연인은 스위스인이고, 기계는 프랑스산, 요리사는 영국인, 그리고 이탈리아인이 관리하더란다. 약간의 차이가 있는 유사 버전도 있지만 변치 않는 것은 지옥의 요리사가 영국인이라는 점이다. 영국 요리에 대한 안 좋은 얘기는 한국에서도 익히 들어보았지만 유럽에서는 더 악명이 높았다. 그러나 아무리 그렇더라도 원래 입맛이란 주관적인 것이고, 결정적으로 내 경험이 미천하기에 섣불리 단정할 수는 없는 노릇이다. 또 음식의 맛은 값에 따라 천차만별인데, 영국만큼 귀족 문화가 발달했던 나라도 흔치 않으니 더더욱 쉽게 얘기할 수만은 없다. 다만 식문화와 식 관념이 우리와 왜 그렇게 다른가 하는 데는 호기심이 생기지 않을 수 없었다.

버지니아 울프의 소설에 《댈러웨이 부인》이라는 작품이 있다. 이 소설은 제1차 세계대전 직후의 런던을 배경으로 하원의

피시앤칩스를 즐기는 노부부.

원의 아내 클라리사 댈러웨이가 파티를 연 단 하루 동안의 여정을 소재로 한다. 울프는 '의식의 흐름'이라는 기법으로 이야기를 전개하는데, 기존 소설들처럼 개인의 의식이 하나의 일관된 스토리에 맞춰지는 것이 아니라, 분절되거나 심지어 다른 사람의 의식과 섞이기도 하면서 인물의 자의식을 이끌어낸다. 그녀의 자의식이 만개하는 소설 속 가장 큰 이벤트는 그녀가 주관하는 파티다. 내가 관심 있게 본 것은 그렇게 거창하게 묘사되는 파티에 의외로 음식에 대한 언급이 별로 없다는 점이다. 댈러웨이 부인이 신경 쓰는 것은 온통 파티에 온 사람들의 성격과 특징, 그들 사이의 관계, 그리고 그것들이 파티의 성공 여부에 끼칠 영향 등이다. 맏며느리인 우리 어머니가 큰살림을 맡아 하신 '현직' 시절에 제사나 명절을 앞두고 초조해하셨던 것은 늘 고기가 부족하지 않을까, 만두가 불지는 않을까 하는 염려 탓이지, 오신 분들이 화목하게 잘 지내다 갈까, 이번 행사가 즐거웠다고 생각할까 하는 식의 걱정 탓이 아니었다. 중국인들에게도 우리와 비슷한 정서가 있다.

《댈러웨이 부인》에 비견되는 중국어 소설로 타이완의 소설가 바

이센융白先勇의 《타이베이 사람들臺北人》이란 작품이 있다. 작가가
젊은 시절 모더니즘에 탐닉했었기에 울프나 제임스 조이스의 영향
이 전혀 없지는 않다. 그럼에도 그의 소설은 국민당 군대의 수뇌였
던 아버지 바이충시白崇禧 대장의 사교 편력에서 얻은 영감과, 난
징을 중심으로 한 지역의 전통적 정서가 더해져 전혀 다른 색깔을
보여준다. 그중 〈유원경몽遊園驚夢〉 편은 왕년에 곤곡昆曲이라는 창
극의 여배우로 난징 일대의 무대를 주름잡은 중년 여성들의 이야
기다.

　그녀들은 잘나가던 때 국민당군 장성의 후실이 되었다가, 1949년
국민당 정부의 엑소더스를 따라 남편과 함께 본토를 빠져나와 지금
은 타이완에 정착해 살고 있다. 소설이 시작되면, 남편 사후 시골에
낙향해 있던 첸 씨 부인이 타이베이의 선배 두 씨 부인이 준비한 파
티에 참석하러 오랜만에 상경한다. 그날 밤 파티의 좌중이 모두 그
녀의 창唱을 원했지만 술이 몇 순배 돌아간 뒤 의식의 혼란을 겪은
그녀는 결국 창을 포기하고 만다. 그녀가 겪어온 기이한 인생 역정
과 죽은 남편에 대한 애증의 기억이 취중에 한꺼번에 몰려와 그녀
의 의식을 뒤흔든 것이다. 그리고 이튿날 초췌해진 몰골로 낙향하
는 그녀는 누구보다 세월의 무상함을 느낀다.

　《댈러웨이 부인》에서처럼 이 소설도 중년 여성의 자의식에 포커
스가 맞춰져 있지만, 바이센융은 작품의 정서에 적잖은 영향을 끼
치는 요리들을 삽입한다. 거기에는 첸 씨 부인의 목을 달래주는 '꿀
에 절인 대추'가 있고, 두 씨 부인이 피란 때 함께 데려온 숙수가 요
리했다는 '샥스핀'이 있으며, 또한 남편의 옛 부관이 첸 씨 부인에

게 정성껏 발라주는 '양귀비의 닭貴妃鷄'이란 요리가 등장한다. 이 요리들은 파티의 이미지인 동시에 인물들의 정서 상태까지 설명해주는 중요한 소품이다.

　우리처럼 중국인들의 파티도 음식 자체가 절대적인 비중을 차지한다. 언젠가 러시아의 모 대학에서 개최한 학회에 갔다가 사흘 내내 점심으로 마가린에 볶은 안남미 쌀밥만 먹고 질린 적이 있었는데, 그때 나보다 더 격분한 사람들이 중국학자들이었다. 먹을 것만 밝혀서가 아니라, 식사를 대접하고 거기에 응하는 자체가 그들에게 중요한 예절이고 사교 행위이기 때문이다. 그렇다고 영국인들이 식사 예절을 중시하지 않는다는 뜻은 절대 아니다. 영국인만큼 식사의 형식을 중시하는 사람들도 드물다.

　케임브리지에 있을 때 한 칼리지에서 연중행사로 개최한 자선 만찬에 가족들을 데리고 참석한 적이 있다. 초대장에는 그날의 드레스 코드가 "청바지를 제외한 스마트한 복장"이라고 쓰여 있었다. 있는 옷 없는 옷 다 꺼내 골라 입고 갔지만 우리 가족은 단연 눈에 띄는 존재였다. 거의 유일한 동양인이라서가 아니라, 그처럼 평범하게 옷을 입은 사람이 우리밖에 없

칼리지 다이닝홀의 만찬.

었기 때문이다. 그런데 더 고역스러운 것은 따로 있었다. 정식 식사 전 담소를 겸한 1시간여의 잔디밭 칵테일파티도 그랬지만, 영화 〈해리 포터〉에나 나옴직한 유서 깊은 그 대학의 넓은 다이닝홀에서 개최된 정찬도 우리 가족에게 실은 굉장한 노동이었다. 우리가 2시간 여 동안 먹은 것이라고는 빵 한 조각과 스프 한 접시 그리고 정말 얇게 저며진 농어구이와 아이스크림이 전부였다. 그러는 동안 긴 라틴어 식전 기도와 대학 관계자의 자선 행사에 대한 장황한 연설을 미소와 박수로 들어야 했다. 나머지 더 긴 시간 동안은 장내를 가득 메운 수많은 참석자가 뿜어내는 거대한 소음 속에 꼼짝없이 갇혀 있어야 했다. 하지만 그 난리 통에도 거의 모든 참석자가 웃음과 품위를 잃지 않은 채 놀랍게도 끝까지 자리를 지켰다.

내가 아는 중년의 영국 여성은 크리스마스가 영국 여성에게는 힘든 시간이라고 했다. 그날은 모든 것이 완벽해야 하기 때문이다. 물론 우리나라 여성들이 명절 때 차례 준비에 쏟는 노고를 구체적으로 알려줬더라도 그녀는 경악했을 것이다. 그러나 반대로 우리나라 여성들이 설날에 음식 말고도 특별한 그릇이나 집안 장식을 따로 준비하고, 일일이 설 선물을 포장하고 가족용 이벤트까지 신경 써야 한다면, 그것도 여간 수고롭지 않을 것 같다. 영국 가정의 '애프터눈 티Afternoon tea'에만 초대받아 가보아도, 정성이 이만저만 들어간 것이 아님을 알 수 있다. 3단 접시에 내오는 갖가지 쿠키와 샌드위치, 디저트용 파이는 보통 주인이 직접 만든다. 술안주도 아니고 그저 차에 곁들여 먹는 주전부리일 따름이건만, 손님을 불렀으니 차 한잔 마실 때도 특별한 격조가 필요하다고 생각하기 때문이다. 영국의 이런 이면의 모습은 일반적으로 알려진 빈약한 요리 문화와 크게 대조된다. 물론 이런 풍경은 웬만큼 사는 이들의 식문화에 한정되기는 한다. 이른바 '정크 푸드'라고 하는 값싼 가공식품과 냉동식품, 그리고 이런 식품들로 인한 질환이 경

제과점에 전시된 전형적인 애프터눈 티 상차림.

제 소외 계층일수록 증가하는 문제는 영국도 심각한 수준이다.

영국 음식이 맛없는 원인에 대한 세인들의 분석은 가지가지다. 누구는 빅토리아시대의 도덕적이고 엄격한 사회 풍조 탓이라 하고, 누구는 북유럽의 척박한 기후 탓이라 하기도 한다. 하지만 어느 것 하나 정설로 인정된 것은 없다. 그럼에도 인정해야 할 것은 식사를 요리에 국한하지 않고 매너까지 아우른 포괄적인 문화로 본다면, 영국은 절대 식문화가 낙후된 나라가 아니라는 사실이다. 다만 음식을 느끼고 즐기는 방식과 시각의 차이가 있을 뿐이다.

영국식 서비스에 담긴 진리

영국에서 생긴 새로운 습관 하나는 소변을 참는 것이었다. 공중화
장실이 눈에 잘 안 뜨였고, 대부분이 유료였기 때문이다. 이런 불편
함 때문에 시내에 나갈 때는 품위 있게 공짜로 해결할 수 있는 그랜
드 아케이드(중앙상가)를 경유해서 갔다. 런던에 갈 때도 마찬가지
였다. 케임브리지 역은 공중화장실이 무료지만 런던 쪽은 유료여
서, 기차를 타기 전 혹은 기차 안에서 해우解憂를 했다. 이런 사정은
다른 유럽 국가도 비슷했다. 심지어 독일에서는 이름만 대면 알만
한 유명한 햄버거 집조차 화장실 앞에 동전 받는 사람이 서 있었다.
런던에서는 동일한 브랜드의 그 가게에서 햄버거는 먹지 않고 슬쩍
실례만 했었다. 화장실 찾는 것이 그처럼 번거롭다 보니, 나도 모르
게 몰아서 해결하는 습관이 배었다.

　이에 비하면 변소 인심이 후한 서울은 가히 천국의 경지라고 할

수 있다. 그런데 우리가 놓치는 사실은 이런 인심 뒤에는 반드시 후환이 따른다는 점이다. 첫 번째는 헤픈 만큼 위생 상태가 나빠질 수 있다는 점이다. 더 중요한 두 번째는 결국 생각지도 못한 누군가가 청결 유지를 위해 노동비용을 치른다는 점이다. 용변을 본 장본인이 내지 않으므로, 정부나 건물주나 점주가 비용을 치르든지, 아니면 청소하는 사람이 노동의 대가를 포기하든지 해야 된다는 뜻이다. 후자의 경우 바로 지금 심각한 이슈가 된 비정규직 문제와 연결된다. 서비스는 유지하되 비용만 줄이려다 보니 사단이 난다. 유럽에 가기 전까지 나는 남의 변소를 제집처럼 들락거리면서도 이런 알고리즘을 심각하게 고민해본 적이 없다.

이와 비슷한 상황은 대중교통과 배달 서비스에서도 나타난다. 케임브리지의 시내버스 노선은 여덟 개다. 하지만 자주 오지도 않고 푯값도 비싸서, 다소 저렴한 정액권을 끊지 않는 이상 버스 타는 일이 별난 행사처럼 되어버렸다. 게다가 일요일은 버스가 4시면 끊어졌고, 부활절이나 성탄절 같은 큰 명절 때는 아예 다니지도 않았다. 이런 상황은 가게들도 마찬가지여서, 일요일 오후에는 일제히 문

버스 안의 연말연시 운행표. 성탄절과 박싱데이(26일), 새해 첫날이 종일 휴업이며, 그 사이의 날들은 야간 운행이 없다고 적혀 있다.

을 닫았다. 책을 주문할 때도 비슷한 난관이 있었다. 같은 인터넷 쇼핑몰에서 구입하는데도 낱권마다 비싼 택배비가 붙었다. 게다가 배송 예정일도 꼭 집어 어떤 날이 아니라 사나흘 기간으로 항상 느슨했다. 배달 온 날 만약 부재중이면 곧바로 물류 창고나 우체국으로 반납시켜버리고는, 직접 와서 찾아가라고 야멸차게 쪽지 한 장만을 남겨놓았다. 이 모든 것은 인건비가 비싸고 서비스 노동에도 휴식이 필요하기 때문이다.

그럴 때면 나는 어김없이 우리 동네의 '24시간 해장국'이 그리워졌다. 수화기를 내려놓음과 거의 동시에 철가방을 들고 나타나던 학교 근처 중국 음식점의 '번개맨'도 생각났다. 그러면서 영국 서비스의 게으름과 터무니없음을 푸념하고 책망했다. 하지만 다른 한편으로 우리가 언제부터 그렇게 고강도 서비스에 익숙해졌는지 되돌아보게 되었다. 도대체 우리 안에 어떤 조급증이 있기에 삼시 세끼도 모자라 24시간 내내 식당 문이 열려 있어야 하는 걸까? 얼마나 바쁘게 살기에 배달 시간이 10분 넘는다고 투덜거리게 되었을까? 나 역시도 영국의 고지식한 서비스 체계를 겪어보기 전에는 똑같은 부류였다. 철야로 서빙하는 식당 종업원과, 위험천만하게 오토바이를 몰아야 하는 배달원의 고충 따위는 안중에 없었다. 전체적인 고용구조는 비판하면서도, 정작 내가 받는 서비스가 정당한 노동 대가가 지불된 것인지는 신경조차 쓰지 않았다.

노동에 대한 정당한 대가를 당연시한다는 것은 또한 시간의 환금성에 대한 공적인 합의가 존재함을 의미한다. 시간에 대한 예비는 오래전부터 영국인들의 생활 리듬 속에 깊숙이 자리 잡혀 있다. 예약을 뜻하는 '부킹'이 생활화된 영국에서는 '즉석'이란 개념이 통하지 않는다. 이 책에 적힌 모든 답사와 관련해서, 조금이라도 낭패를 보지 않으려면 지적의 거리를 갈 때도 미리 점검하고 예약하는 것은 필수였다. 장거리 차표나 축구장표, 뮤지컬 극장표 등은 이용할 날짜가 가까워질수록 값이 기하급수적으로 올라갔다.

정찰제가 없는 예매 시스템은 영국에서 생활하는 동안 나에게 가장 큰 스트레스 가운데 하나였다. 한번은 인터넷으로 저가 항공권을 예약하려는데, 하필 영국 거래 은행의 잔고가 바닥나 있었다. 그런데 한국의 은행에서 송금을 받으려니 때마침 추석 연휴 기간이었다. 출발일이 아직 두 달이나 남았건만, 단 5일 늦게 결재했다고 5인분어치로 50만 원을 날려야 했다. 영국에서의 교통 예약은 시간을 경매하는 것이나 다름없다. 그러니 어디로 떠나든 무엇을 보러가든 그야말로 '선견지명'이 없으면 구멍 난 호주머니를 차고 다니는 격이다. 이런 관념은 사람들 관계에도 일반화되어서, 지인들과의 식사 약속도 3, 4주 전에 하는 것이 보통이고, 그마저도 매우 신중하게 약속 시간을 잡는 눈치였다.

그렇게 귀한 시간이건만 시간을 소비하는 것은 한국인보다 훨씬 느긋해보였다. 그런 예는 시내버스에서도 잘 나타난다. 노선별 줄서

시내버스 안의 진풍경. 개들도 버스 타는 것에 익숙하다.

지금도 스스럼없이 거리를 누비는 1950년대의 총아 모리스 마이너 트래블러.

기는 기본이고, 내리는 사람이 아무리 꾸물대더라도 절대로 먼저 버스에 오르는 사람이 없다. 장애인에 대한 배려는 더 말할 것도 없다. 리프트가 하강하고 휠체어가 내려오기까지 5분 이상이 걸리지만 아무도 채근하지 않는다. 이처럼 여유가 있으니 버스에 송아지만한 개가 타도 아랑곳하지 않는 것이리라. 신기하게도 주인을 따라 올라온 그 녀석들도 사람 이상으로 점잖았다. 또한 느린 시간의 흐름 덕에 키다리 2층 버스가 2차선의 좁은 길을 교행하더라도 아무 탈 없이 유연하게 다닐 수 있으리라. 또 모리스 마이너나 오스틴 케임브리지같이 1950년대에 출시된 구닥다리 차들도 스스럼없이 나다닐 수가 있을 것이다. 예약의 생활화와 시간의 느긋한 향유가 공존할 수 있는 까닭은 결국 내 시간을 중요하게 생각하는 만큼 남의 시간도 존중해야 한다는 관념이 있기 때문이다. 내 시간을 아끼려고 누군가에게 수고를 끼친다면, 당연히 비용을 지불해야 한다는 논리도 거기에서 나온다.

물론 케임브리지나 옥스퍼드는 영국에서도 약간 유별난 곳이라고 할 수 있다. 학생을 포함한 대학 식구들이 많다는 점이 아무래도 공중도덕에까지 영향을 끼치기 때문이다. 예를 들면 좁은 길을 걸을 때에는 '땡큐'와 '쏘리'를 항상 입에 달고 다녀야 했다. 먼저 길을 비키는 것이 상례라, 심지어 개들까지 주인을 따라 비켜서 주곤 했다. 화장실 문 앞에서 나보다 먼저 문을 열고도 내가 들어오도록 반대편에서 기다려주는 사람도 흔했다. 그렇지만 런던에서는 길을 가다 어깨를 부딪어도 웬만하면 그냥 지나치는 사람이 많았다. 사람 많은 곳이 더 각박하다는 '진리' 앞에서는 신사의 나라 영국도 어쩔 수 없는가 보다.

한국에 돌아와서 통계를 보니, 2015년 3월 현재 영국의 실업률은 6.7퍼센트로 6년 만에 최저치라고 한다. 상대적으로 임금 상승률은 주춤해졌다지만 부러운 현실이 아닐 수 없다. 물론 이 수치는 최근 자영업자 수가 늘어났기 때문이다. 그만큼 저소득 자영업자도 늘어난 문제가 있다고는 한다. 2008년 이후의 불황으로 자영업자 수는 영국 인구의 14퍼센트를 상회할 정도로 급증했고 소득도 20퍼센트나 줄어들었다고 한다. 반면에 우리나라는 자영업 비중이 22.5퍼센트나 된다고 한다. 그중 요식업 비율만 따지면 영국은 인구 1,000명당 2.7개지만, 한국은 무려 18.8개나 된단다. 낮은 고용율과 높은 자영업 비율은 고강도 서비스를 부추길 수밖에 없다. 이런 상황과 논리는 공적인 보호 장치가 없는 한 누군가에게 희생을 강요하기 마련이다.

케임브리지에는 공공서비스에 종사하는 노인과 장애인이 많았다. 그런데 더 이채로운 것은, 당연한 일이긴 하지만 힘

동네 도로의 잔디 미화원. 레게 파마를 한 그를 아이들은 '터미네이터'라 불렀다.

든 육체노동을 하는 곳에 젊은 노동자 또한 많다는 점이다. 청소차의 미화원, 공원의 잔디 깎는 사람, 공사판 인부 등 젊은 노동자들의 밝고 패기 있는 모습은 시간에 대한 공정한 가치 부여와 그에 따른 정당한 노동 대가가 없다면 만나보기 힘들었을 것이다. 이런 관념은 중·고등학교 교육 현장에도 영향을 끼친다. 제각기 진로에 부여되는 사회적 가치가 다양하기 때문에, 학생들은 일률적으로 대학 진학에 목표를 두지는 않는다. 오후 3시만 되면 일제히 교문 밖으로 쏟아져 나오는 학생들의 밝은 얼굴은 그 또래의 자녀를 둔 학부모인 나를 퍽이나 민망하게 만들곤 했다.

하지만 공적인 영역을 떠나 사적인 인간관계에서는 분명한 시간 관념이 오히려 장애가 되기도 한다. 서로의 영역을 지켜준다는 것은 뒤집어 생각하면 상호 관계에 보이지 않는 벽을 만든다는 것이다. 우리 사회의 구성원들에게 만약 그런 무덤덤한 배려심만 가득했다면, 오늘날의 한국 사회는 존재하지 않았을 것이다. 고난과 위기의 순간에 작동한 개인들의 헌신과 희생정신이야말로, 공적 영역에까지 영향을 끼치며 단시간 내에 한국이 일어서게 만든 든든한 밑거름이었음을 부인하기는 어렵다. 이런 점은 또 내가 영국의 지인들과 관계를 나누면서 시종 허전하게 느꼈던 부분이기도 하다. 경우 바르기는 하지만 항상 문턱 너머에 있는 그들의 모습은 가끔 나에게 예쁘게 색칠된 그림을 바라보기만 하는 것 같은 거리감을 느끼게 했다. 그럴 때는 동서가 서로 반씩만 섞였으면 좋겠다는 생각이 들기도 했다.

2장.

러블리 케임브리지

중세의 고서 속에서 떠올린 세종대왕

'호랑이는 죽어서 가죽을 남기고 사람은 죽어서 이름을 남긴다'는 속담은 연구 결과를 기록으로 남기는 게 일인 내 입장에서는 수정되어야 마땅하다고 생각한다. 사실 이름, 곧 명예처럼 허망한 것이 또 어디 있는가? 그래서 나는 사람은 이름을 남기는 게 아니라 '기록을 남긴다'로 바뀌어야 한다고 생각한다. 이런 생각이 있었기에 나는 유구한 기록 문화의 역사가 있는 동아시아 출신이라는 자긍심을 품고 영국으로 떠났다. 우리는 고려 때 벌써 금속활자를 만들었고 중국은 진나라 한나라 때 기록물이 지금도 계속 출토되는데, 영국이 '산업혁명 때문에 행세하는 거지 더 위로 올라가면 뭐 별 것 있겠어······?'라면서 말이다.

이런 편견은 영국에 도착해서 도서관에 간 첫날 여지없이 깨지고 말았다. 지금은 기록 문화야말로 영국을 지탱해온 가장 원초적인 힘이라고, 애초의 생각이 180도로 바뀌어버렸다. 전변의 계기는 서고를 가득 채운 중세 고서를 만나면서 시작되었다.

중세 초기의 책들은 양피지가 주재료였다. 양피지는 찢어지기 쉬운 파피루스를 대신하는 기록 매체로 서기전 2세기 말에 이집트에서 개발되었다고 한다. 15세기에 종이가 보편화되기 이전까지 유럽 도서관의 책들은 대부분 양피지를 묶어놓은 것이었다. 영국에서도 중세 초기에 양피지 책이 본격적으로 도입되면서 방대한 기록 문화가 형성되기 시작한다. 서기 597년에 전래되었다는 《캔터베리 복음서 The Canterbury Gospels》가 1500년 무렵까지 무려 여든여덟 가지의 사본으로 존재할 정도였다. 최근에는 양피지의 DNA를 분석해서 책의 유통 경로를 밝히는 작업이 활발하게 진행되고 있다고 한다.

보통 양피지 책 한 권을 만들려면 새끼 양 수십 마리를 잡아야 했다. 제작 비용이 많이 들다 보니, 여백이 거의 없이 빼곡하게 내용을 적는 경우가 많았다. 그리고 내용의 첫 부분이 어디인지 쉽게 알아보게 하려고 단락의 첫 글자를 다른 글자보다 크게 하거나 화려하게 색칠하는 경향이 생겼다고 한다. 이런 관습은 종이 시대에도 계속 이어져 서양 책만의 독특한 레이아웃을 만들어낸다. 여기에 비하면 동아시아의 책은 초기부터 훨씬 기능적이었다고 할 수 있다. 물론 종이도 싸지는 않았지만, 고대 동아시아의 종이책에서는 여백을 활용했지 문자 디자인은 중시되지 않았다. 대신 상이한 서체를 통해 제목과 본문을 구분하는 경우는 있었다.

그런데 종이보다 흡수력이 낮아 잉크가 잘 배어들지 않는 양피지는 수정하기가 훨씬 용이했다. 특히 8세기 이후 원래의 내용을 지우

1480, 90년대에 독일에서 출판된 양피지 미사전서 필사본.

고 그 위에 다시 쓰는 이중 사본이 성행하는데, 재료값을 감당하기 어려울 정도로 기록 활동이 갑자기 왕성해졌기 때문이다. 양피지가 일반화되면서 책의 형태도 파피루스 시대의 두루마리(권자본卷子本)에서, 편리한 코덱스(책자본冊子本) 형태로 바뀌게 된다. 그러나 책을 세워서 보관하는 것은 더 가벼운 종이책이 등장한 15세기 이후에 보편화했다. 양피지 코덱스에서 제본을 위해 필수적이던 쇠붙이 장식이 사라졌기 때문이다. 그래도 양피지 책의 제본 형식은 여전히 종이책에 영향을 남겼다. 오늘날 하드커버 책의 등 쪽에 가로 줄무늬가 들어가기도 하는 것은 양피지 책의 묶음 형식이 초기 종이책을 거쳐 현재까지 관례로 남아서다. 물론 책등에 제목이 들어

렌 도서관의 중앙 홀. 정면에 있는 것이 바이런의 좌상.

가는 것은 책을 세워서 보관하게 된 종이 시대에 시작되었다. 종이 시대로 넘어오면서 책에는 양피지 시대보다 더 화려하고 정교한 문자 디자인과 삽화가 나타난다. 제작 과정만 보자면 중세야말로 책에 가장 공력이 들어간 시대다. 수공으로 섬세하게 색채가 입혀진 글자나 삽화는 마치 금박이 더해진 단청 같다.

중세의 책들은 이제 고서 전문 도서관에나 가야 볼 수 있다. 케임브리지 대학에는 영국과 아일랜드에서 출판된 모든 책이 소장되어 있다는 대학 도서관(중앙도서관) 말고도, 각 학부(패컬티)마다 전공 관련 도서관이 있다. 더 흥미로운 곳은 옛날 방식으로 고서를 보존하는 칼리지들의 도서관이다. 딱히 책의 내용을 보려고 해서가 아니라 분위기만 느끼고자 한다면, 칼리지의 고서 도서관 자체가 저마다 고풍스러운 인테리어를 하고 있어서 굳이 책을 꺼내 보지 않아도 충분히 그 전아함에 젖어들 수 있다. 대중의 호기심을 채워주기 위해 케임브리지의 트리니티 칼리지에서는 구내의 렌 도서관을 하루에 두 시간씩 대중에 개방한다. 이 도서관의 중앙 홀에 들어서면, 멀리 건너편에 턱을 괴고 앉아 있는 이 대학 출신의 시인 바이런의 하얀 전신상이 시선을 압도한다. 게다가 책꽂이 꼭대기마다 마치 올빼미처럼 일렬로 늘어선 학자들의 흉상이 방문객을 더욱 주눅 들게 한다.

이름에서 알 수 있듯이, 이 도서관에서는 1695년에 완공된 건물의 설계자 크리스토퍼 렌의 명성을 무엇보다 귀하게 여긴 것 같다. 렌은 세인트폴 성당을 비롯하여 런던에 교회당만 쉰세 개를 설계한 사람이다. 렌이 남긴 건물은 케임브리지뿐 아니라 옥스퍼드의 칼리지에도 적지 않은데, 그의 흔적은 곧 당시에 대학이 차지한 사회적 비중과 도서관의 권위를 입증한다. 다른 칼리지 도서관들도 대부분 중세 이래 유력한 후원자들의 기부로 내로라하는 건축가들이 설계했다. 9월의 '오픈 칼리지' 주간이 되면 도서관마다 특색 있는 전시회를 열어 대중에 개방한다.

지금은 책은 말할 것도 없고 대학 도서관까지 개방하는 세상이지만, 사실 중세만 해도 책은 교육받을 재력과 권력이 있는 지배계급의 전유물이었다. 움베르토 에코의 소설 《장미의 이름》을 보라. 특정한 책을 보면 안 된다는 수도원의 금기를 어긴 사람들이 독이 발라진 책을 읽고 하나둘 죽어가지 않는가? 이는 책의 전유, 즉 지식의 폐쇄성에 대한 또 다른 비판적 은유라고 할 수 있다. 인쇄술이 발명되기 전까지 지식의 계급화와 폐쇄성은 중세 문화 전반을 지배했다.

이런 구도를 그야말로 혁파한 획기적인 사건이 15세기 중엽 독일의 어떤 금 세공업자에 의해 일어난다. 이 사람이 바로 금속활자를 만들어 교회가 독점한 성서 출판을 대중화시킨 요하네스 구텐베르크다. 이 지점에서 나는 세계 최초의 금속활자 책이라는《직지심체요절直旨心體要節》을 떠올렸다. 이 책을 찍은 금속활자는 대단한 발명임에 틀림없지만, 너무나 안타까운 것은 이 획기적인 유산이 사찰 밖까지 영향을 남기기 전에 역사 속으로 사라졌다는 점이다. 서양에서 금속활자가 끼친 영향은 단지 도구의 개혁에 국한되지 않는다. 만약 구텐베르크가 없었다면 르네상스나 종교개혁을 상상하기 어려울 정도로 금속활자의 영향력은 절대적이다. 오죽하면 빅토르 위고가 소설《파리의 노트르담》(노트르담의 꼽추)에서 부주교의 입을 빌려, "이것(인쇄된 책)이 저것(성당)을 죽이리로다"라고 말했겠는가?

그런데 구텐베르크의 공적은 최초의 '금속활자'가 아니라, '활자' 곧 '인쇄술' 자체를 처음 개발했다는 데 있다. 만일 인쇄술의 발명이란 점만 가지고 그의 업적과 비견되는 성과를 굳이 동양에서 논하자면, 사실은《직지심체요절》이 아니라 석가탑 안에 들어 있었다는 최초의 목판인쇄본《무구정광대다라니경無垢淨光大陀羅尼經》까지 올라가야 한다. 그러니까 제한적이긴 하지만 이미 인쇄술이 존재한 고대 한국에서《직지심체요절》은 단지 기술적인 도약만을 의미한다. 책에 대한 관념과 발전 역사가 다르기 때문에 이런 점에서는 양쪽을 서로 비교하는 것 자체가 애시 당초 불가능하기는 하다. 아무튼 일찌감치 근대 인쇄술이 정착된 영국도 책이 참 많은 나라다. 도대체 얼마나 많았으

영국도서관에 전시된 조선 시대 출판물. 오른쪽이 19세기 언문 소설.

면, 심지어 동네 중고 상점에서도 100년 넘은 빅토리아시대의 책을 단돈 몇 파운드에 살 수 있었다. 요컨대 책도 많이 찍어냈지만 또한 소중히 잘 보관해왔다는 뜻이다. 중세 이후 영국의 찬란한 출판 문화는 런던의 영국도서관(옛 대영도서관)에 가면 일목요연하게 둘러볼 수 있다. 여기에는 영국 왕의 전제 권력에 제동을 걺으로써 영국 민주주의의 시발점이 된 것으로 여겨지는 1215년의 〈마그나카르타〉 원본도 전시되어 있다. 그런데 나를 더 감동시킨 것은 〈마그나카르타〉가 아니라, 같은 방에 전시된 조선의 19세기 언문 소설 한 권이었다. 《직지심체요절》에서 쌓인 모종의 한이 그걸 보면서 한순간에 사르르 녹아내리는 느낌이었다. 물론 책 자체보다 한글의 빛나는 존재감 때문이었다. 전시된 책 앞에 한글 창제의 의미가 영어로 적혀 있는 것이 그래서 더 반갑고 고마웠다.

지식을 권력층 안에 가둬 두려는 것은 지극히 봉건적인 발상이다. 그런데 왕이 자진해서 그걸 혁파하려 했다니! 물론 왕보다 훨씬 진부한 엘리트 기득권의 반대로 한글이 공식 문자가 되기까지는

세인트메리 성당 종탑에서 바라본 킹스채플(왼쪽 높은 건물).

몇 세기를 더 기다려야 했지만, 그래도 그게 어딘가? 비록 세계 최초의 금속활자는 계속 발전시키지 못했을지라도, 세종대왕 덕에 우리는 그보다 더 위대한 도구를 갖게 되었다. 세계 지식 문명사에 한획을 그으며 탄생한 한글은, 수많은 역경을 헤치고 한국 문화의 정체성을 지켜준 가장 확실한 매개였다. 그래서 나는 비록 한자로 된문학과 문화를 가르치는 게 업이지만, 세종대왕이야말로 세계적인문화 위인이라고 생각한다.

케임브리지의 상징적 건물이라고 하면 많은 사람이 킹스 칼리지소속의 성당인 킹스채플을 꼽는다. 케임브리지에 도착한 다음 날시내로 데려가 이것저것 안내해준 지인께서 그 성당의 나이를 '세종대왕 때'라는 한마디로 압축해서 일러주었다. 세종대왕이란 단어 하나로 어느새 그 건물에 후광이 떠 있는 듯한 느낌이 들었다. 그 건물은 헨리 8세의 어명으로 착공했다가 나중에는 그를 추모하는 건물로 완공되었다. 엄밀히 말하자면 그는 세종대왕이 승하한 지 50여 년 후에 권좌에 올랐다. 헨리 8세도 영국 르네상스의 기반을 다진 업적을 많이 쌓은 군주였다. 반면에 진시황에 버금가는 절대 권력을 행사한 인물이기도 하다. 그는 일곱 번 결혼하는 동안 많은 왕비를 처형한 폭군이었다. 이런 역사를 알면 알수록 세종대왕의 품격이 더 높아만 보였다. 무엇보다 내게는 헨리 8세가 이룬 그 어떤 성업도 한글 창제와 비교할 수가 없기 때문이다.

그란체스터 가는 길

떠나기 전에 상상한 영국은 솔직히 도시에 대한 것이 전부였다. 케임브리지에 도착해 얼마쯤 지나서야 나는 어렴풋하게나마 영국식 전원생활에 대해 이해했다. 시골의 삶이 영국인들의 생각을 얼마나 뿌리 깊게 지배해왔는가도 차츰 여러 곳에서 확인할 수 있었다. 만약 런던 같은 대도시에서만 살았다면 그냥 지나쳐버렸을지도 모를 일이다. 사실 케임브리지조차 규모는 작아도 명색이 도시여서 진짜 시골 생활을 보려면 더 교외로 가야 했다. 그런데 놀랍게도 가장 도회적일 것 같은 대학생들의 캠퍼스 생활도 그곳에서는 다양한 방식으로 전원과 연계되어 있었다.

하기는 캠퍼스 공간부터가 굉장히 시골스러웠다. 케임브리지에서처럼 심지어 대학 구내에 방목을 하는 대학도 흔치 않을 것 같다. 킹스채플에서 강 건너 보이는 킹스 칼리지 서쪽 정원에는 지금도 여름 내 풀밭을 헤집고 다니는 흰 소 두 마리를 볼 수 있다. 물론 이 칼리지 내에는 축산학과가 없다. 그 사연인즉슨 아직 잔디 깎는 기계가 발명되기 전인 1831년부터 효과적으로 잔디를 관리하기 위해 양을 풀어놓던 전통을 점잖게 변형한 것이라고 한다. 이뿐이 아니다. 대학 구내를 벗어난 도심 공원에도 출구마다 사람은 지나다녀도 소나 양이 못 빠져나가도록 고안된 바리케이드가 설치되어 있다. 기본적으로 공원이 목초지의 역할을 겸하기 때문이다. 그런 공원을 가로지르려다 소똥을 피해서 걸어야 했던 경우도 부지기수다.

케임브리지에서는 6월 여름 학기 기말고사가 끝나고 시험 성적이 게시되기 전에 학생들이 짧은 축제를 연다. 축제의 마지막 날 '메이 발May Ball(19세기에는 기말고사가 5월에 있었기 때문에 붙였던 이름을 그대로 쓴다)'이라는 무도회는 대개 밤을 지새운 학생들이 '생존자들의 사진Survivors photographs'이라며 단체 사진을 찍는 것으로 끝이 난다. 더 전통적인 것은 동이 틀 무렵 야회복을 입은 채 배를 타고 케임 강을 거슬러 교외의 그란체스터까지 가서 간단한 아침 식사를 하고 오는 것이다. 마치 서울의 대학생들이 봄만 되면 경춘선이나 경의선 열차를 타고 일제히 엠티를 떠나듯이 말이다.

그란체스터는 케임브리지 남동쪽의 인구 500명 남짓한 사과밭이 있는 작은 마을이다. 하지만 이 마을은 파티를 끝낸 대학생들이 아니더라도 주말이면 타지에서 몰려든 사람들로 북적댄다. 사람들이 이곳을 찾는 이유는 단 하나, 이 마을의 유일한 찻집 '오차드The Orchard(과수원이라는 뜻)' 때문이다. 1897년 케임브리지 대학 학생들이 하숙집 '오차드 하우스'의 주인더러 과수원에서도 차를 마시

루퍼트 브룩.

게 해달라고 부탁하면서부터 찻집이 문을 열었단다. 그 하숙생들 중 한 사람이 바로 유명한 시인 루퍼트 브룩이다.

약관의 나이에 벌써 유명 인사였던 브룩은 제1차 세계대전에 해군으로 참전했다가 어이없게도 스물일곱 살에 모기에 물려 패혈증으로 숨졌는데, 이런 비극적 죽음은 더욱 그를 신비스럽게 포장했다. 게다가 아일랜드 시인 예이츠가 "잉글랜드에서 가장 잘생긴 청년"이라고 말했듯, 그는 바이런과 함께 영국의 대표적인 미남 작가였고 스포츠에도 능했다. 만약 브룩이 생소하다면 피천득 선생의 수필집 《인연》을 참조하시라. 브룩의 소네트 〈병사 *The Soldier*〉에 대한 피선생의 번역을 일부만 인용해보면, 브룩은 자신의 요절을 예견이라도 한 듯이 다음과 같이 말한다.

내가 죽는다면 이것만은 생각해주오.
이국땅 들판 어느 한곳에
영원히 영국인 것이 있다는 것을.
기름진 땅속에 보다 더 비옥한
한 무더기 흙이 묻혀 있다는 것을.

1910년 오차드 찻집의 주인이었던 스티븐슨 여사(맨 오른쪽)와 종업원들.

　격정이 용솟음치는 전장에서 그가 토해내는 비장한 일성은 영국 국민들을 사로잡기에 충분했다. 물론 우리 입장에서는 그에게 가득했던 대영제국 신민으로서의 자긍심까지 공감하기는 어렵지만. 그런데 이런 모습이 브룩의 전부는 아니다. 그의 존재로 인해 그란체스터는 당시 기성 체제에 도전장을 내민 케임브리지의 젊고 반항적인 지성들의 쉼터가 된다. 그때의 단골들이란 우리에게도 익숙한 소설가 버지니아 울프, 철학자 버트런드 러셀, 루트비히 비트겐슈타인, 경제학자 존 케인스, 소설가 E. M. 포스터 등이다. 이들이 무슨 동인 활동을 한 것은 아니지만, 비슷한 또래의 눈에 띄는 수재들이 그란체스터로 떼 지어 몰려다녔기에 훗날 뭉뚱그려 '그란체스터

그룹'이라고도 불리게 된다.

사실 이들은 더 유명한 '블룸즈버리그룹Bloomsbury Group'의 멤버들과 대동소이하다. 블룸즈버리그룹은 킹스 칼리지의 토론 그룹 '사도들Apostles' 일부가 런던에 구축한 일종의 지부였다. 그룹의 명칭은 그들이 자주 모인 버지니아 울프 자매의 집이 영국박물관 근처 '블룸즈버리 구역'에 있었기 때문에 그렇게 붙여졌다. 버지니아와 언니 버네사는 비록 케임브리지 대학을 다니지는 않았지만, 남자 형제들의 소개로 블룸즈버리그룹의 일원으로 활약한다. 그란체스터 역시 이렇게 해서 그녀들에게 익숙한 나들이 장소가 된다. 버지니아 울프는 달밤에 그란체스터의 웅덩이에서 루퍼트 브룩과 발가벗고 헤엄치던 일을 낭만적인 추억 거리로 말하곤 했다. 그녀는 또한 그란체스터그룹을 블룸즈버리그룹과 구별해서 '네오페이건스Neo-Pagans' 즉 '신흥 이교도들'이라 부르기도 했다. 이들은 스스로를 이교도라 칭할 만큼, 기성의 문화 체제에 적대적이었고 때로는 악동처럼 굴기도 했다. 이런 전위적인 인재들이 의외로 자연 친화적인 감성과 행동 양식을 보였던 것은 케임브리지의 지극히 전원적인 공간 구성 덕분이었다.

사과나무 밭에 있는 오차드 찻집의 옥외 카페.

지금도 '오차드'의 수수한 함석지붕 카페에서 변함없이 인기를 누리는 먹거리는 밀크티를 곁들인 스콘이다. 밍밍한 맛과 찐득한 식감의 스콘은 '영국식

그란체스터 부근의 케임 강 상류.

개떡'이라 해도 과언이 아니다. 하지만 이 보잘 것 없는 메뉴를 쫓아 사람들이 몰려드는 이유는, 그곳에 가면 그란체스터그룹의 면면과 소소한 뒷이야기 그리고 전시된 그들의 옛 사진과 흔적을 더듬으며 역사와 인문의 향기가 서린 스콘을 씹고 밀크티를 마실 수 있기 때문이다.

사실 오차드 찻집보다 그란체스터로 가는 길 자체가 더 근사하다. 케임브리지 남쪽 시가지가 끝나는 지점에 '쉽스그린'이라는 공원이 있다. 여기에서 남쪽으로 더 내려가 별장식 전원주택 단지를 지나면 들풀로 뒤덮인 길고 너른 개활지가 나오는데 거기서부터 길이 두 갈래로 나뉜다. 좁지만 편평한 윗길은 자전거까지 다닐 수가

그란체스터 부근의 오솔길.

있고, 울퉁불퉁한 아랫길은 케임 강의 상류를 따라 나란히 뻗어 있다. 굳이 길이랄 것도 없는, 많이 밟아서 다져진 농로와 그 옆으로 옴팍하게 꺼진 듯한 강줄기가 붙어 있는 모양이다. 그 강마저도 물이 좀 많다 싶은 실개천에 불과하지만, 사방공사 흔적이 전혀 없는 자연 그대로의 강줄기를 따라가노라면 환상적인 느낌마저 든다. 이따금 넓은 웅덩이가 나타나기도 하는데, 그란체스터 마을 남쪽에 있는 가장 큰 웅덩이는 바로 시인 바이런이 멱을 감았다는 '바이런 풀'이다.

강을 감싸듯이 펼쳐진 구릉의 풀밭에는 봄 내내 잔잔하게 꽃망울이 맺혀 있다. 거기에 마치 프랑스 화가 쇠라가 그린 〈그랑자트 섬의 일요일 오후〉에서처럼, 피크닉을 나온 사람들이 군데군데 아무렇게나 주저앉아 햇살을 즐기는 모습도 야생화 이상으로 전경의 조화에 기여한다. 그냥 부드럽기만 할뻔한 풍경에 인간의 흔적이 더해짐으로써 비로소 한 폭의 생동감 있는 그림이 완성된다.

내게 그란체스터로 가는 길이 더 인상적이었던 것은 유년 시절에 걸어본 미루나무 길에 대한 아련한 기억 때문이다. 해방 이후 미군이 도입했다 해서 '미국 버드나무美柳'란 이름이 생겼다고도 하지만, 미루나무가 늘어선 비포장 신작로는 상상이 가능한 범위 안에서 나에게는 가장 원형적인 한국 시골길이다. 이제는 거의 사라진 그 풍경이 아름드리 버드나무가 늘어선 그란체스터의 풀밭 길에서 나도 모르게 떠올랐다.

자연은 자연이되 원시 그대로의 자연이기보다는, 최대한 인간의 손길이 보이지 않게 관리되는 것이 또한 영국식 전원이다. 이것은 영국인들의 오랜 산책 문화와도 관련되는데, 자연이 사회적인 약속의 결과에 따라 인문적인 경관으로 가꾸어진 지 오래되었다는 뜻이다. 이런 점에서 그란체스터의 풀밭 길에서 내가 한국의 미루나무 길을 연상한 건 너무나 당연하다. 일부러 가꾼 흔적이 적으면서도 사람의 체취가 배어 있는 길을 한국에서 걷는다는 기대는 어느새 무망한 일이 되었다. 그란체스터가 한 세기 넘게 인재들의 쉼터가 되어왔다면, 나는 그란체스터로 가는 길 또한 그에 못지않은 영감의 루트였다고 말하고 싶다. 자연 속의 길은 인문적인 체취가 배어들 때 그 격이 더 깊어지기 마련이므로.

귀로 도중 케임 강과 헤어져야 하는 갈래 길에는 난데없이 백조 한 마리가 풀밭에 올라 앉아 있었다. 일행이 모두 거기에 신경을 쓰는 사이, 동행한 눈썰미 좋은 교수님께서 반대편의 오솔길을 산책하던 백발이 성성한 원로 역사학자를 알아보고 다가갔다. 한국에도 잘 알려진 그분과 인사를 나누면서, 나는 그란체스터 길이 여전히 살아 있음을 다시금 확인할 수 있었다.

엘리자베스 키스와의 조우

케임브리지는 큰 대학을 품은 도시답게 도시의 모든 기능이 대학과 연계되어 있었다. 특히 가장 인상적이었던 부분은 대중을 향한 대학의 서비스 시스템이 아주 잘되어 있다는 점이다. 대학 안팎에서는 1년 내내 문화 행사가 끊이지 않았는데, 이런 시스템이 작동될 수 있는 비결은 대학의 존재와 활동에 지지를 보내는 수많은 자원봉사자가 있기 때문이다. 나처럼 영국 사정에 어둡고 영어가 짧은 외국인 단기 방문학자와 가족을 위한 NVS라는 클럽도 있었다. 이 클럽의 자원봉사자들은 주로 케임브리지 대학에서 퇴임한 사람들과, 현직·퇴직 교직원들의 배우자로 구성되어 있었다. 이들 덕분에 내가 영국에서 가장 깊게 대화를 많이 나눈 사람은 뜻밖에 할머니들이었다. 어쩌면 이 교양 있는 할머니들 덕분에 나는 어느 정도 과거의 영국에 살다 왔다고 할 수 있을지도 모르겠다. 아무튼 그분들

한국인 유모에 업혀 있는 아일린 커리어 여사.

중에 아일린 커리어 여사는 매우 드물게도 서울이 고향인 분이었다.

그녀의 영국인 아버지 아서 고먼은 한국의 일제강점기에 세브란스병원의 후원자였던 '스탠더드 정유회사'의 조선 및 만주 지역 책임자였으며, 캐나다인 어머니 캐슬린은 이화여전의 음악 강사를 지냈다. 그녀가 태어난 곳도 서울역 앞 옛 대우빌딩 자리에 있던 세브란스병원이란다. 나중에 알게 된 사실이지만, 1928년에 작고한 그녀의 아버지는 지금도 양화진 외국인 묘지에 안장되어 있었다. 이 할머니는 자원봉사자 할머니들 중에서도 원로급에 속했다. 그도 그럴 것이 부친 사망 후 음악 전공인 어머니의 여망을 좇아 1935년 오스트리아로 떠난 후, 히틀러의 망동을 피해 캐나다를 거쳐 1937년 다시 조선으로 돌아왔다가, 이어 태평양전쟁 발발 직전인 1940년에 어머니의 모국인 캐나다로 또다시 쫓겨나다시피 떠난 일 등, 그녀가 기억하는 유년의 체험은 모두가 아득한 역사 속의 이야기였다. 이뿐만 아니라 그녀는 일제강점기 계몽운동가 박인덕(인덕대학 설립자)의 집안과, 한국에서는 최근에야 방송으로 알려진 '딜쿠샤(일제강점기 인왕산 중턱에 지어진 서양식 주택)'의 테일러가 사람들, 그리고 이 책의 다른 편에 소개한 도자기 콜렉터 고드프리 곰퍼츠와도 가족 간에 친분이 있다고 말했다.

이런 아일린 할머니는 한국학자들을 같은 고향 사람이라며 누구보다 살갑게 대해주었다. 그리고 여름 어느 날 당신 집으로 한국인 지인들을 초대했다. 할머니의 집은 케임브리지 서쪽 신시가지에 자리한 비교적 최근에 지어진 아파트였다. 케임브리지에는 빅토리아 시대에 지어진 주택도 많기 때문에 신식 아파트가 오히려 낯설게 느껴졌다. 하지만 현관을 들어서는 순간 우리는 모두가 아연실색하지 않을 수 없었다. 바깥의 느낌과는 판이하게, 하얀 벽면을 가득 채운 그림과 가구가 우리를 마치 작은 박물관으로 인도하는 느낌이었다.

할머니는 여러 경로를 통해 물려받거나 수집한 물품을 정말 알맞은 자리에 매우 정갈하게 진열해놓고 있었다. 벽에 걸린 그림과 선반 위의 도자기들, 그리고 간간히 놓여 있는 조각품들은 할머니의 심미적 취향뿐 아니라 집안의 역사까지 고스란히 드러내는 것들이리라. 그중에도 서양식 인테리어 속에 다소곳이 자리한 한식 반닫이는 단연 빛나는 보석이었다. 그 반닫이는 더욱이 그녀의 아버지가 서울에서 쓰던 세전지물이란다. 한식 가구가 이렇게도 어울릴 수가 있구나 하며 그 천성적인 미학에 새삼 감탄이

아일린 커리어 여사의 손때 묻은 애장품들.

나왔다. 하지만 이 집에서 내 눈을 사로잡은 건 그것뿐이 아니었다.

현관 입구에 걸려 있던 정좌한 조선 문관의 그림을 지나치며 혹시나 했지만, 침실에 걸린 비슷한 투의 동자 그림과 마주치고서 나는 더 이상 궁금증을 참을 수가 없었다. "이건 혹시 엘리자베스 키스의 작품이 아닌가요?" 할머니는 고개를 끄덕였고, 그분이 당신 어머니와 절친한 친구였다고 대답했다.

엘리자베스 키스는 다소 이력이 특이한 화가였다. 스코틀랜드에서 태어난 그녀는 언니 내외의 초청으로 1915년에 일본에 도착한다. 그리고 아직 3·1운동의 격정과 상흔이 채 가시지 않은 1919년 3월 28일 언니 부부와 함께 조선 땅을 밟는다. 그녀는 그림을 정식으로 배운 적이 없지만 천부적인 재능이 있었다. 그녀의 왕성한 창작욕을 채워주기 위해 당시 조선에 있던 선교사들이 조선인 모델을 섭외해주었다고 한다. 가장 적극적인 도움을 준 인사가 바로 제임스 게일(《천로역정》의 한글 번역자) 목사였는데, 신분의 고하를 막론하고 모델을 구하기가 쉬웠던 조선은 그녀에게 금세 특별한 매력을 지닌 곳이 되었다.

아마 그녀가 선교사들과 이런 우정을 쌓아갈 때 아일린 할머니의 어머니 캐슬린과도 알게 되었을 것이다. 하기는 그 당시 한반도 안에 체류한 영국인 여성이 몇이나 되었겠으며, 엇비슷한 교양의 사람들끼리 어찌 가까워지지 않을 수가 있었겠는가? 게다가 아일린 할머니의 부모가 결혼 전에 일본에서 살았던 인연도 크게 작용했을 것이다. 당시 서울에 주재한 서양 사람들이 사이가 서로 돈독했다는 점은 오스트리아로 갔던 아일린 할머니의 가족이 유럽에서의 난

엘리자베스 키스, 〈달빛 아래 서울의 동대문〉.

리를 피해 이 먼 한국에 되돌아왔다는 사실에서도 확인할 수 있다.
키스의 한국 사랑은 한국인뿐 아니라 서울의 서양인 공동체가 그녀
에게 베푼 각별한 관심과 인정에서도 기인한 것이리라.

　키스는 언니 내외가 영국으로 귀국한 후에도 계속 조선에 머물렀
고 1919년에 도쿄에서 전시회까지 열었다. 그때 신판화 운동을 추
진했던 일본의 와타나베 쇼자부로渡邊庄三의 권유로 목판화에도 심
취하게 되는데, 그렇게 해서 나온 작품이 우리나라에도 잘 알려진
〈달빛 아래 서울의 동대문〉이다. 이 작품의 대성공 이후 그녀는 약
120여 점의 작품을 목판화나 동판화로 제작했다고 한다. 키스는 조
선과 일본뿐 아니라, 중국과 필리핀군도 등을 방문하여 그곳을 소

재로 한 그림과 판화를 제작하기도 했다.

그녀는 1921년과 1934년에 서울에서도 전시회를 열었는데, 전시한 작품 가운데 한국과 관련한 작품이 약 80여 점이고, 그중 30점을 목판화로 제작했다고 한다. 게다가 그녀는 1928년에 《키스, 동양의 창을 열다》라는 책을 냈고, 1946년에는 아예 《영국화가 엘리자베스 키스의 코리아 1920~1940》라는 한국만을 다룬 책을 따로 출판하기도 한다(두 권 모두 국내에 번역되었다). 영국에서 내가 찾은 것 중에는 또한 《컬러 인쇄로 보는 거장》 시리즈로 1933년에 출판된 그녀의 화집도 있었다. 이 화집의 첫 번째 그림 소재도 동대문이고 마지막 그림도 조선의 아악사들이어서 그녀의 한국에 대한 각별한 감정을 다시 확인할 수 있었다.

그녀는 일본 문화에 대해 굉장한 매력을 느꼈지만, 조선에 와서 또 한 번 충격을 받았다. 조선에 도착한 그녀는 아름답게만 생각했던 일본인들이 저지른 폭력의 잔혹함에 분노를 금치 못한 반면, 조선 민중에 대해서는 두터운 동정심을 느끼게 되었다. 무엇보다 그녀는 남녀노소와 신분을 넘나드는 많은 모델과 교감하면서 어느 곳에서보다 왕성한 창작욕을 불태웠다. 그래서 그녀는 기존의 서양인 혹은 일본인의 조선 소재 그림에서 나타나는 상투적이고 정형화된 시선에서 탈피하여, 조선의 풍습에 대한 사랑과 경의를 동시에 표현할 수 있었다.

그녀의 그림 속에는 설빔을 입고 나들이에 나선 안방마님의 설렘이 있고, 연 날리는 꼬마들의 신바람이 있고, 혼례 날 초례청 뒤에서 초조하게 앉아 기다리는 새색시의 긴장한 표정이 살아 있다. 물론 조선의 어려운 상황에 대해 연민을 느끼기는 했지만, 그렇다고 그녀가 조선인만을 편애한 것은 아니다. 사실 그녀는 국적이나 정치와 무관하게 균형 감각을 가진 화가였다고 할 수 있다. 그래서 그녀의 그림 속 인물들은 조선인이건 일본인이건, 아니면 중국인이건 모두가 따뜻한 품성을 지닌 존경받을 만한 인류의 가족으로 등장한다.

키스와의 만남으로 나는 아일린 할머니 댁에서 식사 초대 외에 덤으로 선물까지 받은 기분이었다. 키스의 작품들이 아일린 할머니 모녀에 의해 온전하게 간직되어왔다는 사실은 정말 경이로웠다. 한반도와 일본, 오스트리아, 캐나다 그리고 영국을 전전하는 멀고도 오랜 여정 동안, 그녀의 가족은 키스의 작품을 한 번도 품에서 떼어놓지 않았으리라. 마침내 영국에 정착한 아일린 할머니에게 이제 키스의 작품은 영국이 아니라 한국의 것이고, 서울에 대한 망향의 정서를 달래주는 옛 친구와도 같은 존재가 된 셈이다.

나는 키스나 아일린 할머니를 통해서 거창하게 한국과 영국의 문화 교류를 말할 생각은 없다. 키스는 잘 모르겠지만 아일린 할머니에게 그런 거리나 국경 따위는 더 이상 아무런 의미가 없다. 그러나 가족의 추억과 인연 그리고 역사를 간직하고 후세에 전하려는 그녀의 작지만 소중한 노력은 정말 감동적이다. 사람들마다의 이런 노력이야말로 영국 문화의 다양성을 만들어내는 저력이 아닐까? 그날 아일린 할머니가 노구를 이끌고 손수 음식을 차리자 우리 일행은 시종 면구스러워 어쩔 줄을 몰라 했다. 그런데 소박하지만 깊은 맛을 품은 그녀의 영국 음식은 또 한 번 우리를 놀라게 했다.

G. 데이비드 서점

유럽의 전통 시장은 교회나 대학과는 또 다른 면에서 중세 문화를 보여주는 공간이다. 중세에 시장은 소통의 광장이었으며 대개 도시의 정중앙에 위치해 있었다. 이런 시장은 이제 흔적만 남았거나 따로 장날을 정해 간신히 명맥을 유지하고 있다. 그래도 케임브리지에는 아직까지 상설 시장이 남아 있는데, 주민들의 발길은 줄었지만 꾸준히 찾아오는 관광객들이 있기 때문이다. 중세에 시장이 서민들의 광장 역할을 하다 보니, 시장 옆에는 대개 상인 조합인 길드나 공공 교역장이 존재했다. 케임브리지에도 시장 광장 남쪽 면에는 길드 건물이, 길 건너에는 '콘익스체인지'라고 하는 옛 곡물 거래소 건물이 있다. 이제는 공연장 등으로 용도가 바뀌었지만 옛 시절의 외관은 아직도 고스란히 간직하고 있다.

　재래시장과 관련해서 더 재미있는 사실은 시장 바로 옆에 성당이

해거름의 세인트메리 성당과 광장 시장.

함께 있다는 점이다. 가장 세속적인 곳과 신성한 곳이라는 차이가 있지만 사람을 모아들이려는 목적은 같아서 그런가 보다. 케임브리지의 시장 광장에도 세인트메리 성공회 성당이 있다. 바로 맞은편에 있는 킹스채플보다 규모는 훨씬 작지만, 대학의 본부 성당으로서 지역의 중추 역할을 하는 것은 메리 성당이다. 그래서 교회당이 시장에 붙어 더부살이를 하는 것이 아니라 각각의 역할에 따라 함께 광장을 형성하고 있다고 할 수 있다. 케임브리지에서 대학이 중세 문화의 포괄적인 교과서라면, 시장 광장은 이처럼 그것을 보충 학습하는 참고서 정도가 된다.

이 시장 광장에서 늘 나의 발길을 붙잡는 곳 하나가 가판 서점이

G. 데이비드 서점의 입구.

었다. 가판 서점은 중고책만 취급하기에 더 재미가 있다. 그런데 케임브리지에는 이런 가판 서점에도 특별한 역사가 있다. 시장 광장에서 1896년에 가판으로 시작하여 지금까지 문을 열고 있는 서점이 있다. 바로 유서 깊은 'G. 데이비드' 서점이다. 처음 영업을 시작한 귀스타브 데이비드는 파리 출신의 책장수였다. 지금은 그의 증손자가 주인이고, 가게도 가판대가 아니라 킹스 칼리지 앞 에드워드 골목의 정식 점포로 이전했다. 노점 시절을 상상하기 어려울 정도로 규모도 커졌지만 그래도 여전히 중고책 전문 서점이다. 하지만 이곳을 우리나라에서 한때 번성했던 청계천의 중고 서점쯤으로 생각하면 안 된다. 중고이거나 반품되어 저렴한 서적으로 가득한 서점의 입구 쪽은 다소 평범하다. 하지만 이 서점의 진가는 내실 안으로 들어가야 알 수 있다. 한 30평 남짓한 내실의 벽과 중앙 매대는 골동품 서적, 옛 지도, 오래된 인쇄물, 그리고 다양한 판화로 빼곡하다. 진열된 책이나 인쇄 자료는 100년은 보통이고 수백 년 된 것도 있다. 그래서 이 안을 둘러보는 것만으로도 대학 도서관의 고서 열람실 여러 곳을 훑는 것에 맞먹는 흥미진진함을 느낄 수 있다. 물론 돈만 내면 내 것이 될 수 있다는 점에서 흥미가 흥분으로 바뀌기도 한다.

케임브리지에는 서울로 치면 교보문고 같은 신서 전문 종합 서점도 따로 있다. 미국계 서점 보더스가 철수한 뒤 영국의 최대 서점 체인으로 남은 워터스톤 서점이 그곳이다. 워터스톤은 1982년에 창립되었지만 케임브리지 지점은 고풍스러운 건물에 입점해 있다. 일부 카페 공간을 포함해서 3층이나 될 정도로 규모도 작지 않은 편이다. 인터넷

워터스톤의 케임브리지 지점.

쪽이 신서도 싸고 중고 거래도 활발하기 때문에 젊은 고객층은 많이 줄었겠지만, 그렇다고 일반 서점이 한산한 것만은 아니다. 책을 직접 보고 만지며 고르는 것은 인터넷에서처럼 간접적인 구매 방식으로 만족되지 않는 질적으로 다른 즐거움이 있기 때문이다. 물론 실용적인 목적으로 책을 구매하려는 단계가 이미 지났을 때 얘기다. 그래서 단순히 가격만으로 좌우될 수 없는 모종의 별스러운 취향이 여전히 구식 서점을 유지하게 한다. 이런 고객을 위해 서점도 나름대로 마치 미술품 전시장인 양 꽤나 신경을 쓴 인테리어로 보답하는 것 같았다.

그밖에도 킹스 칼리지 앞에 있는 케임브리지 대학 출판사 직영 서점은 최소 1581년부터 영업을 해온 곳이고, 트리니티 칼리지 앞의 헤퍼스 역시 130년의 역사를 지닌 전통 있는 서점이다. 도심의 다른 골목에도 작은 서점들이 신기할 정도로 오롯이 살아남아 있다. 거기다 곳곳에 자리한 자선 상점에까지 대개 중고 도서 코너가

자신의 노점에서 책을 보고 있는 귀스타브 데이비드 노인.

따로 마련되어 있다.

　다양한 신서 서점과 고서점이 동시에 존재한다는 것은 작은 도시로서는 축복이다. 이런 축복을 유지할 수 있는 것은 그 도시의 지식 수준과 문화적 저력 덕분이다. 대학 도시임을 감안하더라도 케임브리지에는 노소를 막론하고 공원이나 거리에서 책을 보는 사람이 많은 편이다. 심지어 언젠가는 본업을 망각한 채 독서 삼매경에 빠진 걸인까지 본 적이 있다. 그걸 보고 놀란 아내에게 나는 실없는 농담을 건넸다. "게다가 영어 원서야!" 책을 병사로 비유하는 게 적절할지 모르겠지만, 나는 워터스톤의 책이 전방에 있는 책들이라면 G.

데이비드의 책들은 후방에 있는 책이라고 생각한다. 각자 역할이 다른 만큼 나름대로 존재 가치가 있고 둘 다 없어서는 안 되는 것들이다.

귀스타브 데이비드가 사망한 이듬해인 1937년, 케임브리지 대학 출판사는 《케임브리지의 데이비드: 몇 개의 찬사들David of Cambridge: Some Appreciations》이란 36쪽짜리 작은 책자를 내놓는다. 이 책은 케임브리지 출신의 명사 다섯 명이 데이비드 노인을 추모하고자 만들었다. 역사학자인 테롯 글로버는 귀스타브 데이비드에 대해, "그는 학자가 아니며, 인류의 저술에 대한 제한적인 감각만을 가졌을 뿐이다. 그는 아무런 저작도 없고, 대학 안에 지정 좌석조차 없다. 학위는 물론 말할 것도 없다. 하지만 지난 세대를 통틀어 그보다 더 케임브리지에 영향을 끼친 사람은 없다"고 말한다. 글로버는 또 데이비드 노인이 책 장사로서 보여준 수완을, "디킨스의 초판본을 이 사람보다 많이 판 이는 없을 것"이라며 압축적으로 말하기도 했다. 그들에게 데이비드 노인의 고서적 가판대는 이 대학 도시만의 독특한 풍경 가운데 없어서는 안 되는 명물이었다.

이 책에 추도문을 기고한 사람은 글로버 외에도 소설가 아서 퀼러쿠치 경, 희랍어와 라틴어 교수법으로 유명한 윌리엄 라우스, 평론가인 휴 스튜어트, 출판가 시니드 로버츠 등 당대의 쟁쟁한 문사들이었다. 대학 시절 G. 데이비드 서점에 들락거린 명사들이 그 외에도 한둘이 아니겠지만, 내가 견식도 짧은 데다 전공도 특수한 지라 아무래도 눈에 들어오는 것은 중국 쪽 인사들이다. 그중 대표적인 사람은 한국으로 치면 김소월쯤 되는 시인 쉬즈모徐志摩다. 하지만 쉬즈모가 쓴 기록에는 이 서점에 대한 직접적인 언급은 없다. 더 나중에 케임브리지에서 유학한 또 다른 중국 시인으로 사오쉰메이 邵洵美란 사람이 있는데, 그가 1937년에 쓴 회고록《유림신사儒林新 史》를 보면 이런 내용이 나온다.

시 중앙의 광장에는 다양한 노점이 있다. 데이비드 노인은 그 광장 에서도 불멸의 인물이다. 중고 서적 좌판의 주인인 그는 30여 년간 비가 오나 눈이 오나, 늘 웃음을 잃지 않은 채 거기에 앉아 있었다. 그는 앳된 학생들이 저명한 문인으로 자라는 것을 지켜보았기에, 케 임브리지 출신 시인과 소설가의 이력을 꿰고 있다. (…중략…) 하지 만 그는 나를 볼 때마다 내가 성이 쉬許인지 쉬徐인지, 아니면 쑤蘇인 지 물어보았다. 그는 3년 전에 나와 비슷하게 생긴 어떤 중국인이 바 이런의 전집을 번역할 것이라며 고향인 헤이룽장黑龍江으로 돌아갔 다고 했다.

쉬許나 쉬徐나 쑤蘇라는 중국식 발음은 영국인의 입장에서는 그 말이 그 말 같았을 것이다. 회고에 등장하는 데이비드 노인은 서점 의 창업자인 귀스타브였다. 그리고 그가 사오쉰메이와 닮았다고 말 한 문제의 장본인은 다름 아닌 쉬즈모였다. 쉬즈모는 사오쉰메이가 1924년에 도착하기 3년 전쯤 케임브리지에 있었다. 쉬즈모가 바이 런을 흠모하기는 했지만, 전집을 번역하겠다는 말이나 그가 헤이룽 장 출신이라는 점은 데이비드 노인의 착각이다. 또 같은 동양 사람 인 우리가 봐도 두 사람이 키도 엇비슷하고 희고 갸름한 얼굴도 닮은 것 같은데, 하물며 영국인인 데이비드 노인이 보기에는 얼굴도 성도 헷갈렸을 수밖에 없다.

쉬즈모와 사오쉰메이는 훗날 파리에서 처음 조우하게 되며, 중국에 돌아간 뒤로 '신위에新月 (타고르의 시집 《초승달》에서 따옴)'란 이름으로 출판사와 동인 단체를 만들어 함께 활동했다. 나이는 사오쉰메이가 더 젊지만, 그는 재정 면에서 쉬즈모의 든든한 후원자가 되어주기도 했다.

사오쉰메이에 대해 조금 더 부연하면, 케임브리지에 도착한 그는 경제학을 배우고자 이매뉴얼 칼리지에 등록한다. 하지만

1925년 영국 유학 시절의 사오쉰메이. 사오샤오훙 여사 제공.

그리스 문학을 강의한 지저스 칼리지의 에드먼즈 교수를 통해서 그리스 시인 사포를 알게 된 후 문학 세계에 흠뻑 빠진다. 에드먼즈는 사오쉰메이가 사포의 시집을 중국어로 번역하도록 권했고 영국 시인 스윈번도 소개해주었다. 에드먼즈 교수의 영향 아래, 사오쉰메이는 영국에서 유미주의 문학에 탐닉한다.

하지만 그 어렵던 시절에 영국 유학을 갈 수 있었던 이 상하이

의 부잣집 도령도 운신이 자유롭지만은 않았다. 사오쉰메이는 후손이 없는 백모가 그를 양자로 삼아 후원한 덕택에 유학을 할 수 있었다. 그런데 세를 받아 유학 자금을 후원하던 백모 소유의 상가에 화재가 났다는 소식을 듣자, 그는 겨우 2년 만에 유학 생활을 과감하게 접어버리고 귀국한다. 당시 중국에서는 그 먼 곳까지 아무나 유학 갈 수도 없었지만, 이미 가 있던 사람도 집안의 도리를 모른 체할 수만은 없었던가 보다.

시장 광장에 나가 보면 격세지감이 들 정도로 항상 중국인들로 넘쳐났다. 워낙에 중국인들에게 잘 알려진 쉬즈모는 몰라도, 유학도 아니고 관광 온 사람들이 사오쉰메이가 와 있었다는 사실까지야 알 턱이 없겠다. 그런 생각을 은밀히 하면서 90여 년 전에 그들이 활보하던 모습을 상상해보는 것은 또 다른 재미가 있었다. G. 데이비드만큼 규모가 크지는 않지만, 그 옆의 또 다른 고서점인 헌티드 서점도 짭짤한 재미를 선사하는 곳이다. 작고 오래된 교회당과 무덤 몇 개를 둥그렇게 둘러싸고 있어 으스스해 보이는 이 중세풍의 골목은 두 서점으로 인해 비로소 생기가 도는 듯했다.

케임브리지의 보석 케틀스야드

케임브리지가 도시는 작아도 그 위상과 품격이 가볍지 않은 것은 거대한 대학 때문이다. 그런데 사실 '케임브리지 대학'은 어디에도 존재하지 않는다. 자세히 살펴보면 케임브리지 대학은 상징적인 개념이고 진짜 대학은 분업화된 또 다른 작은 대학이나 기구들임을 알 수 있다. 즉 전체적으로 '케임브리지 대학'이라는 조합 형태의 조직 안에 소속된 것은 맞지만, 독자적으로 운영되는 각 칼리지와 패컬티(학부), 그리고 디파트먼트(학과)가 실제 대학의 작용을 한다. 그래서 케임브리지 대학의 영어 명칭은 'Cambridge University'가 아니라 'University of Cambridge', 즉 '케임브리지의(혹은 케임브리지에 있는) 대학'이다.

이 대학이 운영하는 많은 문화시설도 그런 연장선상에서 존재한다. 일반적으로 대학 소속 도서관이나 박물관은 대학의 연구와 교육을 위한 곳이지만, 케임브리지의 대학 시설은 운영 자체도 독립적인 성격이 강할 뿐 아니라 대부분 기본적으로 대중에 개방되어 있다. 개별 기구의 시설들은 상이한 경로로 기부된 경우가 대부분이다. 비록 미국 아이비리그의 대학만큼은 못하다지만, 케임브리지 대학에도 뿌리 깊은 기부 전통이 면면이 이어져왔다. 특별한 관리가 요구되는 문화재가 아닌 이상, 대학이 도서관이나 박물관을 대중에게 개방하는 것은 어쩌면 수많은 기부자를 생각할 때 당연한 일이다.

대학과 기부 문화의 오랜 역사로 인해 케임브리지에는 도시 규모에 비해 꽤나 여러 박물관이 있다. 이곳들은 케임브리지를 찾는 이방인들에게 대학 이상으로 케임브리지의 특별한 이미지를 각인시킨다. 도시 케임브리지가 결코 가볍지 않음을 보여주는 이 공간들은 케임브리지의 또 다른 얼굴이기도 하다.

옥스퍼드에 애슈몰린이란 큰 박물관이 있듯이, 케임브리지에도 피츠윌리엄 박물관이 있다. 대학 소속 박물관이라지만 애슈몰린은 영국 최초의 공공 박물관이자, 런던의 영국박물관 다음갈 만큼 규모가 크다. 애슈몰린보다 규모는 작지만 피츠윌리엄도 어지간한 나라의 중앙박물관 급은 된다. 그리스 건축을 모방하여 신고전주의풍으로 지어진 이 웅장한 석조 건물은 1848년에 비스카운트 피츠윌리엄이란 사람이 자신의 소장품을 전시하기 위해 조성했다. 그의 유언대로 미술관은 사후에 케임브리지 대학에 기증되었다.

피츠윌리엄의 장점 하나는 전시를 위한 내부 인테리어를 절제하여 준공 당시의 분위기를 그대로 느낄 수 있게 해놓았다는 점이다.

피츠윌리엄 박물관의 신고전주의풍 외관.

그런 중앙 전시실에서 매주 일요일 오후에 개최되는 실내악 연주회도 마니아들에게는 꽤나 알려진 행사이다. 명화들을 배경으로 임시 좌석에 둥그렇게 둘러 앉아 음악을 듣노라면 마치 18세기의 어느 궁전에 와 있는 듯 영국식 살롱 문화에 스르르 빠져들게 된다. '기왕이면 다홍치마'라고, 음악도 음악이지만 공간이 내뿜는 아우라가 적지 않기 때문이다.

피츠윌리엄 박물관은 고대 이집트나 그리스로부터 19세기 후반 인상파에 이르기까지 비교적 고르게 미술품을 소장하고 있지만, 가장 큰 특색은 동서양을 아우른 풍부한 도자기 컬렉션에 있다. 특히 우리에게 더 의미가 있는 것은 그 가운데 '고려청자실'이 따로 있다

피츠윌리엄 박물관의 고려청자실.

는 점이다. 이 100여점의 자기들은 원래 영국인 고드프리 곰퍼츠가 수집한 것이다. 1930년대에 미국계 정유회사의 극동지역 책임자로 일본에 체류한 곰퍼츠는 한국 문화의 독특함에 매료되어 주기적으로 한국을 다녀갔다. 그는 2차 세계대전 종식 후 일본에 다시 부임한 1948년부터 아예 한국 밖에서 거래되는 고려청자를 사들이기 시작한다. 1984년 한영수교 100주년을 맞아 곰퍼츠는 한국미술 컬렉션을 통째로 피츠윌리엄 박물관에 기증했고, 그의 기증품을 토대로 1991년에 피츠윌리엄의 고려청자실(한국미술실)이 탄생한다. 질이나 연대로 따졌을 때 고려청자는 이 박물관이 소장한 세계의 어느 도자기보다 독보적이다. 그런데 하필 그 방이 구내 카페와 이어져 있어 처음에는 마치 부엌 옆의 문간방 같다고 생각했다. 하지만 여러 번 갈수록 오히려 자리를 잘 잡았다고 생각이 바뀌었다. 왜냐하면 박물관의 복잡한 동선이 끝나는 곳에 마지막으로 카페가 있기 때문에 누구라도 그 방을 거쳐야 하기 때문이다.

물론 굳이 위치를 논하지 않더라도 여운을 남기기에 충분할 정도로 걸작만 모아져 있다. 곰퍼츠는 자신의 저서 《한국의 자기와 고려시대의 여러 그릇Korean Celadon and Other Wares of the Koryo Period》에서 이 도자기들의 특별한 매력이 "섬세한 형태와 선과 색깔 그리고 그것들이 어울려 빚어내는 '차분함'에 있다"고 말했다. 화려한 중국 자기나 더 훗날의 매끈한 일본자기에서 볼 수 없는 그 차분한 자태에, 마치 객지에서 고향 누이를 만난 듯이 갈 때마다 반가운 마음이 앞섰지만, 또한 함께 돌아올 수 없어 착잡한 심정도 들었다. 이럴 때는 나도 어쩔 수 없는 한국인이었다.

케임브리지에는 그 외에도 스콧 극지 박물관, 고고학 및 문화인류학 박물관, 휘플 과학박물관 등 칼리지 연구소에서 운영하는 유서 깊은 박물관들이 있다. 그중에도 내게 가장 이채로웠던 곳은 나의 숙소에서 걸어서 갈 수 있는 케틀스야드 미술관이었다. 케틀스야드는 우선 건물의 자리 자체가 신선했다. 야트막한 잔디밭 언덕과 소담한 돌집 교회를 배경으로 결코 크지 않은 농가 안에 박물관이 있는데, 얼핏 보면 전혀 공공시설이 있을 것 같지 않은 곳이다. 여기는 원래 유명한 큐레이터이자 예술품 수집가인 짐 에드의 살림집이었다. 그는 문화계에 발이 넓어 생전에 유명 예술인들과 보통 이상의 친분을 나누었다고 한다. 하나하나 주인과의 사연이 깃들어 있는 케틀스야드의 소장품에는 그래서 집주인과 동시기에 살았던 작가들의 작품이 많다. 집 앞 특별 전시장에도 대부분 현대 작품을 전시한다.

케틀스야드에 가는 것은 전시장에 가는 것이 아니라, 수장가

케틀스야드에서 생전의 짐 에드.

짐 에드가 했던 그대로 전시된 조약돌 설치미술.

의 집을 방문하는 것이다. 현관 문 앞에서 초인종을 누르면 자원봉사 할머니들이 문을 열어준다. 개인 집 규모이므로 내부에 관람객이 많을 때는 당연히 밖에서 기다려야 한다. 문을 열고 입장한 뒤에는 먼저 할머니들이 읽어주는 주의 사항을 듣는다.

구경하는 모양새가 주인 없는 집 안을 돌아보는 것과 마찬가지라, 물건을 매만지거나 소파에 앉아보고 싶은 충동을 참기 어렵기 때문이다. 정말 그랬다. 미술관이라고는 하지만 내부의 인테리어는 마치 어제까지 짐 에드가 산 듯 살갑고 생생하기만 했다. 전시품을 유리 너머로 관찰하는 것과는 대단한 차이가 있었다. 마치 주인의 초대라도 받은 느낌이랄까? 여기는 단지 전시된 미술품만을 보는 것이 아니라, 그것들을 조화롭게 부려놓은 짐 에드의 안목과 감각을 함께 구경하는 곳이기도 했다. 그래서 마룻바닥과 목조 계단에서 나는 삐걱거리는 소리조차 마치 커다란 설치미술의 일부인 것처럼 느껴졌다.

현대미술을 주로 전시하는 런던 테이트모던의 전신 테이트 미술관의 큐레이터였던 짐 에드는 피카소나 몬드리안처럼 세계적인 아방가르드 예술가들과 폭넓게 친분을 쌓았다. 그 덕분에 그때까지 잘 알려지지 않은 많은 대가의 작품까지 손에 넣을 수 있었다. 그가 헨리 무어에게 깊은 영향을 끼친 프랑스 조각가 앙리 고디에브르제

스카의 작품을 여러 점 수집할 수 있었던 것도 순전히 그의 사교성과 안목 덕분이란다.

1936년 그는 테이트 미술관에서 사직하고 모로코로 떠난다. 단순한 요소를 통해 최대 효과를 기하는 미니멀리즘으로 자신이 직접 지은 모로코 집의 인테리어를 꾸몄다. 이것은 케틀스야드를 위한 실험이었다고 할 수 있다. 모로코로 떠난 이후 그는 20여 년간 저술과 방송, 강연을 오가는 방랑적인 삶을 살았다. 1956년 영국으로 돌아온 그는 케임브리지의 '코티지(시골집)' 네 채를 구입해 미술관과 전시장으로 개조하고 자신의 소장품을 전시했다. 존경받는 인사로서의 그의 진가는 그때부터 나타난다.

평소 짐 에드에게 예술품은 휴식을 위한 대상으로서 사회적으로 공유되어야 한다는 철학이 있었다. 마침내 먼 길을 에돌아 케임브리지에 정착한 그는 자신의 철학을 구체적인 실천으로 옮겼다. 그는 자신의 수집가 인생이 남긴 많은 현대 예술품을 대학생들에게 아낌없이 공개했고, 생전에 이미 그의 집은 학생들이 애프터눈 티를 마시며 예술을 향유하는 공간으로 자리 잡는다. 더 놀라운 것은 학생들이 마음에 드는 작품을 숙소로 가져가서 곁에 두고 감상할 수 있도록 무료로 대여까지 해주었다는 점이다. 인재가 거저 만들어지는 것이 아님을 그는 실천으로 보여주었다. 과학자들 세상인 것만 같은 케임브리지에서 문학가도 화가도 나온 것은 그런 믿음과 헌신이 존재했기 때문이다.

짐 에드는 1966년에 아예 자기 집과 소장품을 송두리째 학교에 기증한다. '케임브리지 케틀스야드 아트 갤러리'가 정식으로 출범한 것이다. 짐 에드는 아무 일도 없었다는 듯이 1973년에 에든버러로 표표히 떠나 그곳에서 여생을 보낸다. 케임브리지의 많은 박물관은 대학의 학술 성과에 따라 생겨난 것이지만, 또한 이처럼 대학의 인재를 아끼는 수많은 인사가 남긴 빛나는 흔적이기도 하다.

연극의 전통과 학생극단 '각광'

영국의 연극은 요즘 우리에게는 뮤지컬로 더 많이 알려져 있는 것 같다. 뉴욕의 브로드웨이 같은 극장가를 런던에서는 '웨스트엔드'라고 한다. 그 중심인 피커딜리 일대는 뮤지컬의 메카로서 사시사철 불야성을 이룬다. 한때 브로드웨이에 주도권을 빼앗긴 적도 있으나, 1990년대 말부터 중흥을 맞아, 현재 50개가 넘는 뮤지컬 전용 극장이 성업 중이란다. 사실 〈캣츠〉, 〈레 미제라블〉, 〈오페라의 유령〉, 〈미스 사이공〉 등 최근의 인기 있는 세계 4대 뮤지컬은 모두 웨스트엔드에서 시작되었다. 이 뮤지컬들은 이제 영국 연극의 또 다른 전통이 되었다. 심지어 〈오페라의 유령〉으로 유명한 '허마제스티 극장'은, 1986년 초연한 이래 현재까지 같은 레퍼토리로 공연하고 있다고 한다. 물론 이러한 전통은 좋은 작품과 안정된 공연이 만들어내는 것이다.

영국 연극이 세계화된 것은 광역화된 영어의 권위에 의존한 것이기는 하다. 말이 널리 통하면 문화가 쉽게 국경을 넘을 수 있는 것은 당연하다. 영문학이 세계 어느 문학보다 역대 노벨 문학상 수상자를 많이 배출한 점과 같은 이치이다. 하지만 이는 지나치게 결과론적인 진단이다. 견실하고 다채로운 문화 전통 덕분에 영어가 세계어로서의 권위를 확보한 면도 적지 않다. 르네상스 이후 찬란하게 꽃핀 영국 연극이 바로 그런 역사를 웅변하는 것 중의 하나이다. 누구도 영어의 권위 덕에 셰익스피어가 유명해졌다고 말하지는 않는다. 오히려 셰익스피어의 희곡이 영어를 더 풍부하게 했고, 영어의 권위를 더 높여주었다. 오늘날 영어를 영국만의 언어라고 생각하는 사람은 없지만, 셰익스피어의 희곡은 세계인들에게 영국에 대한 가장 뚜렷한 인상으로 남아 있다.

템스 강의 유람선을 타면, 양안에 갖가지 건축물이 들어서 있어 축약된 영국 역사를 그야말로 물결처럼 훑어볼 수가 있다. 전쟁으로 많이 파괴되기는 했지만, 현대적인 마천루 사이에 중세의 유산들이 의연하게 남아 있는 모습은 경이롭다. 밀레니엄 다리를 지날 때 남쪽으로 시선을 두면 나무 들보가 노출된 하얗고 둥근 중세풍 건축물이 눈에 들어온다. 이 건물이 바로 1598년에 처음 만들어져 셰익스피어의 작품 다수가 초연되었다는 유서 깊은 셰익스피어 글로브 극장이다. 그런데 이 건물은 사실 진짜가 아니라 1997년에 복원한 건축물이다. 미국인 감독 샘 워너메이커가 우연히 발견한 단서를 쥐고 40여 년간 쏟아부은 노력이 맺은 결실이다. 문호 셰익스피어에 대한 국경을 초월한 존경심은 템스 강변에 새로운 명물을 만들어냈다. 이런 존경심은 단 지 역사의 복원으로만 표현되는 게 아니다.

케임브리지에 있을 때, 아이들이 다니는 중학교에서 개최한 '월드 북 나이트'라는 행사에 간 적이 있다. 교내 도서관에서 진 행된 그 행사는 대단한 볼거리 도 없이 단지 문학 작품을 교대

템스 강에서 바라본 글로브 극장. 원형 경기장 처럼 천정 가운데가 뚫려 있다.

로 소리 내어 읽는 것이었다. 하지만 이런 행사가 이어진다는 것 자 체가 문화적인 충격이었다. 이는 곧 낭송의 전통이 아직 살아 있다 는 증거다. 우리에게는 그 많던 시 낭송회도 보기 힘들어졌다. 한글 공부를 위한 구연동화 CD에서나 간신히 그 명맥이 확인되는 정도 다. 반면 중국은 그나마 동아시아에서도 낭송의 전통이 살아 있는 곳이었는데, 언제부터인가 택시 안에서 기사들의 '애청 소설'을 듣 기 어렵게 되었다. 낭송의 전통인 '설서說書' 문화가 사라져간다는 뜻이다. 그날 '월드 북 나이트'에서 가장 많이 읽힌 작품은 셰익스 피어였다. 우리 아이들 역시 셰익스피어 희곡을 세계 각국어로 표 현하는 순서에 등장했다. 간 지 두 달도 안 된 애들이 어찌 해낼까 조마조마했는데, 그 대사는 다름 아닌 "죽느냐 사느냐, 그것이 문제 로다"가 전부인, 쏜살같이 지나가는 단 한마디의 한국어였다.

케임브리지에는 셰익스피어를 기리는 더 유명한 행사가 있다. 바 로 해마다 7, 8월에 8주씩이나 열리는 케임브리지 셰익스피어 축제

'월드 북 나이트' 행사의 두 가지 팸플릿 표지. '개성'과 '관계'를 각각 중시하는 동서양 청소년의 인식 차이가 엿보인다(오른쪽은 필자의 둘째 딸이 그림).

다. 오래 열리는 만큼, 로빈슨, 트리니티, 다우닝, 킹스, 세인트존스 등 여러 칼리지에서 분산되어 개최된다. 더 이채로운 것은 모든 공연을 실내가 아니라 야외 잔디밭에서 한다는 점이다. 이 공연을 보고 있자면 마치 한국의 마당놀이를 보는 듯한 착각이 들기도 한다. 물론 야외 행사인 만큼 도시락을 싸 와도 된다. 케임 강 연변의 잔디밭은 강에 띄운 배를 무대로 삼는 음악 공연이 종종 개최될 정도로 이미 다목적의 문화 공간으로 활용된다. 셰익스피어 축제는 1987년부터 시작되어 이제는 해마다 2만 5,000명이나 찾는 지역의 큰 행사로 자리 잡았다고 한다. 야외 공연이기에 어설플 것 같지만 원형에 더 가깝게 셰익스피어 시대를 재현한다. 런던의 글로브 극장도 알고 보면 무대와 일부 객석을 제외한 절반이 노천이다.

이 도시의 연극 전통은 대학 안에도 살아 있다. 케임브리지 대학에는 학생 연극에도 특별한 역사가 있다. 물론 그 역사에 대학이 얼마나 기여했는지는 알 수 없다. 내가 근무하는 대학에도 알 만한 연극인들을 배출한 유명한 극회가 있지만, 대학은 정신적인 모체 이상의 역할을 한 것 같지 않다. 이는 곧 학내에 건강한 동아리 활동이 살아 있어, 대학의 정규 과정 못지않게 중요한 대학 문화로 자리

잡았다는 뜻이다. 그 성과와 역
사는 예상외로 기성 극단을 초
월한다.

내가 자주 가던 대학 센터의
중앙식당에는 구성 디자인으로
표현된 여러 장의 초상화가 걸
려 있었다. 영국 칼리지들의 다
이닝홀에는 그 대학 출신의 유
명 인사나 유력한 후원자의 초
상을 걸어두는 관습이 있다. 역

케임브리지 대학 센터 중앙식당. 유명한 졸업생
들의 초상화가 걸려 있다.

사를 기록하고 보관하는 것 이상으로 전시해 보이는 것도 중요하게
생각하기 때문이다. 현대식 건물인 중앙식당에 그림이 걸린 것도
이런 유풍의 영향이다. 이 패널들은 2008년에 한 사회단체가 대학
의 개교 800주년을 축하하기 위해 초등학생들의 공동 창작품을 기
증한 것이란다. 뉴턴이나 다윈을 비롯해 케임브리지가 내세우는 알
만한 대가들의 얼굴이 거기에 다 있었다. 그런데 가장 현대적인 느
낌의 인물은 조금 생소했다. 알고 보니 그는 영국의 유명한 희극배
우이자 저술가, 그리고 방송인인 스티븐 프라이였다.

우리나라에는 잘 알려져 있지 않지만, 〈피터의 친구들〉이란 영국
영화가 있다. 줄거리는 1982년에 케임브리지 대학을 졸업한 친구
여섯 명과 새로운 벗 두 명이 함께 새해를 맞기 위해 오랜만에 교외
의 별장에 모이는 것으로 시작된다. 이어서 영화는 한때 이상주의
자들이었던 그들이 10년간 겪어온 인생을 추적한다. 이 영화의 주

인공인 피터 역을 맡은 사람이 바로 스티븐 프라이다. 이 영화는 미국 영화인 〈새로운 탄생〉을 영국식으로 번안한 것이지만, 출연한 배우들에게는 그 이상의 각별한 의미가 있었다.

감독인 케네스 브래너를 제외하고, 이 영화의 배우들은 실제로도 대학 동창이었다. 스티븐 프라이, 휴 래리, 엠마 톰슨 그리고 토니 슬래터리는 모두가 케임브리지 출신이다. 그런데 그들을 하나로 묶어준 것은 단순히 같은 대학 출신인 점이 아니라, 모두 케임브리지의 유명한 학생 코미디 극회인 '풋라이츠Footlights' 출신이라는 점이었다. '풋라이츠'는 무대 바로 밑에서 배우를 비춰주는 조명으로 한자어로는 '각광脚光'이라고 한다. 시작 자막이 오르기 전 영화 첫 장면에서 동창생들은 연미복 상의를 입고 스타킹 다리를 드러낸 채 캉캉 춤을 추며 우스꽝스러운 노래를 부른다. 이 첫 번째 시퀀스에서 배우들의 얼굴을 하나둘 드러내는 조명이 바로 무대 밑에서 올라오는 각광이다. 이는 이 영화의 목적이 케임브리지의 '각광극단'을 기리는 데 있음을 암시한다.

자전적 영화 〈피터의 친구들〉이 우정에 덧붙여 전하려는 극적인 메시지는 삶의 역경, 특히 죽음을 어떻게 받아들일 것이냐는 것이다. 영화 속의 주인공들이 다시 모이게 된 계기는 피터의 아버지가 세상을 뜬 것 때문이지만, 영화의 결말에 피터 자신도 HIV 양성 반응 결과를 받았다는 사실이 드러난다. 10년 만의 만남이 어쩌면 이들에게는 마지막일 수도 있다. 하지만 영화 첫 장면에 나왔던 추억의 캉캉 춤이 다시 이들의 눈물을 거둔다. 위기의 주인공들에게 용기를 주는 것 또한 우정이었다.

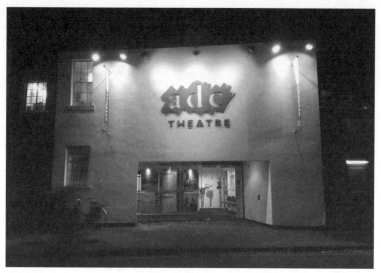
케임브리지의 ADC 극장. 규모는 작지만, 많은 연극인을 배출한 곳이다.

영화의 주연을 맡은 스티븐 프라이는 1980년에 풋라이츠에 입단했다고 한다. 그와 영화에 출연한 동료들은 그 이듬해 바로 '페리어스 상(에든버러 코미디 상)'을 거머쥘 정도로 출중했다. 그런데 프라이는 또한 오래전에 커밍아웃을 한 성 소수자 운동의 대부이기도 하다. 그래서 후배들의 그에 대한 존경심에는 그가 단지 유명한 배우여서만이 아니라, 다소 복합적인 동기가 내포되어 있다. 소년 시절 교도소까지 들락거리다 대학 입학 후 풋라이츠를 통해 자기 세계를 개척하고, 성 소수자로서 새로운 싸움을 하고 있는 그의 인생 자체가 특별한 모델이기 때문이다.

풋라이츠의 출범을 알리는 첫 공연이 있던 해가 1883년이란다. 그런데 케임브리지에는 영국에서 가장 오래된 대학 극회로서 1855년에 창립된 '아마추어 드라마 클럽ADC'이란 것도 있다. 이 클럽과 풋라이츠가 공통으로 쓰는 홈 무대가 바로 ADC 극장이다. 이 극장은 제2차 세계대전 이후 시드니 서섹스 칼리지 옆으로 옮겨져, 지금까지 케임브리지 연극의 살아 있는 역사로 남아 있다. 세계 무대로 진출한 풋라이츠 출신들은 극작, 연출, 연기에 걸쳐 일일이 언급하기 어려울 정도로 많다. 이들에게 등용문이 되어준 풋라이츠의 존재는 살아 숨 쉬는 영국 연극의 과거와 현재를 보여준다.

역사가 숨 쉬는 펍을 가다

프랑스의 카페나 독일의 비어가르텐(맥주 연회장)처럼, 영국과 짝을 이루는 공간은 단연 펍pub이다. 많은 사람이 영국 문화를 이해하는 창구로 펍을 꼽는 것은, 그곳이 술과 음식을 파는 이상으로 영국인의 일상생활에 중요한 작용을 하기 때문이다. 가장 많았을 때는 영국 전역에 6만여 곳이 있었고, 현재에도 런던에만 5,000여 곳이 영업하고 있다고 한다. 이 정도면 없는 동네가 없다는 얘기다. 그렇지만 펍은 분명 평범한 요식업소가 아니다. 단지 유행 따라 우후죽순 생겼다가 없어지는 곳이 아니라, 학교나 교회당같이 제 나름의 역사와 공적인 무게가 있는 곳이다. 작은 도시에도 몇 백 년 역사를 내세우는 펍이 흔하다. 그래서 오래된 펍을 일컫는 '헤리티지 펍heritage pub(문화유산으로서의 펍)'이라는 말까지 있다. 이런 배후에는 아무 펍에나 가지 않는 지역민들의 까다롭고 보수적인 기호가 존재한다.

한국 음주 문화에 익숙한 사람에게 펍은 어쩌면 불친절한 곳일 수도 있다. 펍에서는 술을 마실 때 선불제와 셀프 서비스가 당연하게 여겨진다. 주문할 때는 열 개 남짓 올라와 있는 생맥주 꼭지의 로고를 보고 맥주 유형에 따라 브랜드를 선택한다. 그런 다음 파인트(0.568리터)를 기본단위로 원하는 양을 주문한다. 주문 절차보다 더 낯선 것은 맥주를 받아든 많은 사람이 앉지도 않고 서성거리며 마신다는 점이다. 게다가 서서 마시므로 빨리 마셔버릴 것도 같은데, 대개 한국의 맥줏집에서보다 훨씬 속도가 느리다. 술보다 대화에 더 열중하기 때문이다.

펍에서 파는 맥주의 유형에는 우리나라에 일반화된 라거 외에도, 에일과 비터 그리고 스타우트 같은 것이 있다. 에일은 주로 영국, 아일랜드, 벨기에 등 북유럽에서 마시는 맥주다. 탄산이 들어가지 않고 진한 구릿빛에 맥아 향기가 물씬 풍겨 풍미가 있지만 약간 씁쓰름하다. 맛이 조금 무겁다 보니, 북유럽을 벗어나면 점유율이 라거만큼 높지는 않다고 한다. 비터나 스타우트는 에일의 변종이라 할 수 있다. 비터는 호프의 함량을 높여 씁쌀한 맛을 더 낸 것이고, 스타우트는 도수가 약간 높은 검은 에일 맥주이다. 이 맥주들은 처음에는 신선한 감동을 주었지만, 송충이는 솔잎만

공원의 축제에서 서서 맥주를 마시는 사람들.

먹어야 하는 법인지 머지않아 나와는 멀어져버렸다. 사실 맛이 써서 반주로 어울리지 않는 데다 맨술만 마실 일도 별로 없었기 때문이다. 내가 펍에서 만난 영국인들은 안주 없이 맥주만 마시기에 서 있을 수가 있었다. 우리는 맥주 자리에서도 어울리는 안주를 곁들이지만, 영국인들은 우리만큼 안주가 중요하지는 않았다.

펍이 가장 붐비는 날은 역시 축구 경기가 있는 날이다. 월드컵 하면 우리가 광장의 퍼포먼스를 떠올리듯이, 영국인들은 맥주를 들며 TV 중계를 보는 펍의 풍경을 연상한다. 특히 프리미어리그 시즌이 되면 펍마다 아예 그날의 경기 일정이나 대진표를 문 앞에 붙여놓는다. 1992년에 잉글랜드를 중심으로 시작되어 이제는 세계 5대 축구 리그 중 하나가 된 프리미어리그는 그 어떤 스포츠 행사보다 뜨거운 관심의 대상이다. 그런데 가정에서 프리미어리그를 시청하려면 비싼 시청료를 지불하는 특정 채널을 신청해야 한다. 그러니 경기장에 가지 못한 축구 팬들이 펍으로 몰리는 것은 당연하다. 물론 이웃 사람과 맥주를 마시며 함께 응원하다 보면 더 신이 나기도 할 것이다. 내가 있을 때는 마침 월드컵이 열려서, 그 열기를 느껴보려고 일부러 지인들과 시내에서 가장 큰 펍을 찾았다. 전반전까지는 그야말로 흥분의 도가니였다. 하지만 후반전 이후 잉글랜드 팀의 패색이 짙어지면서 분위기는 아쉽게도 끝내 살아나지 못했다.

펍 문화가 확대된 또 다른 장은 맥주 축제다. 거의 모든 도시마다 열리는 이 축제가 케임브리지에서는 5월에 시내의 잔디 공원에서 개최된다. 여기도 펍에서와 마찬가지로 원하는 맥주를 찾아 직접 사서 마시는 방식이다. 흥을 돋우기 위해 별난 복장을 하고 나타 난다거나, 자리가 공원이다 보니 개도 따라온다는 정도의 특별함 을 제외하면, 축제를 채우는 것은 온통 그만그만한 톤의 대화일 뿐 이다. 술을 파는 곳이라도 고성방가는 없다. 사람들이 가득 차고 분 위기도 무르익는 9시경이 되자, 기나긴 초여름의 해가 잔을 들고 서 있는 사람들의 머리 위로 뉘엿뉘엿 넘어갔다. 낮이 긴 여름의 도 시 공원에서는 엇비슷한 축제가 거의 격주마다 열렸는데, 알코올이 들어간 사이다나 맥주를 파는 천막이 한쪽 구석에 늘 설치되어 있 었다.

케임브리지에는 유서 깊은 펍이 꽤 여러 곳 있다. 외지 사람들에 게 가장 널리 알려진 펍은 뭐니 뭐니 해도 시내 한복판에 있는 '이 글'이다. 코퍼스크리스티 칼리지의 담장을 따라 걷다 보면 11세기 에 생긴 베넷 성당의 종탑이 나타난다. 그 맞은편에 독수리가 그려 진 간판이 보이는데, 그 아래가 바로 가게의 입구이다. 영국의 펍 에는 대개 작은 그림 간판이 따로 걸려 있는데, 이것은 세리稅吏에 게 주조酒造 장소임을 쉽게 알아 보도록 하거나, 문맹인 고객을 끌어들이려는 전략이 전통으로 남은 것이라고 한다. 이글 펍은 1667년에 개업했다지만 건물 자체에 유별난 특색이 있는 것 은 아니다. 굳이 꼽는다면 'RAF 바'라고 하는 스탠드바 앞쪽 좌

케임브리지의 이글 펍 입구.

석의 천장에, 제2차 세계대전 당시 영국과 미국의 공군 병사들이 촛불과 라이터로 지져서 큼직하게 남겨놓은 이름 글자들이 아직도 그대로 남아 있다는 정도다.

이글 펍이 케임브리지의 명소가 된 것은 또 다른 역사적 사건 덕분이다. 이곳의 지척에는 한때 캐번디시 연구소가 있었다. 지금은 케임브리지 서쪽의 외곽으로 옮겨진 이 연구소는 1874년 창설되어 2011년까지 무려 29명이나 노벨상 수상자를 배출한, 단일 연구소로는 가장 눈부신 성과를 낸 곳이다. 이 연구소 옆에 붙어 있는 덕에 한때 이글 펍은 연구소 직원들의 부속 식당이 되다시피 했다. 그만큼 연구소의 역사적인 순간과 함께할 기회도 많았다. 1953년 2월 28일 프랜시스 크릭은 이곳에서 점심을 들던 후원자들 앞에 나타나, 자신과 제임스 왓슨이 "생명의 비밀을 밝혀냈다"고 선언했다. DNA 구조가 최초로 바깥 세상에 그 정체를 드러내는 순간이었다.

크릭이 달려와 선언을 해준 덕분에, 이글 펍 입구에는 파란 헤리티지 딱지가 붙게 되었다. 흥분의 순간은 또한 이 집에서만 파는 '이글의 DNA'라고 애칭이 붙은 특별한 에일 맥주로 남게 되었다. 하지만 이들의 공적은 런던 킹스 칼리지의 여성 과학자 로절린드 프랭클린이 찍은 DNA의 X선 회절 사진에 크게 힘입었음이 나중에 밝혀지기도 했다. 프랭클린은 노벨상을 공동수상하는 영광을 누리지 못한 채 암으로 요절한 불운한 과학자다. 대학 도시의 펍에는 이처럼 낭만적인 풍경과 상반되는 학자들 사이의 치열한 경쟁과 숨 막히는 일상의 흔적도 묻어 있다. 이글 펍 이야기를 끝내기 전에, 마지막으로 거론해야 할 것은 이 집만큼 유명하면서 더 시각적

코퍼스크리스티 칼리지 모서리 벽의 코퍼스클락.

인 가게 앞의 또 다른 명물이다.

　이글 펍 앞 코퍼스크리스티 칼리지의 담장 모서리에는 '코퍼스클락'이라는 유명한 벽시계가 있다. 2008년 케임브리지 대학의 개교 800주년에 맞춰 이 대학 출신의 발명가 존 테일러가 벽시계 개발과 기증 프로젝트를 주도했다. 제작에 무려 100만 파운드(약 17억 5,000만 원)라는 거금이 들었단다. 미국《타임》지가 그해 최고 발명품으로 선정했을 정도로, 이 시계는 과학 도시 케임브리지를 대표하는 명물이 되기에 손색이 없다. 모양을 보면 지름이 1.5미터에 달하는 톱니바퀴를 메뚜기같이 생긴 괴수가 발톱으로 굴리고 있다. 이 괴수는 그리스 신화에 등장하는 시간의 신 크로노스Chronos

와 세포를 먹는 세포라는 뜻의 페이지Phage를 합쳐 '크로노페이지 Chronophage'라는 거창한 이름이 붙여졌는데, 그냥 '시간을 먹는 메뚜기'라고도 불린다. 시간을 먹는 메뚜기라니……, 나는 그 앞을 지날 때면 감탄에 앞서 소름이 돋았다. 끝이 정해진 연수 기간을 보내는 나로서는, 내 시간도 갉아먹히고 있다는 초조한 마음에 펍에서 마신 술이 확 깨곤 했다.

펍은 '퍼블릭 하우스Public House'가 줄어서 생긴 말이다. 명칭의 어원 자체가 술집보다는 '공공장소'라는 데 더 비중이 있다. 노동자들의 피로를 씻어주는 휴식처이기도 하지만, 동시에 여론을 나누고 토론을 벌이는 정치 마당이기도 하다. 펍은 요즘 인구에 회자되는 사회학자 레이 올든버그가 말한 '제3의 공간'의 전형적인 예라고 할 수 있다. 올든버그는 그의 저서《위대한 장소The Great Good Place》에서 집과 직장이 아닌, 여가와 유대가 이루어지는 사회적 공간의 가치를 강조했다. 우리에게는 봉건시대의 주막, 근대의 대폿집과 다방 그리고 최근에는 호프집과 카페가 그런 작용을 했다고 할지 모르겠다. 하지만 펍처럼 민간의 특정한 공간이 누대에 걸쳐 동일한 기능을 유지한 예는 보기 힘들다. 펍은 단지 음주의 역사만이 아니라 지역의 대화와 토론의 문화사가 녹아 있는 매우 독특한 장소다.

그런데 이제 영국에서도 카페가 조금씩 펍을 잠식할 뿐더러 그 카페에서도 전통적인 차 대신 커피가 주도권을 장악하고 있다. 그보다 더욱 큰 변화는 맥주건 커피건 휴식과 대화가 공존하는 제3의 공간 자체가 아예 줄어드는 것이란다. 이런 현상은 일단 유통 구조의 변화에 직접적으로 기인한다지만, 개인 관계의 변화 그리고 SNS

같은 사이버 대화 공간이 활성화된 것과도 무관치 않아 보인다. 단지 술과 음식을 파는 요식업소로서 혹은 박물관과 동격인 관광 명소로서만 펍이 존재한다면 그 생명력은 오래 유지되기 어려울 것이다. 사실 이런 추세는 지금 세계의 전 지역이 모두 비슷한지라, 프랑스의 카페도 이미 같은 운명에 놓여 있다고 한다. 다양한 계층이 소통하는 장으로 철학과 예술이 숨 쉬던 공간들이 이제 역사의 뒤안길로 사라지고 있다.

케임 강의 뱃놀이

영국은 과거에 대표적인 해양 국가로 알려졌지만, 사실 육지에 운하도 많은 나라였다. 19세기 초까지만 해도 잉글랜드와 웨일스 그리고 스코틀랜드의 운하 루트를 모두 합하면 6,000킬로미터에 달했다. 축력을 이용하는 것보다 훨씬 많은 양의 화물을 배로 쉽게 옮길 수 있었기 때문이다. 우리나라처럼 강수량이 불규칙적이지 않고, 유속이 느려 강바닥의 토양이 쉽게 유실되지 않는 점도 운하 발달에 유리했다. 하지만 이는 1825년에 강적 증기기관차가 나타나기 이전의 일이다. 이제 운하를 교통로로 생각하는 사람은 아무도 없다. 그래도 그 시절의 흔적이 곳곳에 남아 있다. 예를 들어, 영국의 강과 호수에는 어디서든 좁고 긴 포장 선박이 정박된 걸 볼 수 있는데, 그건 집 없는 떠돌이들의 은신처가 아니라 일종의 레저용 선박이다. 소임을 마친 운하는 다양한 수상 활동을 유산으로 남겼다.

케임브리지에는 산이 없다. 전형적인 남부 잉글랜드의 평야가 너무 밋밋해 보일까 봐 그랬던지 이곳에는 '케임 강'이라는 작은 강이 하나 있다. 약 64킬로미터 길이의 이 강은 깊어봤자 3미터 남짓이고 강폭도 20미터가 채 안 된다. 얼핏 보면 강이라기보다는 긴 웅덩이 같다. 하지만 케임 강에 놓인 다리란 뜻의 '케임브리지'라는 도시 이름이 생겨날 정도로, 이 강은 도시와 역사를 함께한 의미가 깊은 강이다.

케임 강은 중류에서 케임브리지 시의 구시가지와 케임브리지 대학을 통과한다. 케임 강 덕에 케임브리지 대학에는 수상 스포츠 클럽이 많다. 매년 3월에 옥스퍼드 대학과 템스 강에서 벌이는 조정 경기는 국가 행사를 방불케 한다. 이 경기의 원조는 1827년부터 케임 강 하류에서 시작된 '범프스Bumps'라는 조정 경기다. 범프스는 '부딪치기'라는 뜻으로, 강폭이 좁아 보트가 하나밖에 다닐 수 없기에, 일정한 간격을 두고 출발했다가 뒤의 보트가 앞의 보트 끝을 선체로 부딪치거나 노로 물리적 접촉을 하면, 앞 보트가 탈락하는 규칙 때문에 생긴 명칭이다. 부딪치거나 부딪힌 배는 다른 사람의 경기를 위해 바로 나와야 하고, 부딪친 팀은 다음 레이스에서 더 앞선 순번을 받는다. 이 경기는 1887년부터 사순절에 열리는 '렌트범프스', 6월의 '메이범프스', 한여름의 '타운범프스'로 1년에 세 차례 나누어 벌어지는데, 앞의 두 경기는 출전 자격이 케임브리지의 칼리지 구성원으로 엄격하게 제한된다. 하지만 영국 바깥에서 온 유람객들에게 더 많이 알려진 것은 이 대학의 캠퍼스를 통과하는 뱃놀이다.

클레어 다리 앞의 펀트. 옥스퍼드와 케임브리지의 대학 문화는 펀팅을 빼고 상상하기 어렵다.

여기서 놀이용 배는 절대로 '보트'라 하지 않는다. 노 대신 삿대를 쓰기 때문에 '펀트punt'라 하고, 뱃놀이도 '보팅'이 아니라 '펀팅punting'이라 한다. 배 모양도 일반 보트처럼 앞이 뾰족하지 않고 납작하다. 학교에 다녀오려면 나는 왔다 갔다 두 번 케임 강의 다리를 건너야 했다. 모들린이라는 이름의 이 다리는 도시가 발생하고 도시 이름까지 비롯된 유서 깊은 곳이다. 마침 이 다리는 또 뱃놀이 배가 출발하는 곳이었다. 그래서 다리 입구에 접어들 때면 호객꾼이 다가와 점잖게 묻는다. "보팅 하실래요?"가 아니라 역시 "펀팅 하실래요?"이다. 처음엔 낯이 익으면 질문도 잦아지려니 했는데, 워낙 중국인 관광객이 많다 보니 같은 동양인인 나는 그들에게

케임 강에서 수영하는 사람에게 달려드는 수컷 백조.

영락없는 관광객이었고, 반복되는 질문과 사절은 다리를 건너기 위한 통과의례가 되다시피 했다.

드디어 펀팅을 하게 됐다. 내가 펀팅을 처음 하러 갔을 때는 때마침 물새들이 새끼를 부화한 지 얼마 안 되는 봄날이었다. 강 기슭의 나뭇가지마다 새순이 오글오글 돋아 있는 것도 좋았지만, 펀트 사이로 헤엄치는 오리 가족들 때문에 정말 시간 가는 줄을 몰랐다. 새들한테는 좀 미안하지만, 배가 지날 때마다 제 새끼 다칠까 봐 혼비백산한 어미 새들이 까무러지게 울어대며 허둥거리는 모습에 모두들 깔깔대노라니 배를 타는 흥이 더해졌다. 물론 배의 측면이 새들의 키보다 훨씬 높고 사선으로 기울어 있어 배가 부딪히더라도 새끼들이 다칠 리는 없다. 제법 덩치가 큰 물새들도 있다. 그중에 캐나다 기러기는 인공적으로 풀어놓은 녀석들이다. 어떻게 길들였는지 마치 정원수처럼 거의 고정된 위치에서 강 풍경의 부속 역할을 톡톡히 한다. 하지만 더러 뜸부기 같은 진짜 야생 조류가 섞여 있기도 해 그 풍경 자체가 전적으로 인공적이라고 말하기도 어렵다.

이 새들 가운데 왕 중의 왕은 단연 이따금씩 펀팅 구간으로 순행巡行을 나오는 백조들이다. 동물원도 아닌데 백조가 배 옆에 붙어 천연덕스럽게 지나가는 상황은 일순간 현실을 망각하게 한다. 그

녀석들의 스스럼없는 표정과 자태는 나비 꿈에서 막 깨어난 장자莊子처럼 몽환적인 착각에 빠지게 만든다. 하지만 이 우아하기만 할 것 같은 '왕'은 새끼를 거느리고 있을 때는 폭군으로 돌변한다. 흥분한 백조가 달려들어 배에 탄 어린아이가 물에 빠지는 경우도 있어, 심지어 케임브리지의 지방 신문에는 백조를 치워야 한다는 기사도 실린다.

이곳뿐 아니라 영국의 물에는 호수건 운하건 어김없이 백조가 있다. 모두가 코 위에 검은 혹을 얹은 '뮤트 스완', 순우리말로는 혹고니다. 언젠가 피터버러에 갔을 때는 거기 강에서 그야말로 떼거지로 백조를 만난 적이 있다. 족히 100마리는 될 것 같은 녀석들은 가져간 식빵 한 봉지를 순식간에 해치웠다. 녀석들이 떼를 지어 유유히 수면을 누비는 모습은 흡사 거대한 함대 같았다. 그곳에서 물새들은 무엇이든 강의 풍경을 완성하는 데 빠져서는 안 되는 소품과도 같았다. 이런 정도니 내가 어렸을 적 시골 우리 동네 이발소에서도 백조의 호수 그림을 볼 수 있었구나 싶었다.

케임 강 뱃길의 진짜 볼거리는 물론 대학 건물들이다. 일반 방문객들이 펀팅을 즐길 수 있는 구간은 모들린 다리에서 실버스트리트 다리에 이르는 구간이다. 이 구간에는 강을 끼고서 세인트존스 칼리지, 트리니티 칼리지, 클레어 칼리지, 킹스 칼리지, 퀸스 칼리지가 차례로 자리한다. 그래서 '웨딩 케이크'라 불리는 세인트존스의 뉴코트, 트리니티의 렌 도서관, 거대한 킹스채플 건물과 바로크 건축의 거장 제임스 기브스가 설계한 펠로우 빌딩 등 유서 깊은 건물들도 강의 흐름을 따라 하나둘 얼굴을 드러낸다. 강 안쪽에는 또 모

탄식의 다리를 지나며 사공의 설명을 듣고 있는 유람객들.

들린 다리, 키친 다리, 탄식의 다리, 트리니티 칼리지 다리, 클레어 칼리지 다리, 킹스 칼리지 다리, 수학의 다리 등 고풍스러운 다리들이 조르륵 놓여 있어 또 다른 운치가 있다.

그림 같은 풍경의 이 구간을 '백스Backs'라고 한다. 칼리지들의 정문이 다 동쪽으로 나 있고 강은 건물의 뒤쪽인 서편에서 흘러가므로 이를 통틀어 '뒤뜰'이라고 부른다. 하지만 이 구간은 단순한 뒤뜰이 아니라 케임브리지를 대표하는 볼거리이기 때문에, '백스 위원회'가 따로 조직되어 있을 정도로 건축물뿐 아니라 심지어 화초한 포기까지 세심하게 관리된다. 거기에는 영국 특유의 정원 미학이 유감없이 발휘되어 있다. 프랑스의 정원에서는 나무를 완벽한 원추형이나 나선형으로 다듬어 테마파크 같은 인공미를 연출해낸다. 그러나 전형적인 영국식 정원은 이런 인공미가 최대한 노출되지 않게 한다. 그 대신 장소에 따라 어울리는 나무의 수형樹形에서 계절 따라 피는 꽃의 순서에 이르기까지 사람의 손길이 안 닿은 곳이 없다. 이 점에서는 프랑스의 꽃밭이 오히려 투박하고 초라해 보일 정도다.

영국으로 귀화한 미국 출신의 소설가 헨리 제임스는 여행기《장소의 초상화Portraits of Places》에서 백스를 "고딕식 창문과 해묵은 나무, 풀로 덮인 둔덕과 이끼 낀 난간, 햇살이 교차하는 오솔길과 숲, 잔디 정원과 테라스, 단일한 아치의 다리들로 이루어진 가장 사랑스러운 혼돈 상태"라 했다. 그는 백스 양편의 건축물과 정원에 흠뻑 매료된 나머지, 심지어 작고 얕은 케임 강은 단지 다리를 장식하기 위해 존재할 뿐이라고 말하기도 했다.

그런데 한두 곳 새로 생긴 건물을 제외하면, 사실 헨리 제임스가 본 풍경은 내가 본 것과 거의 일치한다고 해도 과언이 아니다. 100여 년 전에 백스를 찍은 사진들과 현재의 풍경을 대조해보면 놀랍게도 오직 나무만이 더 자라나 있음을 알 수 있다. 즉, 나무 하나도 함부로 심지 않고 최대한 원형대로 정원을 유지해왔다는 뜻이다. 그래서 백스 그 자체가 정원에 보존된 케임브리지의 역사라고 할 수 있다. 하지만 백스 주변이 처음부터 명소였던 것은 아니다. 케임브리지 대학이 들어서기 전 백스의 동편은 상공업 지대였고, 서편은 불모지에 불과했다. 1447년 헨리 6세가 이 땅을 대학 부지로 매입할 때, 그냥 킹스 칼리지의 뒤쪽이라고 지도에 표기하면서

'백스'라는 이름이 생겼단다. 대학이 들어선 이후에도 이곳은 도시의 하수가 그대로 흘러들어 악취가 코를 찌르는 곳이었다. 하지만 대략 16세기 이래로 대대적인 정화 작업이 이어진 결과, 오늘날과 같은 깨끗하고 그림 같은 풍경이 만들어질 수 있었다.

백스의 전체 구도를 한마디로 요약하면, 지극히 조화롭게 다듬어진 자연 안에 고딕식과 신고전주의풍 건물이 적재적소에 놓여 있고 그 사이로 소담한 강이 흐르는 형국이다. 그래서 자연과 건축의 어울림 속으로 삿대를 저으며 통과하는 기분은 한 편의 동화 속으로 빠져드는 것처럼 푸근하고 황홀하다. 그 배 위에 있노라면, 수면 가까이 드리워진 버드나무 가지가 닿을 듯 말 듯 스쳐갈 때, 그리고 다리 밑의 자그마한 아치 사이로 고풍스러운 첨탑의 꼭지가 아련하게 나타날 때 누구라도 촉각과 시각이 짜릿짜릿해짐을 느끼리라. 볼거리는 화려하지만 높다란 석축 너머로 바라봐야 하는 세느 강이나, 현란하긴 하지만 어디건 시끌벅적한 장터 같은 베니스 운하의 뱃길과는 또 다르다.

여기에 양념처럼 케임브리지 대학의 아르바이트생 사공들이 해주는 설명이 덤으로 추가된다. 이들이 삿대를 젓다가 내력 있는 건물을 지날 때마다 곁들여주는 재치 있는 입담은 뱃놀이의 운치를 더한다. 이야기가 자못 진지해질 때는 이동하면서 진행하는 답사나 세미나에 온 것 같은 착각이 들기도 한다. 케임브리지의 펀팅은 자연과 풍경을 즐기는 것이지만 또한 매우 인문학적인 놀이였다.

크리스티나 로세티의 캐럴

유럽 밖에 사는 이들에게 크리스마스는 설사 기독교도가 아니더라
도 이미 서양 문화에 대한 하나의 환상이고 관념이다. 그런 만큼 또
부풀려진 면도 많은 것 같다. 나도 마찬가지여서 은근히 기대가 됐
지만, 영국에서의 성탄 풍경은 생각보다 싱거웠다. 크리스마스 3주
전쯤, 자원봉사 클럽에서 마련한 칼리지 파티에 갔다. 한쪽에서 자
선 바자회와 캐럴 따라 부르기를 하는 동안, 다른 한쪽에서 사과파
이와 차를 들며 담소를 나누는 것이 전부였다. 그래도 봉사자들이
쓴 산타 모자와 실내 곳곳의 성탄 장식을 보면서, 이제 시즌이 시작
되나 보다 생각했다. 크리스마스가 다가올수록 칼리지마다 다이닝
홀의 성탄파티가 잦아지기는 한다. 하지만 정작 크리스마스 날 대
낮의 거리는 한산하기 그지없었다. 거리를 돌아다니는 사람들은 모
두가 검은 머리의 이방인들뿐이었다. 크리스마스가 철저하게 가족

성모와 영국 순교자 성당.

적인 명절이라는 것을 잘 모르
는 동양인들만이 들어갈 가게도
없는 거리를 하릴없이 배회하고
있었다.

　허전한 마음을 추스르며 가족
들을 이끌고 성당엘 들어갔다.
케임브리지에서 가장 큰 가톨릭
성당은 '성모와 영국 순교자 성
당'이라는 긴 이름이 붙어 있다.
건물은 명동성당보다 8년 이른
1890년에 낙성되었지만, 워낙
고건축물이 많은 케임브리지에
서는 명함도 내밀기 힘든 축에

속한다. 영국은 빅토리아시대에 구교가 다시 허용된다. 그러나 기
존의 가톨릭 성당과 수도원 건물은 오래전에 이미 국교회의 전례에
맞춰 개조되었기에 가톨릭 성당들은 대개 이 무렵 이후 새로 만든
것이다. 물론 그 세월도 무시할 수 없는 것이, 성모 순교자 성당의
석회암 벽체도 벌써 새카맣게 더께가 앉아, 노트르담 대성당에 버
금가는 숙연한 느낌이 들었다. 건물의 역사가 신앙심에까지 영향을
끼칠 리 없겠지만, 그런 고풍스러운 맛이 장소를 더 신성하게 만드
는 점은 확실히 있는 것 같다.

　하지만 성탄 특유의 느낌은 건축보다 더 감각적인 데에서 나온
다. 나는 유럽의 교회를 제대로 알려면, 미사나 예배까지 참석해봐

야 한다고 생각한다. 공간의 미학도 중요하지만, 그 공간 안에서 이루어지는 사람들의 활동이야말로 살아 있는 종교 문화이기 때문이다. 그중에도 빠질 수 없는 것이 소리다. 교회당 안의 숭고한 기운은 파이프오르간이 있기에 배가된다. 소리의 혼은 그림이나 조각이 할 수 없는 또 다른 구도의 순간을 만들어낸다. 같은 이치로 캐럴은 가장 감성적인 성탄 문화라 할 수 있다. 음악은 종교적 심성뿐 아니라 절기에 대한 연상까지 이끌어낸다. 그래서 하나의 축제로서 크리스마스는 노래와 함께 찾아오지만, 성탄 기간이 지나는 순간에 그 노래들은 또한 신기하게도 곧바로 식상해진다.

내가 성당에 간 그날도 경내의 어떤 성구나 장식물보다 성탄 분위기를 더 물씬하게 자아낸 것은 성탄 송가들이었다. 그런데 그날은 친숙한 다른 어떤 성가들보다 알 듯 모를 듯한 잔잔한 곡 하나가 뜻밖에 살며시 마음에 와 닿았다. 그 가사를 보면, 예수 탄생의 상황을 다 설명하고 나서 이런 식으로 마지막을 마무리한다.

가난한 내가
그분께 무엇을 드릴 수 있을까요?
만약 내가 목자라면
양을 가져다 드렸을 거예요.
만약 내가 동방박사라면
예물을 바쳤을 거예요.
하지만 내가 그분께 드릴 수 있는 것은,
내 마음뿐입니다.

오빠 단테가 그린 크리스티나 로세티.

원래 요란한 선언보다 마음을 담은 고백이 더 설득력이 있는 법이다. 소박한 이 가사는 애잔하면서도 따뜻하게 성탄의 느낌을 전해주었다. 이런 감동은 문학적인 함축미에서 기인한다. 아닌 게 아니라 이 가사는 원래가 시로 발표된 것이란다. 제목이 〈황량한 한겨울에In the Bleak Midwinter〉라는 이 시는 시인 크리스티나 로세티가 1872년 미국 잡지에 기고한 작품이었다. 로세티는 귀엽고 가녀린 정조를 지닌 서정시를 다수 발표했으나, 20세기 벽두를 휩쓴 모더니즘 사조에 가려 1970년대에야 재발견되기 시작했다고 한다. 평생 독신으로 병약하게 살았던 그녀의 시 세계는 종교적 경건함을 담은 감성적인 작품으로 가득 차 있다.

〈황량한 한겨울에〉는 잉글랜드 북부의 겨울 풍경과 성탄절의 감성을 잘 버무려놓은 작품이다. 그런데 이 시는 성가로 옮겨진 뒤, 내용의 일부가 논란이 되기도 했다고 한다. 문제가 된 2절의 가사는 이렇다. "우리 주님, 하늘이 그분을 끌어안지 못하고,/ 땅도 그분을 떠받들지 못하네:/ 그분이 통치자로 오실 때에,/ 하늘과 땅은 달아나리./ 황량한 한겨울에/ 마구간으로도 족하였네,/ 전능한 주 하느님/ 예수 그리스도." 예수는 겨울이 없는 열사의 땅에서 태어났지만, 로세티는 바람 불고 눈 내리는 잉글랜드의 벌판으로 시적 공간을 치환함으로써 예수 탄생의 의미에 현재성을 부여했다. 마치 신이 자연에 무기력한 듯이 묘사된 바로 그 부분이 문제가 되었다. 그러나 그녀에게는 오히려 예수같이 전지전능한 신이 황량한 겨울날 누추한 마구간에서 태어난다는 상징적 의미가 중요했다. 예수조차 불가항력의 자연 속에서 초라하게 태어났기에 힘없고 가난한 시적 자아에게 성탄은 진정한 축복이 될 수 있다고 생각한 것이다.

로세티는 자연 속에서 종교성을 찾았지만, 그 자연은 단순히 낭만적 대상이 아니라 관조와 성찰의 대상이기도 했다. 잉글랜드의 풍경에서 빼놓을 수 없는 바람을 매우 성찰적으로 묘사한 아래 시는 원문이 우리나라의 중학교 영어 교과서에도 실려 있다.

누가 바람을 보았나?
나도 당신도 아니야.
하지만 나뭇잎 가만히 흔들릴 때
바람이 지나가고 있지.

누가 바람을 보았나?
나도 당신도 아니야.
하지만 나무가 고개 숙일 때
바람이 넘어가고 있지.

—〈누가 바람을 보았나?〉 전문.

잉글랜드의 자연을 이처럼 사랑스럽게 그려낸 로세티는 사실 순수 영국인이 아니라 이탈리아계 이민자였다. 그녀는 런던 킹스 칼리지의 영문학 교수가 된 이탈리아 망명객의 딸이었다. 또한 존 러스킨이 "런던이라는 지옥에서 길을 잃은 위대한 이탈리아인"이라고 극찬한, 라파엘 전파의 유명한 화가 단테 가브리엘 로세티의 누이동생이기도 했다. 그래서 시인 로세티는 오빠의 그림 속에 모델로 등장하기도 한다. 몽환적이고 시적 상징이 농후한 오빠의 그림을 통해 시인 로세티의 구도적인 자연을 상상한다면, 시의 느낌이 더 가깝게 다가올지 모르겠다.

〈황량한 한겨울에〉는 여러 버전이 있지만, 가장 대중적인 것은 1906년에 귀스타브 홀스트가 붙인 곡이다. 합창곡으로는 해럴드 다크의 편곡 버전이 더 많이 쓰이는데, 이 곡은 《BBC뮤직매거진》이 2008년 영국과 미국의 저명한 합창 음악 전문가 51명을 대상으로 실시한 캐럴 선호도 조사에서 1위를 차지하기도 했다. 〈황량한 한겨울에〉는 또한 세계인들의 드라마가 된 BBC TV의 히트작 〈닥터후〉에도 삽입곡으로 등장할 정도로, 교파와 아속雅俗을 초월하여 영국의 국민적인 캐럴로 사랑받고 있다.

〈황량한 한겨울에〉는 케임브리지 킹스 칼리지 합창단의 목소리로 BBC가 크리스마스 전야에 내보내는 〈아홉 편의 가르침과 캐럴Nine Lessons and Carols〉 프로그램에도 빠지지 않는 합창곡 레퍼토리다. 이 프로에서는 성공회 전례에 따라 성탄 미사를 올리는 중에 복음 아홉 편을 읽은 후 화답송처럼 영국 캐럴 아홉 곡을 부르고 묵상한다. 캐럴로 정평이 있는 케임브리지의 킹스 칼리지 합창단은, '빈 소년

킹스채플 내부. 홀 가운데 양편으로 나뉜 성가대석이 합창단의 무대다.

합창단'에 필적하는 영국의 대표적인 소년 합창단이다. 수차례 내한 공연을 했을 만큼 국제적인 성가聲價도 높다. 킹스 칼리지 내에 합창단이 구성된 것은 헨리 6세 때인 1441년이라고 한다. 빈 소년 합창단이 합스부르크왕가가 1498년에 창설한 궁정 합창단에 기원한다니, 그보다도 오래된 살아 있는 중세의 전통인 셈이다. 이 합창단의 주요 무대는 킹스 칼리지 안에 있는 킹스채플 성당이다. 해외 공연 할 때를 제외하고 두 달에 한 번씩 그 성당에서 열리는 일반 대중을 위한 무료 공연은 케임브리지의 또 다른 볼거리다.

나도 여름 어느 날 오랜 줄서기 끝에 그 공연을 관람한 적이 있다. 아직 변성기가 안 된 소년들의 청아한 목소리는 마치 진짜 천사들이 현세로 내려온 듯이 교회당의 음울한 분위기를 신비로움으로 바꾸어놓았다. 그런데 이들이 빈 소년 합창단과 한 가지 크게 다른 점은 소년부와 청년부가 혼성으로 구성된다는 점이다. 소년들의 고음과 청년들의 저음이 합쳐진 소리는 풍부하고 안정감 있는 앙상블을 만들어낸다. 이들은 공연할 때는 미사복을 입지만, 공연장 밖을 이동할 때는 검은 영국식 신사 모자와 망토를 걸치고 열을 지어 다닌다. 그 모습은 엄숙하기 그지없는 케임브리지의 전통 가운데, 예외적으로 애교스러운 것이다.

3장.

브리튼 섬을 누비며

세인트판크라스 역의 시계탑

영국은 좁은 국토에 비해 철도 교통이 매우 발달한 나라다. 철도망이 방방곡곡에 미로처럼 깔린 것을 보면 과연 증기기관과 기차를 만들어낸 나라답다는 생각이 든다. 런던만 해도 교외선 열차역이 아홉 개나 된다. 브리튼 섬에서 철도가 들어가지 않는 곳은 거의 없다. 하지만 철도가 발달했다고 저렴하게 이용할 수 있다는 뜻은 아니다. 영국 철도의 살인적인 푯값은 세계적으로도 악명이 높다. 철도 민영화의 결과는 가격 상승을 불러왔을 뿐 아니라, 구매 시스템도 더 복잡하게 만들어버렸다. 하루 중 출발 시간과 발권 회사에 따라, 그리고 예매 시기와 할인카드 유무에 따라 같은 구간이라도 푯값이 다 다르다. 그러므로 나 같은 외국인은 미리 인터넷으로 정보를 비교해보고 찬찬히 선택하지 않으면 낭패를 보기가 십상이다. 케임브리지에서 런던까지는 기차로 한 시간 남짓 걸리는데, 우선

동부 잉글랜드로 가는 관문 런던 킹스크로스 역.

리버풀스트리트 역으로 갈지 킹스크로스 역으로 갈지를 선택해야 한다. 도착역에 따라 최종 목적지까지 가는 지하철 푯값도 크게 달라지기 때문이다.

소설 〈해리 포터〉 시리즈의 9와 4분의 3 승강장 덕에 더 친숙해서였는지는 몰라도, 첫 선택 이후 나는 런던에 갈 때면 으레 킹스크로스 역으로 갔다. 영국도서관이나 영국박물관, 런던 대학 등을 가려면 킹스크로스가 훨씬 가깝기는 했다. 자주 다니다 보니 내게 런던으로 가는 기찻길은 고향을 오가는 중앙선이, 킹스크로스 역은 마치 청량리역 같은 친근한 공간이 되었다. 런던의 역 건물 치고는 비교적 수수한 킹스크로스 역을 막 빠져나오면, 광장 오른쪽에 킹스크로스 역보다 더 거대한 시계탑 건물이 보인다. 처음에 나는 뾰족한 시계탑 때문에 당연히 교회당일 것으로 생각했다. 그 건물이 해저터널로 도버해협을 건너 프랑스로 가는 유로스타 특급열차의 종착역이라는 사실을 안 것은 조금 뒤에서였다.

이 세인트판크라스 역은 1868년 미들랜드와 요크행 노선의 런던 종착역으로 개장되었다. 미들랜드그랜드 호텔이 사용하던 화려한 고딕식 첨탑 건물이 역사 전체의 얼굴 역할을 하고 있지만, 사실 개장 당시에는 플랫폼의 천장을 뒤덮은 세계에서 가장 큰 유리 지붕으로 더 유명했다. 앞쪽의 고딕식 건물은 그랜드 호텔이 문을 닫은 후에 철도청의 사무실(챔버
스 빌딩)로 쓰였다. 1941년 독
일군의 런던 대공습 때 크게 파
손되고도 멀쩡하게 복구된 이
건물은 1960년대 들어 노선 중
복으로 역의 활용도가 떨어지고
건물도 노후화되어 철거가 본
격적으로 논의된다. 하지만 계
관시인 존 베처먼이 주도한 강

세인트판크라스 역과 역사 앞쪽(시계탑 건물)의
챔버스 빌딩.

력한 철거 반대 운동으로 철거의 위기를 모면한다. 한동안은 화재
안전 규정도 통과하지 못하는 흉가로 방치되던 이 건물은 2000년
대 이후 마침내 1조 4,000억 원이라는 거액이 투입되어 유로스타
런던 역과 세인트판크라스르네상스 호텔로 재탄생하는 극적인 운
명의 전기를 맞는다. 세인트판크라스 역은 런던의 근현대 도시 역
사가 압축되어 있는 건물이라고도 할 수 있다. 오늘날 우리가 마주
치는 런던의 고풍스러운 도시 경관은 세인트판크라스 역이 그랬듯
이 전쟁과 도심 개발 등 많은 난관을 겪고 우여곡절 끝에 보존된 것
이다.

세인트판크라스 역의 보존을 적극적으로 주창한 존 베처먼은 우
리나라에까지는 잘 알려져 있지 않지만 영국에서는 대단한 유명 인
사였다. 그는 문학가치고는 텔레비전과 매우 친숙한 사람이기도 했
다. 시문학의 저변을 넓히기 위해 대중적인 토크쇼에 출연하는 것
을 마다하지 않았고, BBC 텔레비전의 다큐멘터리 진행자로도 명

성을 얻었다. 그가 〈런던의 시인A Poet in London〉이란 다큐멘터리에서 중절모에 두터운 모직 코트를 입은 전형적인 런던 신사의 모습으로, 보슬비를 맞고서 아직 복구되지 못한 도심의 흉가를 들락거리며 전쟁의 상흔을 더듬는 장면은 시청자들에게 깊은 인상을 남겼다. 그가 TV 프로그램에 출현하고 근대건축 보호 운동을 펼쳤던 것은 사실 유명 작가로서의 사명감도 있었겠지만, 그보다 빅토리아시대 건축에 대한 개인적인 열렬한 애호 때문이었다.

베처먼이 사랑한 빅토리아식 건축에는 그 나름의 문화사적인 의미가 담겨 있다. 산업혁명 이후 빅토리아시대에는 다양한 복고 양식의 건축이 유행한다. 우선 그리스와 로마 건축을 차용한 신고전주의 양식이 공공 건축에 대대적으로 활용되었다. 흥미로운 점은 동시대의 다른 유럽 국가와 달리 고딕 양식도 재조명되었다는 점이다. 고딕이라면 우리나라 각지의 교회들이 어설프게라도 첨탑을 갖추고 있으니, 따지고 보면 모더니즘 양식을 제외하고 우리에게도 가장 친숙한 서양식 건축인 셈이다. 내가 근무하는 대학의 1960년대까지 지어진 건물들도 소박하지만 고딕 양식에 속한다. 그런데 빅토리아시대의 고딕 리바이벌 운동은 단순히 외적인 건축 미학을 빌려오는 차원을 넘어 건축 정신의 복원까지 포함하는 복합적인 맥락 속에서 나타났다.

비록 고딕건축의 발상지는 프랑스지만 영국도 튜더왕조 시대까지 찬란한 영국식의 고딕 문화를 발전시켰다. 고딕은 영국인으로서의 동질적인 상상이 미치는 가장 오래된 문화 이미지 중의 하나이다. 여기에다 빅토리아시대에 들어서 산업혁명이 불러온 기계화 바

고딕 리바이벌의 대표작. 1893년 완공 직전의 타워브리지.

람이 그 반발로서 중세에 대한 향수를 부채질했다. 고딕의 재수용 풍조는 또한 정치적으로 신고전주의 건축이 공화주의와 자유주의 등 부르주아 의식을 나타낸 것임에 반해, 군주주의 혹은 보수주의로 대변되는 평민 의식과 궤를 같이하는 것이었다. 당시 고딕 양식의 리바이벌을 주창한 평론가 존 러스킨은《베네치아의 돌》이란 책에서, 산업화와 자본화에 찌들어 영성을 상실하고 타락해가는 영국 사회를 회복하기 위한 대안으로서 중세 기독교 정신의 부활을 제시한다. 그에 따르자면 시대의 도덕적 미학을 보여줄 수 있는 모델은 단연 중세식의 건축이다.

　이런 조류 속에서 해묵은 중세 문화를 대표하는 고딕 양식이 뜻밖에 국민국가 시대에 민족문화를 상징하는 아이콘으로 다시 호명될 수 있었다. 그때 만들어진 대표적인 건축물이 바로 우리가 런던 하면 떠올리는 빅벤이나 국회의사당, 타워브리지 같은 것들이다. 미들랜드그랜드 호텔의 설계자 조지 길버트 스콧 역시 당시 고딕 리바이벌 운동의 대표 주자로서, 존 러스킨의 열렬한 추종자였다. 그런 그가 평생의 걸작으로 여긴 것이 바로 미들랜드그랜드 호텔이었다고 한다. 빅토리아시대 자체에 향수를 품었던 베처먼에게는 물론 공화주의냐 군주주의냐 하는 것이 문제 되지는 않았다. 베처먼의 '고건축 보존론'은 정치나 경제 구조 이상으로 건축이 어떤 측면으로든 시대정신을 보여줄 수 있다는 인식에서 나왔다.

베처먼에게 보호 운동의 실천적 계기를 결정적으로 제공한 사건은 1961년 유스턴 아치(1837년 준공)의 철거였다. 빅토리아시대를 상징하는 거대한 명물이 사라지는 것을 막지 못했다는 자책 탓에 그는 더욱 격렬하게 보존 주장을 펼쳤다. 그는 런던을 특징짓는 건축 정신을 빅토리아시대에서 구했으며, 대소와 경중을 막론하고 한 시대의 건물들이 자아내는 도시의 특별한 분위기가 빠르게 소실되는 것을 안타까워했다. 건축과 철로에 대한 베처먼의 인문학적 사유는 《첫 번째와 마지막 사랑First and Last Loves》 이후 수편의 수필집으로도 남겨졌다. 또한 단지 글쓰기로 머물지 않은 그의 적극적인 실천 정신 덕에 세인트판크라스 역사 말고도 적지 않은 빅토리아시대 건물이 살아남을 수 있었다고 한다.

새로 개장한 세인트판크라스 역의 2층, 유로스타 대합실 한쪽에는 가방과 지팡이를 들고 모자를 쓴 채 판크라스 역의 유리 지붕을 만족스럽게 쳐다보는 익살스러운 표정의 베처먼 동상이 있다. 그 앞에 선 나에게 존경심보다 먼저 턱없는 부러움이 밀려왔다. 아마도 한국의 상황을 아는 많은 분이 공감하리라. 하지만 우리도 이제 혼란스러운 개발 시대의 터널을 어느 정도는 통과한 듯한 느낌이다. 런던이 제2차 세계대전이 끝난 후 1960년대까지 그랬다면, 우리가 1980년대까지, 중국이 1990년대에 그런 무자비한 개발의 시기를 거쳤다. 인천이나 군산에서도 그러하지만, 최근 중국을 찾을 때마다 옛 개항지 도시에서 오히려 근대건축물을 복원하고 있는 것을 보면 격세지감이 든다. 복원의 배후에 그 나름의 정치적 혹은 경제적 의도가 없지 않겠지만, 다른 한편으로는 역사에 대한 시각에 균형과 여유가 생겼음을 말한다.

세인트판크라스 역의 명칭은 로마 시대 성인 성 판크라스의 이름에서 따왔다. 그 이름 자체가 '모든 것을 품은 단 하나'라고 한다. 한때 모든 것을 잃을 뻔했던 이 역은 이제 유로스타의 종착역이 됨으로써 이름의 원 뜻을 회복한 셈이다. 그리하여 전면의 챔버스 빌딩과 함께 런던의 명물로 당당히 건재하게 되었다. 푯값이 비싼 출퇴근 시간을 피해 당일치기를 하려면 나의 런던 일정은 항상 분주할 수밖에 없었다. 그래서 바삐 킹스크로스 역을 향해 걸어갈 때도, 나는 항상 한 번쯤 뒤를 돌아보았다. 세인트판크라스 역, 챔버스 빌딩의 높다란 첨탑에 박힌 시계를 쳐다보고서야 짧은 런던 일정을 마무리하는 기분이 들었다. 나에게 그것은 런던을 향한 일종의 가벼운 작별의 표시였다.

그리니치의 커티삭호

런던의 교외에 있는 그리니치에 도착하면, 배로 가든 전철로 가든 가장 먼저 만나게 되는 것이 마치 장승처럼 유람객을 맞는 커티삭호의 높다란 돛대다. 배라면 물에 떠 있는 게 정상인데 이 배는 마치 육지의 구조물인 양 부두에 올라와 있다. 우리나라에도 잘 알려져 있는 위스키 이름의 원조가 바로 이 배다. 1869년 스코틀랜드의 덤바턴에서 건조된 이 범선은 전성기 8년 동안 1년에 한 번씩 중국과 영국 사이를 왕래하며 600톤이나 되는 차를 실어날랐다.

커티삭호는 현존하는 영국의 범선 중 가장 오래된 것이라고 한다. 당시에 범선이 그 거리를 4개월에 주파한다는 것은 쾌속선 수준이었지만, 비슷한 시기에 나타난 증기선에 밀려 제 명을 다하기 전에 일선에서 밀려나는 수모를 겪는다. 차 운송에서 경쟁력을 상실한 뒤로는 한동안 호주를 왕래하는 양모 운송에 투입되기도 했다.

박물관으로 재탄생한 커티삭호.

퇴역 후 마지막 선주의 기증으로 템스 강에 정박되어 있던 이 배는 2007년 화재로 내부가 전소되어 역사 속으로 완전히 사라질 뻔했다. 하지만 2012년 런던 올림픽은 이 배가 박물관으로 소생하는 계기를 마련해주었다. 그런데 내가 그리니치 어귀에서 이 거대한 범선을 보고 든 첫 느낌은 이게 왜 생뚱맞게 여기 와 있나 하는 것이었다. 그리니치도 실속 없이 구색이나 맞춰 장사하는 그저 그런 테마파크가 된 것 아닌가 하는 주제넘은 걱정과 함께.

잘 알려진 것처럼 그리니치는 영국의 왕실 천문대가 있던 곳이다. 그리니치천문대가 세워진 것은 찰스 2세 때인 1665년이었다. 여기에서 정해진 경도의 기준이 되는 본초자오선과 그리니치표준

그리니치천문대. 마당 한가운데로 본초자오선이 지나간다.

시GMT는 열강 사이의 협약에 의해 1884년 세계의 표준이 되었다. 이는 그리니치와 전혀 관계없을 것 같은 지구 반대편에까지 영향을 끼쳐, 이미 대한제국 시절인 1908년에 한반도를 근대적인 시간대 안에 편입한다. 그럼으로써 우리 의사와 상관없이 우리가 세계 표준시보다 아홉 시간 빠른 곳이 되어버렸다. 지금은 정확한 시간과 경도의 표준이 다른 곳으로 옮겨졌고 왕립천문대도 해체되었지만, 그리니치는 이처럼 시간과 공간의 재구성을 통해 오랫동안 세계인의 의식을 지배해온 상징적인 곳이다.

시골 분교같이 아담한 그리니치천문대는 경이로울 정도는 아니었다. 우리는 실물이 아니더라도 각종 미디어를 통해 이미 첨단 장비에 익숙해 있다. 그러니 좁은 공간에 전시된 이삼백 년은 족히 된 낡은 기기들만으로는 익히 알고 있는 그리니치의 대단한 의미가 설득력 있게 다가오지 않는다. 하지만 천문대를 나와서 건물을 등지고 런던 쪽을 바라보면 이런 의구심을 접게 만드는 굉장한 전망이 기다리고 있다. 천문대 앞에는 템스 강 건너편의 마천루 숲이 왜소해 보일 만큼 그야말로 눈이 확 틔도록 널따란 잔디밭이 아래로 비스듬하게 펼쳐져 있다. 그리니치공원은 총 183에이커(약 74만 제곱미터)로 축구장 100여 개에 필적하는 넓이란다. 그리니치 전체가 행정구역상 여전히 왕실 소속의 구區이다 보니, 너른 숲과 정원까지 옛 모습 그대로 요란스럽지 않게 유지될 수가 있었다.

자연도 자연이려니와 더 놀라운 것은 잔디밭이 끝나는 곳에 들어서 있는 고건축물들의 대단한 면면이다. 먼저 맨 앞 열 가운데에 왕의 별궁인 퀸스하우스가 있고, 그 좌측으로 이전에는 왕실 건물이었던 해군박물관이 있다. 그 뒤로는 왕립해군대학이었던 그리니치 대학의 건물들이 여러 겹으로 가지런히 도열해 있다. 그리고 구 해군대학 끝자락의 강변에 크리스토퍼 렌이 설계한 유명한 쌍둥이 돔 건물이 서로 마주 보고 우뚝 서 있다. 해군대학 건물은 19세기 말까지 해군의 요양 시설이었으며, 인근에는 해군 공작창, 왕립병기공장 등이 들어서 있었다고 한다.

나는 소박하게 천문대만 생각하고 그리니치를 찾았지만, 이곳은 전체적으로 해양 대국의 인적·기술적 역량의 발원지로서, 포츠머스 군함 기지와 더불어 영국 해군의 본영을 이루던 곳이다. 우리나라로 비유하자면 대덕 국립천문대와 진해 해군사관학교가 같이 있

그리니치천문대에서 내려다본 잔디밭과 해군박물관. 가운데 흰 건물이 퀸스하우스.

는 격이랄까? 천문대와 해군대학이 한곳에 있었다는 것, 그리고 현재까지 여전히 왕실의 터로서 고스란히 보존되고 있다는 사실은 매우 의미 있게 다가왔다. 제국 시기의 역사도 찬란했겠지만 그 역사에 부여한 가치 또한 지금까지 변함이 없는 듯이 보였다. 사실 더 이전에 이곳은 영국 역사를 바꾼 헨리 8세나 엘리자베스 1세 등이 태어난 플라센티아 궁전이 있던 곳이라고 한다. 터 자체가 이미 영국 왕실에는 성역과도 같은 곳이다.

이뿐 아니라 그리니치반도 끝에 보이는 초현대적인 경기장은 다름 아닌 런던 올림픽의 주경기장이란다. 서양에도 풍수가 적용된다면, 그리고 이들도 올림픽 유치에 국위 선양이라는 협익적인 목적을 염두에 두었다면, 이곳야말로 명당이 아닐까 싶었다. 이곳은 해가 지지 않는다는 세계 최강의 해양국을 탄생시킨 요람이다. 그 요람에서 올린 과학기술의 개가는 제국 함대를 따라 세계 각지로 전파되었다. 만약 제국 시절에 대한 향수가 조금이라도 남아 있다면, 올림픽을 더 극적으로 만드는 장소로서 이곳만큼 적지는 없었을 것 같다.

제국 역사의 성지답게 그리니치에서는 수많은 영웅을 만날 수 있다. 천문대 안의 각 방에는 핼리혜성을 발견한 에드먼드 핼리를 비롯해, 세계 천문학의 역사를 뒤바꾼 과학 영웅들의 흉상이 있다. 퀸스하우스에는 천문학 연구와 해양 원정을 후원한 왕실 인사들의 초상화가 벽이 안 보일 정도로 다닥다닥 붙어 있다. 해군박물관과 구해군대학에는 또 거기대로 역사를 스쳐간 해군 장성들의 흔적이 수두룩하게 기다리고 있다.

해군박물관의 수많은 영웅 중에도 주인공은 단연 넬슨 제독이다. 트래펄가 광장에서는 높이 50미터 기둥 위에 올려 있는 그를 까마득히 우러러봐야 하지만, 여기에서는 대등한 눈높이에서 가깝게 만날 수 있다. 전시된 넬슨의 유품은 그가 참전한 대첩에서 소소한 일상생활에 관련된 것까지 없는 것이 없다. 심지어 유리장 안에는 그가 숨을 거둘 때 입어 아직도 피탄 흔적이 선연한 속옷까지 진열되어 있다. 아산 현충사에 가본 지 오래라 잘 기억이 나지는 않지만 이순신 장군의 유품이 이렇게나 많을 것 같지 않다.

그런데 각양각색의 지도와 무기, 역사화歷史畫가 그날의 전장을 충실하게 설명해주고는 있지만, 넬슨의 인간적인 면모까지 읽히지는 않았다. 넬슨은 죽어가면서도 자신의 소임을 끝마치게 해주어서 감사하다는 기도를 올렸다고 한다. 하지만 내게는 죽음의 순간조차 누군가를 위해 존재해야 하는 영웅의 말로가 오히려 한없이 버겁게만 느껴졌다. 그는 영국을 침노한 나폴레옹의 해군에 맞서 트래펄가 해전에서 영국을 구한 영웅으로 잘 알려져 있지만, 사실 스페인을 공격했고 미국 독립을 막기 위한 전쟁에 참전했으며, 오른쪽 눈을 실명하고 오른쪽 팔이 잘리는 불운을 겪기도 했다. 또한 평생을 뱃멀미에 시달려야 했다.

넬슨의 삶은 그래도 고상한 편이었다. 영웅의 길을 가기 위해 더 열악한 상황에서 발버둥 쳐야 했던 사람도 있다. 그런 사람 중 하나가 바로 제임스 쿡이다. 이 사람도 넬슨처럼 전설적 인물이기는 마찬가지다. 어린이 책에도 단골로 등장하는 대중적인 영웅 '캡틴 쿡'이 바로 이 사람이다. 그는 18세기에 태평양을 세 번이나 항해했고 호주 동해안에 처음 도착했으며, 서구인으로서는 최초로 하와이제도를 발견했다. 그러는 와중에 자필로 항해일지를 남기고, 뉴펀들랜드와 뉴질랜드의 해도를 제작하기까지 했다. 그의 성공담 중 또한 빠지지 않는 것이 그가 부하를 챙긴 일화들이다. 당시에 원양으로 가는 배는 죽을 각오를 해야 탈 수 있었다. 조난당해 죽을 수도 있지만, 배 안에서 병사하는 사람도 적지 않았다. 쿡은 탁월한 리더십으로 첫 항해에서 사상 처음으로 괴혈병 사망자를 하나도 내지 않은 채 세계 일주를 했다고 한다. 그러기까지 그가 선장으로서 얼마나 노심초사했겠는가? 게다가 그를 대령까지 승진시킨 타고난 듯한 근면함이 실은 귀족이 아닌 평민 출신이라는 서글픈 운명에서 비롯한 것임을 알고 나면 숙연한 마음마저 든다.

쿡은 끝내 하와이에서 원주민에게 살해당해 51세의 짧고도 숨 가쁜 생을 마감했다. 그의 활약이 모국의 식민지 확장에 대단한 공이 되었기에, 사거 후 그가 거쳐 간 섬마다 동상이 세워졌다. 하지만 많은 영웅을 뒤로한 채 퀸스하우스 후원에서 마주친 그의 동상은 어쩐지 더 쓸쓸하고 왜소하게 느껴졌다. 아무리 항해사에 길이 남을 영웅이라 한들, 죽음 앞에서 그는 한낱 '순직 공무원'일 뿐이었다. 그를 사지로 내몬 것은 더 많은 식민지를 차지하기 위해 끊임없이 제해권 장악을 고취한 영국 조야의 무한 팽창주의였다.

런던으로 돌아가는 선착장 앞에서 다시 커티삭호를 만났다. 이 배의 주 용도는 상선이라지만, 이런 무역선을 거느린 당시 영국의 기업들은 식민지를 가장 열망한 세력이자 식민지 개척 전쟁의 주요 후원 세력이었다. 한 예로, 19세기에 동아시아로 진출한 가장 큰 무역 회사가 자딘매디슨(이화양행)이었는데, 이들은 의회가 아편전쟁을 승인하도록 부추길 정도로 세력이 막강했다. 차 운송 기간을 단축하기 위해 한때 기업 간에 경쟁이 벌어진 적은 있지만, 사실 차는 어느 시점 이후 위장용 상품으로 전락했다. 중국과 불평등조약을 맺기 이전부터 이미 영국 기업들의 관심은 이문이 더 많이 남는 아편에 쏠리고 있었다. 물론 커티삭호도 그런 혐의에서 자유롭지 못하다. 거대한 범선의 위용 뒤에는 이처럼 영국의 가장 부끄러운 역사도 그림자처럼 드리워져 있다.

역사의 명암을 다 고려하면, 커티삭호는 비단 현존하는 최고령 범선으로서만이 아니라, 천문대나 해군대학 이상으로 그리니치에 전시될 자격이 충분한 유물이다. 제국의 자본가를 상징하는 커티삭호까지 가세함으로써, 지역 전체가 해양 제국 시절의 야망을 회고하는 거대한 박물관인 그리니치는 비로소 총체성을 띤다고 할 수 있다. 그 터에 전시된 것은 한때 세계를 호령한 나라의 휘황찬란했던 기술 문명이면서, 동시에 눈부신 성과를 발판으로 이룩한 정복의 적나라한 역사이기도 하다. 그 영광은 적이든 아군이든 결국 누군가의 굴욕과 고통과 희생이 전제되어야 했다.

바스와 리전시 시절의 향수

영국은 도시마다 옛 건물이 많고 자연 경관도 잘 보존되어 있지만, 프랑스나 이탈리아를 기준으로 놓고 보면 실상 이렇다 할 볼거리가 별로 없다. 런던을 제외하고 그나마 해외 관광객이 많이 찾는 도시로 에든버러와 요크, 바스 정도를 꼽을 수 있다. 잉글랜드 남서쪽에 있는 인구가 8만 약간 넘는 바스는 그중에도 가장 규모가 작다. 그러나 영국 역사나 문화와 결부하여 생각할 때 바스의 존재감은 결코 작지 않다.

바스는 잉글랜드에서는 유일하게 천연 온천수가 나오는 곳으로, 우리나라로 치자면 온양쯤 되는 도시다. 그래서 영어로 목욕을 의미하는 말 'Bath'는 바로 이 도시의 이름에서 유래했다. 로마 군대가 잉글랜드를 점령했을 당시, 목욕 좋아하는 로마인들이 지역의 지질학적 특징을 일찌감치 알아보고 1세기쯤에 사원을 겸한 목욕

로만바스. 지금은 탕욕이 금지되었다.

탕을 만들었단다. 지금도 그 흔적이 로만바스로 남아 있는데, 지상의 건축물은 후대의 것이고 이제 탕욕도 할 수 없지만 1987년 유네스코 유산으로 지정될 만큼 의미있게 보존되어 있다. 로만바스라는 유적지가 있긴 하지만, 바스의 전체 풍경은 로마가 아니라 하노버왕조의 조지시대(1714~1830) 것이다. 조지시대에 바스가 번영한 것도 물론 온천 때문이었다. 온양 온천에 조선 왕실의 행궁이 설치되었던 것처럼, 바스도 영국 왕실에 오랫동안 사랑받은 휴양지였다. 바로 조지시대가 그 절정기였다. 건축가 존 우드 부자父子가 제시한 청사진에 따라 대규모 도시 개발이 추진되어 전형적인 조지시대 양식의 건물들이 들어섰다.

영국에는 돌집이 많을 것 같지만, 자갈이나 벽돌이 아닌 통돌은 자고로 귀한 재료였다. 고건축이 많은 케임브리지에서조차 통돌로 만든 집은 국왕과 직접적인 관계가 있거나 특별한 종교 건축물에 국한된다. 그런데 바스는 여염집조차 통돌로 친친 휘감아져 있을 정도로 도시 외관에 부티가 흐른다. 그 돌은 '바스스톤'이라고 불리는 이 일대의 특산석인 벌꿀색 석회암이다. 누구라도 처음 바스에 도착하게 되면, 움푹 들어간 시내 중심부터 주변의 낮은 구릉까지 잔잔하게 물결치듯이 이어지는 석조 건물의 숲 때문에 도시 전체가 온통 노랗다고 느낀다. 이런 사치스러운 풍경은 부유층을 끌어들이는 이 도시만의 특별한 마력 덕분에 형성되었다. 계급사회 시대에 왕가의 일거수일투족은 귀족들의 삶에 큰 영향을 끼쳤다. 왕실의 휴양지 시절, 바스에는 왕실을 쫓아 부유한 귀족들이 다투어 몰려들었고 현재 볼 수 있는 석조 건축물의 휘황찬란한 황금 물결도 그 덕분에 만들어질 수 있었다.

영국 도시에 내로라하는 관광 포인트가 없다고는 하지만, 튜더에서 스튜어트, 조지, 빅토리아, 그리고 20세기 윈저 시대에 이르기까지 한 도시가 어떤 시기에 집중적으로 조성됐느냐에 따라 저마다 독특한 특징이 나타난다. 물론 바스의 특별함은 조지시대 건축이 영국에서도 가장 많이 남아 있다는 데 있다. 바스의 명물인 로열크레센트나 서커스 같은 별장형의 테라스주택은 당시 상류사회의 독특한 생활 방식을 보여준다. 조지시대는 혁명 이전 프랑스의 로코코 시대가 그랬듯이 화려함의 정점에 있던 때다. 그 가운데에서도 사치의 극을 달린 시기가 바로 리전시Regency 시대였다. '리전시' 하

바스의 호화 테라스주택, 로열크레센트. 초승달 모양으로 둘러져 있어 '크레센트(초승달이란 뜻)'라
고 불린다.

면 한국 사람들은 뒤에 '스타일'이란 말이 따라붙는 무슨 아파트나
가구 브랜드를 연상할지도 모른다. 사실 이 말은 영국 역사의 한 시
기를 뜻하다가 그 의미가 확장되었다. 영국인들에게는 또한 특별한
향수를 불러일으키는 말이기도 하다.

　영국 역사에서 리전시 시대로 일컬어지는 시기는, 1811년에서
1820년까지의 10년간이다. 1811년 조지 3세가 정신질환으로 국가
를 통치할 수 없다고 판단되자 그의 아들이 왕자로서 섭정, 즉 리전
트Regent로 옹위된다. 리전시는 '섭정 기간(의)'이란 뜻이다. 하지만
'리전시 스타일'이라 할 때는, 통상적으로 1820년 선왕 승하 후 섭
정 딱지를 떼고 정식으로 왕위를 계승한 조지 4세 재위 기간의 양식
도 포함한다.

리전시 시대에 비록 왕이 부실해서 왕자가 섭정을 했지만, 워털루전투에 승리하고 산업혁명이 한창 진행 중인 당시 영국은 해외에서까지 승승장구하고 있었다. 발달한 해운을 통해 융성한 무역과, 식민지에서 거둬들인 막대한 수익은 국내 경기를 더욱 활성화했다. 윤택한 경제 덕분에 생활 문화가 화려하고 풍성해져, 이 시기는 특별한 멋과 패션의 시대로 각인되었다. 리전시 시대에 대해 더 상세하게 확인해볼 수 있는 곳은 런던의 '빅토리아 앤드 앨버트 박물관'이다. 디자인과 공예의 역사를 한눈에 알 수 있는 이 박물관에는 리전시 시대의 생활상이 완벽하다 싶을 정도로 잘 전시되어 있다.

리전시 시대의 바스하면 빼놓을 수 없는 인물이 실제로 바스에서 몇 년간 살았던 소설가 제인 오스틴이다. 하지만 오스틴은 바스를 달가워하지 않았던가 보다.

1800년 말 아버지가 바스로 이사 간다고 선언했을 때, 그녀는 너무 충격을 받아 졸도까지 했다고 한다. 그럼에도 그녀는 평생 발표한 여섯 편의 소설 가운데《노생거 저택》(한국어 번역판은 노생거 '사원', '수도원' 등으로 번역되었다)과《설득》두 편의 배경을 바스로 삼았다. 그녀가 졸도했던 이유는 정든 집을 떠나게 되었다는 충격 때

제인 오스틴. 아마추어 수채화가인 언니 카산드라의 작품.

문이었지만, 바스의 귀족 사회에 대해서도 결국 좋은 감정을 느끼지는 못했다. 필체에 나타나는바, 세간의 풍속을 헤집어보는 그녀만의 집착에 가까운 어떤 벽癖이 거기에도 작용했다. 사실 그녀가 살았던 시기에 바스는 더 이상 왕실의 휴양지가 아니었는데, 이런 상황은 바스의 귀족 사회에 적지 않은 변화를 초래한다. 즉 명망 있는 가문들은 이미 썰물처럼 바스를 빠져나갔고, 오스틴이 살던 당시에 행세하던 사람 중에는 뒤늦게 광산이나 식민지 인도에서 재산을 축적한 졸부가 많았다고 한다. 《노생거 저택》에도 이런 모습이 투영되어 있는데, 17세 여주인공 캐서린이 바스에서 만나는 귀족 자제들은 결혼을 신분과 재산 획득의 수단으로만 생각하여, 순수한 이상을 가진 그녀를 혼란에 빠뜨린다.

제인 오스틴은 영국 사람들이 셰익스피어 다음으로 좋아하는 작가라고 한다. 이는 그녀가 스쳐간 도시라면 어디든 기념 공간이나 최소한 팻말이라도 설치된 것에서 확인할 수 있다. 그녀는 1811년에서 1817년까지 소설을 발표했는데, 공교롭게도 이 시기는 길지 않은 리전시 시대와 딱 겹쳐진다. 그래서 그녀의 소설은 리전시 시대의 삶을 상상하기에 가장 알맞은 텍스트로 여겨진다고 한다. 리전시 시대는 영국인들에게 과거의 영화로웠던 순간의 상징이고 그만큼 아름답게 향수될 수 있는 대상이다. 거기에 제인 오스틴의 소설까지 포개진다면 낭만성은 필시 배가될 수밖에 없으리라. 바스는 단순히 부유층의 온천 도시라서가 아니라 이러한 특별한 감성과 의미를 품고 있는 장소이기에 영국인들의 끊임없는 순례의 발길을 불러들이고 있다.

나는 솔직히 오스틴의 소설은 책이 아니라 타이완 출신의 감독 리안李安이 원작을 토대로 만든 〈센스 앤 센서빌리티〉란 동명의 영화를 통해 처음 접하게 되었다. 그때 엠마 톰슨이 연기한 극중의 큰 언니 역에서 잔잔한 감동을 받았던 기억이 난다. 영국 소설을 타이완 감독의 영화로 본다는 것도 우스운데, 인물 간의 절제되어 있지만 설득력 있는 실랑이를 보자 뜻밖에도 1940년대 상하이의 소설가 장아이링張愛玲이 떠올랐다. 아무래도 사람은 자기가 아는 만큼 보고 자기 방식대로 생각할 수밖에 없는가 보다.

　바스에도 오스틴 기념관이 있기는 하지만, 소설을 제대로 느끼기에는 초호화 테라스주택인 '로열크레센트'와 '서커스'가 더 나을 것 같다. 그 시절의 귀족 여성들은 주름을 많이 잡고 페치코트를 속에 넣어 풍성하게 부풀린 치마가 아니라, 허리선을 바짝 위로 올리고 몸에 붙는 슈미즈 드레스를 입었다. 로열크레센트의 아무 집 현관 앞에 서 있으면 하늘하늘한 슈미즈를 입은 《오만과 편견》의 엘리자베스나 연미복 차림의 말쑥한 미스터 다아시를 만날 수 있을지도 모르겠다. 물론 찰스 디킨스의 애독자라면 바스는 현실과 아주 동떨어진 세계로 느껴질 수도 있다.

《천로역정》의 또 다른 역정

베드퍼드는 케임브리지에서 버스를 타고 서쪽으로 한 시간 남짓 가면 도착하는 곳이다. 교외의 인구까지 다 합쳐도 15만 정도밖에 안되는 작은 도시다. 이 도시의 한 가운데 자리한 옛 성터 아래로 소박한 박물관 하나가 있다. 이 박물관의 주인공 덕에 이 작은 도시는 사실은 굉장히 유명한 곳이 되었다. 그 주인공은 《성경》 다음으로 인류가 많이 읽어봤다는 《천로역정》의 작가 존 버니언이다. 베드퍼드는 그의 고향이자 그가 주요 작품을 쓴 곳이기도 하다.

버니언은 베드퍼드 인근 엘스토에서 땜장이의 맏아들로 태어났다. 그가 십 대일 무렵, 베드퍼드와 케임브리지 사이 헌팅턴이라는 도시에서 영국 역사를 뒤바꾼 사건이 시작된다. 거기서 농사짓던 올리버 크롬웰이란 사람이 청교도 신자들과 의회파를 구성하고, 군대까지 조직해 왕을 상대로 전쟁을 벌였다. 버니언도 겨우 16세의

170

나이에 크롬웰의 군대에 들어간
다. 하지만 이는 그의 인생 전변
에 있어 아직 복선에 불과했다.
재미있는 사실은 영국의 기독교
고전 중 《천로역정》과 쌍벽을
이루는 《실낙원》의 저자 밀턴도
크롬웰의 청교도혁명에 연루된
적이 있다는 점이다. 그런데 버
니언이 크롬웰 군대의 말단 보
병이었던 것과 달리, 밀턴은 크
롬웰의 비서였다. 또한 버니언
이 겨우 기초 학교인 그래머스

꿈을 꾸고 있는 버니언을 묘사한 그림.

쿨이나 졸업한, 장차 땜장이가 될 사람이었던 데 반해, 밀턴은 부유
한 공증인의 아들인 데다 케임브리지 대학 출신의 인텔리였다. 그
럼에도 불구하고 후일 국경을 넘어 세계 각국어로 더 많이 전파된
것은 버니언의 《천로역정》이다.

　버니언이 절실하게 신앙 체험을 하고 진짜 청교도 신자가 된 것
은 결혼 후 청교도 신자인 아내의 영향을 받으면서부터라고 한다.
평신도였던 그의 설교는 힘겹게 살아가는 하층민 신자들을 사로잡
았다. 보잘것없는 출신 배경과 험난한 인생 여정이 오히려 이야기
에 호소력을 불어넣은 것이다. 얼마나 인기가 있었던지 침례교 신
자였음에도 '버니언 주교'라는 별명으로 불렸다고 한다. 하지만 그
는 1660년 1월 어느 날, 교회의 야간 집회를 주재하다 느닷없이 체

포된다. 더 이상 집회를 않겠다고 서약하면 사면해주겠다는 제의를 거부하여 사형까지 언도받는다. 결국 그는 12년간 옥고를 치르게 되는데, 그 고통의 부산물이 바로 《천로역정》이다.

버니언의 일생에 전기가 된 사건의 배후에는 영국 역사를 바꾼 중대한 전환점이 존재한다. 1642년부터 약 10년간 영국에는 청교도혁명(잉글랜드내전)이 일어난다. 이 혁명은 잉글랜드 왕당파와 의회파 간의 내전 성격의 싸움이었다. 승리한 의회파는 결국 찰스 1세를 처형하고 올리버 크롬웰을 호국경으로 선출한다. 잠시나마 영국에 처음이자 마지막으로 공화국이 존재하던 시기였다. 그러나 크롬웰의 사후에 왕당파는 크롬웰 시대의 독재에 반발한 민중의 지지를 발판으로 다시 반혁명을 일으켜 프랑스로 망명 간 찰스 2세를 복위시킨다. 찰스 2세는 자기 아버지를 단두대로 보낸 크롬웰이 얼마나 증오스러웠던지 묘를 파헤쳐 부관참시까지 한다. 그때 효수된 크롬웰의 머리는 300여 년 동안이나 여기저기를 떠돌아다니다가, 1960년대에 비로소 자기 모교인 케임브리지의 시드니 서섹스 칼리지에 안장되었다. 내가 그곳에 답사를 갔을 때 학교 관계자조차도 정확한 위치를 모른다고 했다. 크롬웰 집권 당시 모진 학대 끝에 토지를 몰수당하고 북아일랜드에서 쫓겨난 켈트족에게는 그가 여전히 철천지원수라, 혹여 또 묘가 파헤쳐질까 봐 지금까지도 위치를 공개하지 않는단다. 이런 난리를 치른 크롬웰의 혁명은 혁명 직후에는 공포의 기억만을 남겼지만, 훗날 명예혁명에 결정적인 영향을 끼쳤고 이후에도 대대로 영국 왕실의 권력을 크게 축소하는 전환점이 되었다.

시드니 서섹스 칼리지. 교정 어딘가에 크롬웰의 머리가 묻혀 있다.

왕위에 오른 찰스 2세는 크롬웰이 몸담은 청교도 세력에 치를 떨었기에 국교인 성공회 신자가 아닌 개신교도들을 일제히 탄압한다. 그때 무자비한 탄압을 받은 교인 한 사람이 바로 버니언이다. 물론 그는 크롬웰과는 별로 상관도 없는 평범하고 독실한 프로테스탄트였을 뿐이다.

평소 군대 체험에 대한 죄의식에 사로잡혔던 버니언은 감옥에서 또 한 번 자신을 되돌아보게 된다. 그는 《천로역정》 1부를 감옥 안에서 쓰고, 2부는 출옥 후인 1684년에 완성했다. 주인공 크리스천은 멸망을 앞둔 도시를 떠나 하늘나라를 향한 순례 여행을 떠난다.

베드퍼드 시내의 버니언 동상.

그리고 도중에 수다쟁이, 게으름뱅이, 허영쟁이 등 많은 상징적인 인물들을 만나게 되는데, 주인공을 유혹하거나 괴롭히는 캐릭터들은 오히려 그에게 신앙적 성찰을 불러일으킨다. 기독교적인 인생관과 세계관을 이해하기 쉬운 우화로 구성해놓은 《천로역정》은 크게 성공하여, 버니언 생전에 이미 11판이 나왔고 각 판마다 1만부 이상이 팔렸다. 이것은 당시의 문학 서적으로는 기록적인 숫자였다. 《천로역정》은 비단 교회사만이 아니라 문학사에도 깊게 영향을 끼쳤다. 그중 가장 유명한 작품이 《천로역정》의 형식을 차용한 미국 소설 《작은 아씨들》이다.

《천로역정》이 지구 반대편 동아시아에까지 전해진 것은 동아시아 각국의 개항 시기에 열강에 일어난 선교 열풍과 관련된다. 최초의 한문본(문언본文言本)은 잉글랜드 장로회가 보낸 첫 번째 선교사인 윌리엄 번스가 1853년 번역했다. 이는 중국에 최초로 소개된 영국 장편소설이기도 하다. 번스는 1866년에 한문본을 다시 관화官話 구어본(백화본白話本)으로 번역한다. 하지만 당시까지는 통치어이

174

자 표준어인 관화가 중국 전역에 통용되지 않아 방언 버전이 속속 출현한다. 그래서 한문본 판본을 저본으로 민난어閩南話, 닝보어寧波話, 푸저우어福州話, 광둥어廣東話, 상하이어上海話, 쓰촨어四川話등의 판본이 탄생한다. 윌리엄 번스의 번역 전략 하나는 최대한 현지화한다는 것이었다. 그래서 중국 전통 소설의 구성과 문체를 모방하고 매 편이 끝날 때마다 원본에 없는 한시를 중국식으로 달아놓았다. 판본에 따라서는 삽화도 중요한 역할을 했다. 예컨대 광둥어 판본에는 58쪽의 삽화가 들어갔는데, 그 내용이 완전히 중국화하여 십자가 도상을 빼면 서양 소설인지 중국 소설인지 구분하기 어려울 정도였다.

이 책이 한국에는 1895년 캐나다 장로회의 목사인 제임스 게일의 번역으로 소개된다. 번역 용어는 기존의 한문본이 많이 참조되었다. 예를 들면 《텬로력뎡》이란 제목뿐 아니라 크리스천이 살던 '멸망의 도시City of Destruction'가 '장망성將亡城'이라 표현되는 등이다. 아무튼 이 소설은 근대 한국의 첫 번역 소설로 기록된다. 잘 알려진 것처럼 이 책에도 당대의 유명한 풍속 화가인 기산 김준근의 삽화가 실려 있다. 이 삽화들은 현존하는 한국인에 의한 최초의 성화聖畫라고 한다. 기산의 삽화 인물도 중국 판본에서처럼 토착화되어, 갓을 쓰고 도포를 입고 있다. 하지만 전문가들의 연구에 따르면, 그는 중국 판본이 아니라 로버트 맥과이어의 주석본에 실린 삽화를 참조했다고 한다. 번역이 어느 정도는 새로운 창작임을 생각할 때, 기산이야말로 한국 고유의 《천로역정》을 탄생시킨 일등 공신이라 할 수 있다.

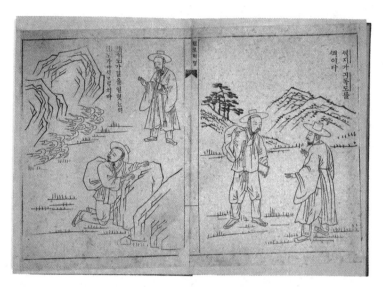

기산 김준근의 삽화가 들어간 한글판 《텬로력뎡》. 숭실대학교 한국기독교박물관 소장.

　《천로역정》이 교파를 떠나서 그리고 비신자들에게까지 보편적으로 환영받은 것은, 내용 자체가 교파를 초월해 있으며 종교 서적만으로 보기에는 혁명 후 영국 사회의 인간상을 너무나 생생하게 묘사했기 때문이다. 이야기의 주인공이 구도의 길을 떠나는 모티프는 호메로스의 《오디세이》나 단테의 《신곡》에서 보아왔듯 이미 익숙한 것이다. 하지만 버니언의 성공 비결은 똑같이 보편적인 진리를 말하되, 그 책들보다 현실에 더 가까이 다가갔다는 점에 있다. 꿈과 여행의 구도를 활용한 흥미진진한 이야기들은 또한 오랜 스토리텔링의 역사가 있는 동양의 독자들에게도 쉽게 받아들여질 수 있었다. 《서유기西遊記》만큼 해학적이지는 않지만, 이미 여행 소설에 익숙한 동아시아의 독자들이 《천로역정》이나 《아라비안나이트》나 못 받아들일 이유가 없었다.

버니언을 알고 나면 이 작은 도시는 그냥 베드퍼드가 아니라 버니언의 베드퍼드로 보인다. 그가 태어난 교외 엘스토는 물론이고, 생가가 있던 세인트커스버트 거리, 그가 침례를 받은 그레이트우즈 강, 설교했다는 세인트폴 교회당도 그러려니와, 심지어 우즈 강의 다리에조차 버니언이 투옥된 감옥이 근처에 있었다는 딱지가 붙어 있다. 믿음과 이상을 향한 한 인간의 끈질긴 집념은 도시 전체를 통해 존경의 대상으로 전시되고 있었다. 그중 가장 널리 알려진 장소는 시장 네거리에 있는 버니언의 동상과 베드포드 성터 아래의 버니언 박물관이다.

버니언 박물관의 전시 포인트 하나는 《천로역정》만이 가진 특별한 국제성이다. 이 소설은 지금까지 최소한 100개 이상의 언어로 번역되었단다. 대형 패널에 전시된 다양한 외국어 버전 견본 중 한국어판은 1980년대의 만화본이었다. 그것도 나름의 전시 효과는 있겠지만 기산이 만들어낸 오목조목한 한국식 얼굴을 만나지 못하는 것이 조금은 아쉬웠다.

스코틀랜드의 자존심 에든버러

스코틀랜드의 에든버러는 영국의 도시 중 런던 다음으로 사람들이 많이 찾는 관광지다. 런던 다음이라고는 하지만 런던에는 없는데 여기에만 있는 게 많다. 이 도시는 스코틀랜드의 가장 큰 산업도시인 글래스고보다 규모가 작다. 하지만 1437년 이래 줄곧 스코틀랜드의 수도였던 이 도시의 역사성은 글래스고가 넘보기 어렵다. 16세기부터 교역 도시로 번영한 글래스고가 겪지 못한 복잡한 수난사가 있기 때문이다. 에든버러는 옛적부터 방어의 요충지로 발전한 도시다. 에든버러의 뿌리 깊은 생명력을 보여주는 곳은 긴 역사만큼이나 도시 구석구석에 존재한다.

스코틀랜드가 잉글랜드로부터 침략을 받은 역사는 로마가 브리튼 섬에서 물러난 이후 줄기차게 이어졌다. 대략 7세기경 스코틀랜드를 정복한 잉글랜드인들이 에든버러에 최초로 요새를 구축한다.

에든버러 성 입구.

그리고 10세기에 이를 탈환한 스코틀랜드인들이 11세기경부터 지금의 에든버러 성을 쌓기 시작했다. 그 후에도 여러 차례 잉글랜드와의 군사적 충돌이 있었고 성 안팎은 자주 전쟁터가 되었다. 그러다 1707년 그레이트브리튼 왕국에 합병이 되고 나서야 비로소 치열한 대치 상태가 종식된다. 저항의 역사가 서린 에든버러 성은 스코틀랜드인들에게는 성지와 같은 곳이다. 그래서 그런지 에든버러 성은 다른 도시의 성들보다 보존도 잘되어 있고 볼거리도 많았다.

게다가 성 바로 앞의 광장에서는 에든버러를 더더욱 세계적으로 알린 '밀리터리 타투' 페스티벌이 해마다 열린다. 이 축제는 세계 군대 음악의 경연장이다. 킬트를 입고 백파이프를 연주하는 스코틀

에든버러 거리의 백파이프 연주자. 스코틀랜드
의 민속 이미지는 군대에서 비롯된 것이 많다.

랜드만의 독특한 민속적인 이미
지도 알고 보면 수난의 투쟁사
가 만들어낸 군대 문화의 부산
물이다. 이런 진풍경은 군악대
에서만 볼 수 있는 것이 아니다.
지역 문화에 대한 스코틀랜드인
의 사랑은 유별나서, 지금도 남
자들은 결혼식 하객으로 갈 때
하나같이 가문에 따라 장식과
무늬가 다른 스커트를 입는다.

스코틀랜드의 합병은 국가적
파산에 따라 의회에서 결정된
것이지만, 독립에 대한 민중의 열망은 완전히 사라지지 않았으며
오늘날까지도 지역민의 의식에 깊이 뿌리박혀 있다. 마침 내가 영
국에 있던 바로 그해에 스코틀랜드의 독립을 묻는 투표가 있었다.
독립을 투표로 묻다니! 그런 일은 나의 견문으로는 지상의 인간계
에는 있을 수 없는 일이었다. TV에서는 연일 에든버러 시민들의 투
표 관련 유세를 보도하고, 투표 결과를 예측하는 대담 프로그램이
이어졌다. 하지만 투표를 한 달여 앞둔 에든버러 시가지는 정작 생
각만큼 정치적이지 않았다. 그저 어쩌다 찬반 의사를 창문에 붙여
놓은 집이 발견되는 정도였다. 마침내 그해 9월에 진행된 투표는 큰
변화를 원하지 않은 더 많은 스코틀랜드인의 손을 들어주었다. 스
코틀랜드는 독립국가가 되기에 충분한 인적 자원과 천연자원이 있

지만, 지금 분리를 강행하기에는 경제적으로 영국 본토와 얽힌 문제가 너무 많았다.

한여름에 찾은 에든버러 시내는 런던보다 무겁고 가라앉아 보였다. 건물이 온통 회색빛 돌집이기 때문이다. 그래서 단지 에든버러 성뿐만이 아니라 도시 전체가 마치 중세 기사의 강철 갑옷을 걸치고 있는 양 장중하게 느껴졌다. 에든버러는 1801년에 이미 인구 10만을 돌파했고 1842년에 철도가 개통되었다고 하니, 지금 우리가 만나는 에든버러 시내의 진경珍景은 아무리 늦게 잡아도 이 시기에 이미 구축되었다. 나의 스코틀랜드에 대한 막연한 인상은 주로 독립국 시절의 중세적인 모습에 머물러 있었지만, 이렇듯 지역의 역사와 문화는 합병 이후에도 과거 못지않게 지역만의 독특함을 300년 넘게 유지해왔다. 이런 지속적인 노력 덕분에 에든버러는 단지 중세의 유적지로서만이 아니라 활기가 넘치는 근세 도시로서의 면모도 풍성하게 갖추고 있다.

도심 전체가 유네스코 세계유산으로 지정된 에든버러의 시가지는 조성 시기에 따라 신, 구시가지로 나누어진다. 구시가지는 중세 때 모습이 비교적 많이 남아 있는 곳으로, 홀리루드하우스 궁전과 에든버러 성을 잇는 로열마일이라는 넓은 길을 중심으로 한 지역이다. 홀리루드하우스는 지금은 영국왕의 궁전이 되었지만 예전에는 스코틀랜드 왕이 살았던 곳이다. 퀸스 스트리트를 중심으로 한 신시가지는 구시가지의 인구를 분산시킬 목적으로 1800년대에 건설되었다고 한다. 이 두 지역은 영국 문화 자체가 생소한 우리 시각으로 보면 그게 그거 같지만, 독립국 시절과 영국에 합병된 시절 그리

월터 스콧 기념탑이 보이는 에든버러의 신시가지.

고 중세와 근세 문화 사이의 적지 않은 차이가 있다.

독립국 시절에 조성된 구시가지가 전통적인 느낌이 더 진하지만, 신시가지에도 나름대로 특별한 게 있다. 신시가지의 랜드마크는 뭐니 뭐니 해도 소설 《아이반호》의 작가 월터 스콧을 기리는 대형 기념탑이다. 61미터나 되는 이 탑은 1840년에 세워졌다. 안 그래도 웅장한 에든버러의 시가지가 감당하기 버거워 보일 정도로 높이 치솟은 이 탑은 트래펄가 광장의 넬슨 기념비를 의식해 일부러 더 높게 설계했단다. 스코틀랜드인들에게 에든버러는 합병 이후에도 여전히 런던에 대적한 자존심의 상징이었다.

하지만 내게 에든버러행의 백미는 무엇보다 이곳만의 특별한 조

듀갈 스튜어트 기념탑과 칼튼힐의 석양.

망 포인트들이었다. 도심을 바라보기 좋은 언덕이 에든버러에는 세 개 있다. 하나는 에든버러 성이 있는 캐슬록이고, 다른 두 개는 칼튼힐과 아서시트다. 마침 숙소가 칼튼힐 바로 아래에 있어 짐을 풀자마자 언덕길에 올랐다. 스코틀랜드는 잉글랜드 쪽보다 궂은 날이 더 많다는데, 다행히 그날은 산책하기 아주 좋은 날씨였다. 억새풀이 잔잔하게 깔린 언덕 위에는 오래된 조형물 몇 개가 자칫 밋밋하기만 했을 산마루의 적시적소에 배치되어 있었다. 관측소 맞은편의 거대한 워털루전쟁 승전기념물은 열주列柱만 덩그러니 서 있지만, 미완성이기에 그 자리에 더 어울려 보였다. 관측소 담장을 돌아서서 마주친 에든버러의 석양은 정말 황홀했다. 스코틀랜드의 계몽 철학가 듀갈 스튜어트를 기리는 정자같이 생긴 석조 기념탑으로 인해 더욱 운치가 있었다. 이 정경은 에든버러의 홍보 포스터에도 단골로 등장하는데, 실제로 마주하니 과연 명불허전의 절경이었다.

칼튼힐에서 도심을 사이에 두고 남쪽으로 바라보이는 더 높은 봉우리가 아서시트다. 아서왕이 바위에 꽂힌 엑스칼리버를 뽑아 왕위를 물려받는 이야기는 북유럽 전체에 보편화된 설화다. 그러니 여기가 진짜 그 자리라고 믿는 사람은 아무도 없다. 그래도 자연물에 서사가 덧붙여 있다는 것은 장소를 특별하게 만든다. 이야기에 감정을 이입해가며 자연에 빠져드는 묘미가 있기 때문이다.

아서시트는 칼튼힐보다 훨씬 박력이 있었다. 경사가 등산길과 산책길의 중간 정도라 힘들 것은 없지만, 꼭대기 위에는 설악산 정상에나 있을 법한 거센 바람이 기다리고 있었다. 허투루 아서왕의 이름을 붙인 것이 아니었다. 바람이야말로 아서시트의 진정한 얼굴이며, 바람을 맞아들이기 위해 사람들이 여기에 오르는 것만 같았다. 그 바람과 함께 호방한 스코틀랜드의 기운이 온몸으로 스며드는 느낌이었다.

정상에서 끝난 것 같은 아서시트의 감동은 하산 길에서 다른 방식으로 잔잔하게 연장되었다. 억새로 뒤덮인 산 뒤편의 능선은 정상과 달리 온순해서 푸근하기까지 했다. 폐허마저 아름다운 교회 터를 지나고 그 아래로 연꽃처럼 백조가 둥둥 떠 있는 호수가 화사하게 펼쳐져 있었다. 그리고 에든버러로 오기까지 북잉글랜드에서부터 기차역마다 피어 있던 진분홍빛의 히스 꽃을 이곳에서 진짜 야생 상태로 다시 만났다. 그 꽃들은 억새 풀밭 안에 띄엄띄엄 다발

지어 만개해 있었다.

히스는 에밀리 브론테의 소설 《폭풍의 언덕》에 등장하는 문학적 꽃이다. 남자 주인공의 이름도 '히스클리프' 곧 '히스 꽃의 절벽'이다. 이 꽃의 원명은 에리카Erica지만 '히스' 혹은 '히서'라고 더 많이 불린단다. 사실

아서시트에 무리지어 핀 히스 꽃.

《폭풍의 언덕》의 무대는 북잉글랜드에 있는 요크의 교외다. 내가 요크에 갔을 때는 이미 히스 꽃이 지고 없어 이런 정서를 느낄 수 없었다. 이 꽃의 꽃말은 '고독'이고, 'Heath'란 말에는 또 '황야'라는 뜻도 있다 하니, 브론테가 복수의 화신인 주인공에 이 꽃의 이름을 붙인 것은 이 때문이었나 보다.

원래 스코틀랜드를 상징하는 꽃은 엉겅퀴지만 아서시트의 엉겅퀴는 꽃이라기보다는 덤불이었다. 황량함 속에서도 변치 않는 순수를 상징하기에는 거칠기만 한 엉겅퀴보다 가냘프지만 강렬한 색깔을 지닌 히스가 제격일 것 같았다. 그 야생화에는 흔들리는 바람 속에서도 본색을 잃지 않는 스코틀랜드인다운 영혼이 배어 있는 듯도 했다. 에든버러의 자연까지 보고 나서야, 나는 이곳을 다녀간 사람들이 영국에 다녀왔다는 말 대신 스코틀랜드에 다녀왔다고 하는 이유를 알 것 같았다.

앨리스의 고향 옥스퍼드

런던을 축으로 지도를 접어보면 동쪽 케임브리지와 거의 맞닿는 서쪽에 옥스퍼드가 있다. 옥스퍼드 대학은 파리 대학에서 건너온 학생들이 중심이 되어 1096년경부터 강의를 했다는 기록이 있는데, 현존하는 세계의 대학 중 이탈리아의 볼로냐 대학 다음으로 오래된 곳이다. 독자적인 칼리지들이 연합체를 이루는 영국 특유의 대학 시스템도 대학의 할아버지격인 옥스퍼드에서 제일 먼저 시작되었다고 한다.

옥스퍼드 대학은 서른여덟 개나 되는 칼리지를 품고 있어 서른한 개의 칼리지가 있는 케임브리지보다 규모면에서 조금 더 크다. 하지만 두 대학은 늘 서로를 맞수로 의식하기에 상대 대학을 그냥 '저쪽the other place('저승'이란 뜻도 있다)'이라고 호칭한단다. 사실 19세기가 될 때까지 600년 동안 잉글랜드에 대학은 이 두 곳밖에 없었

다고 한다. 옥스퍼드 대학과 케임브리지 대학을 합쳐 영국에서는
'옥스브리지Oxbridge'라 하기도 하는데, 이 말에는 단순한 합성어 이
상의 상징적인 의미가 있다. 오랜 독점적 지위와 세계적 위상만큼
일종의 카르텔처럼 입학하기에도 어려울뿐더러 졸업생들의 영향력
도 남다르기 때문이다.

　대학이 도시의 구성과 성장 과정에 절대적인 영향을 끼친 것은
옥스퍼드도 케임브리지와 같다. 인구수로 따지면 영국에서 옥스퍼
드가 쉰두 번째, 케임브리지가 쉰네 번째라니 물리적 규모도 비슷
하다. 하지만 '옥스퍼드는 도시 안에 대학이 있고, 케임브리지는 대
학 안에 도시가 있다'는 말처럼 두 대학 도시의 양상은 약간 다르
다. 케임 강 안쪽으로 구시가지가 몰려 있는 케임브리지가 아담하
고 시골스러워 보이는 데에 비해, 옥스퍼드는 옛 도시와 현대 도시
가 적당히 섞여 있어 도심의 규모가 더 크고 넓어 보인다. 시인 매
슈 아널드가 옥스퍼드를 "꿈꾸는 첨탑의 도시"(〈티르시스Thyrsis〉,
1867)라고 묘사했듯이, 대학과 교회의 첨탑이 즐비하게 솟아오른
이 도시는 깊으면서도 현란하다.

　옥스퍼드에도 중세 건물은 많지만, 타운홀처럼 랜드마크 역할을
하는 건축물 중에는 근세 이후에 지어진 것들도 많다. 그래서 학문
의 도시 옥스퍼드는 의외로 웅장하고 번화해 보인다. 런던의 혼잡
함을 벗어나기 위해 옥스퍼드를 찾는 사람도 있다지만, 케임브리지
에서 간 나로서는 옥스퍼드의 널찍하고 사람 많은 거리가 런던의
대로를 방불케 했다.

　이방인들에게 옥스퍼드를 상징하는 세 장소는 보들리언 도서관

래드클리프 카메라의 웅장한 자태.

과 애슈몰린 박물관, 그리고 크라이스트처치 칼리지다. 보들리언 도서관은 런던의 영국도서관 다음가는 규모이다. 하지만 '다음간 다'는 말이 무색할 정도로, 장서만 1,100만 권에 달하며 도시 곳곳에 흩어진 부속 공간이 107개에 이른다고 한다. 그중 가장 고풍스러운 곳은 구 도서관과 그 앞에 있는 일종의 장서각인 '래드클리프 카메라'다. '카메라'는 라틴어로 '방'이란 뜻이고, 래드클리프는 조지시대에 이 건물을 기증한 부유한 의사의 이름이다. 래드클리프 카메라는 영국에서 세 번째로 큰 돔 건물이라는데, 그 위용은 대학 건물이라 믿기지 않을 정도다. 래드클리프 뒤편의 쪽문을 넘으면

구 도서관 본관의 중정이 나타난다. 정문 앞에서 방문객을 맞이하는 것은 1602년에 도서관을 기증하고 초석을 닦았다는 토머스 보들리 경의 동상이다. 동상 사방으로 둘러진 건물은 워낙 고색창연해서 그 마당에 서 있는 것만으로 이미 책 더미 안에 파묻혀 있는 듯한 느낌이 들었다.

도서관의 중정을 빠져나오면 크리스토퍼 렌이 설계했다는 누운 U 자형의 셀도니언 극장이 건너편에 우뚝 서 있다. 1667년에 지어진 이 건물은 당시까지 중세풍 일색인 옥스퍼드에 처음 생긴 고전주의 양식의 건축으로, 졸업식을 비롯한 옥스퍼드의 공식 행사가 열리는 곳이다. 이 건물들에다 래드클리프 카메라 앞에 있는, 대학 본부 소속의 메리 성당까지 더하면 고건축으로 이루어진 거대한 블록이 구성되는 셈인데, 이것은 장중한 옥스퍼드의 건축 중에도 가장 대표적인 볼거리다.

하지만 옥스퍼드의 정취는 더 조촐하고 시적인 곳에도 존재한다. 보들리언 도서관의 동쪽으로 길 건너에 유명한 탄식의 다리가 있다. 나는 유럽에서 세 개의 탄식의 타리를 봤다. 첫 번째는 1600년에 준공된 베네치아의 원조 다리다. 두 번째는 케임브리지의 세인트존스 칼리지에 있는 다리로, 1831년에 만들어졌다. 베네치아의 것과 모양이

옥스퍼드 탄식의 다리. 그 아래의 골목길이 퀸스레인.

크라이스트처치 칼리지의 안마당.

똑같지는 않지만 길이가 짧고 지붕이 덮여 있어서 원조 다리를 연상하게는 한다. 시험을 보기 위해 건너편 기숙사에서 강을 건너와야 했던 학생들이 한숨이 절로 나왔대서 그런 이름이 생겼단다. 옥스퍼드의 것은 1914년에 만든 것인데, 탄식의 다리보다는 베네치아의 또 다른 명물인 리알토 다리를 더 많이 닮았다. 게다가 땅 위에 있는 육교라 앞의 두 다리들과 느낌도 사뭇 다르다.

이 다리가 더 매력적인 것은 그 아래 갈지자로 이어진 퀸스레인이라는 돌담길 때문이다. 그 골목길은 사람이 많은 옥스퍼드에서도 중세의 정취를 느긋하게 즐기기에 안성맞춤인 곳이다. 그을린 듯이 세월의 더께가 앉은 담장 너머로, 올소울스 칼리지의 줄줄이 솟아오른 뾰족탑들의 꼭지를 바라보며 걷는 기분은 형언할 수 없을 정도로 감각적이다.

크라이스트처치 칼리지는 옥스퍼드를 처음 방문한 사람들이 거의 예외 없이 찾는 곳이다. 1546년에 설립된 이 대학의 역사나 건축물이 궁금하기보다 이 대학과 얽힌 콘텐츠들이 너무나 유명하기 때문이다. 특이하게도 옥스퍼드는 최근에 영화를 통해서도 각광받고 있는 판타지 소설들과 많은 관련이 있다. 우선 《나니아 연대기》를 쓴 C. S. 루이스가 모들린 칼리지의 교수였고, 그의 지음인 《반지의 제왕》의 J. R. R. 톨킨은 머튼 칼리지의 영문학 교수였다. 게다가 영화 〈해리 포터〉 시리즈의 주 장면이 크라이스트처치 칼리지의 다이닝홀에서 촬영되는 바람에 옥스퍼드는 관광객들에게 '해리 포터의 옥스퍼드'로도 인식된다.

문학적으로 내게 각인된 옥스퍼드는 T. S. 엘리엇이 박사 논문을 쓰기 위해 머문 곳 정도였지만, 할리우드의 영향력은 이처럼 옥스퍼드의 문학적 이미지마저 크게 바꾸어놓았다. 옥스퍼드의 이러한 판타지 문학사에서 거의 시조와 같은 사람이 바로 《이상한 나라의 앨리스》의 저자 루이스 캐럴이다. 본명이 찰스 럿위지 도지슨인 캐럴은 원래 성직자였으나 1851년 수학을 공부하기 위해 크라이스트처치 칼리지에 입학한 이후 그곳에서 교

사진기를 매만지는 루이스 캐럴.

원작 이상으로 유명한 존 테니얼의 《이상한 나라의 앨리스》 삽화.

수를 지냈고 평생을 보냈다. 그는 새로 부임한 학장 헨리 리들의 세 딸에게 자신이 지은 이야기를 들려주었는데, 이때 가장 열중해서 듣던 둘째 앨리스가 바로 소설 주인공의 모델이 되었단다.

캐럴은 친한 여성이 아니면 말을 더듬을 정도로 소심한 성격이었지만 아이들을 각별히 좋아했다고 한다. 그는 당시로서는 첨단의 예술인 사진 찍기에도 매료되어 있었는데, 사진가로서 그의 장기 역시 아이들의 자연스러운 모습을 담아내는 것이었다. 소설과 사진을 통해 어린이의 세계에 빠져 있던 그는 평생 독신으로 살았기에 소아성애자가 아닐까 의혹을 사기도 했다. 그러나 남들의 이목을 끌 만큼 아이들을 쫓아다니기는 했지만, 많은 논란에도 그런 성향을 확정할 만한 결정적인 증거는 발견되지 않았다. 그는 아이들에 내재된 순수함을 찾아내고자 했으며, 순수와의 교감을 통한 희열은 아이들과 함께 있을 때 말더듬이 증세조차 사라지게 만들었다. 칼리지 내의 크라이스트처치 성당은 바로 그런 캐럴과 리들 자매의 추억이 서린 곳이다. 이곳에는 그가 영감을 얻었다는 스테인드글라스도 아직 남아 있다.

《이상한 나라의 앨리스》와 후속작인 《거울 나라의 앨리스》는 옥스퍼드 대학에서 아이들과 함께 묻혀 살았던 캐럴의 낭만적 상상력이 발휘된 작품이다. 그의 책은 교훈주의에서 벗어나 본격적으로 독자의 즐거움을 추구하는 아동문학의 현대적 성향을 최초로 보여준 작품이라고 한다. 그는 낭만주의의 거의 마지막 물결을 탔지만, 동시에 진정으로 아동의 시각에서 만들어진 판타지 문학의 서막을 열었다. 디킨스의 《올리버 트위스트》에서처럼 당시 문학 속의 어린이는 어른을 대신하는 형상이었고 어른을 위한 주제에 동원되었다. 이에 반해 캐럴은 성인의 이야기를 위한 수단이 아니라 독립된 인격체로서의 어린이 형상을 만들어내고자 했다. 하지만 빅토리아시대의 보수적이고 무거운 사회 분위기는 유아적 순수함에 빠져있던 그를 부단히 압박했다. 그래서 많은 평론가들은 앨리스가 '이상한 나라'로 가는 것을 작가가 지닌 일종의 도피 심리가 반영된 것이라고 보기도 한다.

20세기 초반까지만 해도 대학은 가장 고루한 것과 한발 앞서 나가는 것이 뒤섞인 사회였다. 성채같이 견고한 대학의 울타리 안에서 오히려 판타지 소설들이 나올 수 있었던 것은 고답적인 학풍의 지배를 받으면서도 거기에 만족하지 않으려는 창조적 욕망이 동시에 존재했기 때문이다. 캐럴의 소설은 폐쇄적인 대학 문화에 숨통을 틔운 샘물 같은 존재였다. 루이스 캐럴 덕분에 오늘날 많은 사람이 학문의 성지 이상의 낭만적인 장소로 옥스퍼드를 기억하게 되었다.

저항의 역사가 깃든 노팅엄 성

노팅엄은 잉글랜드의 중부에 있는 이스트미들랜즈의 중심 도시이다. 서기 600년경 앵글로색슨족이 정착하면서 이 지역의 역사가 시작되었다. 현재는 인구 30만 명이 넘을 정도로 영국에서는 꽤 규모가 큰 도시다. 많은 영국인이 이렇다 할 관광 명소가 없는 이곳을 찾는 이유는 중세 시대 전설의 의적 로빈 후드 때문이다. 그와 60여 명 일당의 근거지였다는 셔우드 숲도 노팅엄 인근에 있다. 하지만 로빈 후드 전설은 시대에 따라 버전도 다양하고 또 배경 지역도 딱 집어서 확정된 것이 아니기에, 사실 노팅엄은 로빈 후드의 상징적인 고향일 뿐이다.

영국의 다른 오래된 도시들과 마찬가지로 노팅엄에도 도심 중앙에 성터가 있다. 약 40미터 높이의 바위 위에 자리한 노팅엄 성은 전설 속 로빈 후드의 공격 목표였다고 여겨지는 곳이다. 역사 기록

복원된 노팅엄 성 입구.

에 따르면 이 성채는 서기 1067년 정복자 윌리엄 왕이 쌓은 요새로 시작된다. 이후 수백 년 동안 노팅엄 성은 지역민들의 의식 속에서 막대한 재력과 억압적인 정부의 상징이었다. 로빈 후드 전설이 괜히 만들어진 게 아니다. 그런데 관광객들의 기대는 대개 허망하게 끝난다. 할리우드 영화나 BBC 드라마 속에서 로빈 후드가 공략하는 노팅엄 성은 탐욕과 착취의 흔적이 가득한 화려한 성채로 등장하지만, 정작 실제 건물은 다른 지역의 것들보다 단조롭고 규모도 대단할 것이 없기 때문이다. 게다가 중세 시절의 성채는 350년 전에 이미 사라졌다고 한다. 관광객들이 대부분 로빈 후드의 흔적을 찾기

불타는 노팅엄 성. 19세기의 동판화.

때문에 시 정부는 관광객 유치를 명분으로 노팅엄 성에 더 많이 손을 댈 수도 있었다. 하지만 시 정부는 건물의 내부 인테리어 외에는 어떠한 부가 공사도 자제하고 있다고 한다. 이곳에는 중세 시절의 전설만이 아니라, 근세 이후에도 특별한 역사가 있기 때문이다.

노팅엄 성은 영국의 각지에 산재한 성 중에서도 비교적 기구한 운명을 지닌 곳이다. 중세 시절의 요새가 완전히 사라진 것은 시민 혁명 때라고 한다. 노팅엄 성은 최초에 왕당파 군대의 집결지였지만, 곧바로 의회파에 점령당하고 나중에는 회생이 불가능할 정도로 파괴된다. 전쟁이 끝난 뒤 이 땅을 매입한 캐번디시 공작 가문은 1649년 폐허 위에 저택을 세운다. 하지만 그 저택마저 1831년 폭도들에 의해 또다시 불바다가 된다. 이후 공작 집안은 거금의 보상비를 챙겼지만, 지역민들에 대한 유감의 표시로 껍데기만 남은 저택을 45년간이나 방치한다. 결국 이 저택은 한 지역 건축가의 제안으로, 수리를 거쳐 1878년에 마침내 박물관이라는 공공시설로 대중에 개방된다. 이는 런던 바깥에 생긴 최초의 지역 박물관이라고 한다. 내가 그곳을 찾았을 때 마침 '폭동 1831'이란 전시회가 열리고 있었다. 장소가 겪은 비극적인 파괴의 역사를 극대화한 매우 특이한 이벤트였다. 1831년 방화 사건의 근저에는 로빈 후드의 무용담에 버금가는 지역의 또 다른 저항의 역사가 존재한다.

산업혁명 이후 노팅엄은 주요한 공업 도시이자 노동자들의 도시가 된다. 당시 노팅엄의 방직업은 산업혁명의 골간이었다. 이와 더불어 노팅엄 성도 공작 가문 사람들에게 점차 매력을 잃어간다. 아늑한 전원 환경을 추구한 귀족들에게 산업혁명 이후 지역에 형성된 빈민가는 가장 큰 골칫거리였다. 그 빈민가는 귀족들에게 대영제국 영토에서 인도를 제외하고는 최대 규모라고 풍자될 정도였다. 산업혁명이 확산되는 와중에도 귀족들의 봉건적인 의식은 크게 바뀌지 않았다. 1831년에 성채에서 일어난 폭동에는 변화를 미처 읽어내지 못하고 군림하려는 귀족과, 급격하게 농민에서 도시 하층민으로 전락한 노동자 사이의 갈등이 있었다.

1831년 사건의 전조가 된 것은, 1811년에서 1817년까지 노팅엄의 직물공장 노동자를 시작으로 일어난 기계파괴운동(러다이트운동)이었다. 이 운동은 워털루전투와 산업혁명의 후유증이 결합되어 나타난 고용 감소, 실업 증가, 임금 체불, 인플레이션 등 사회불안

요소가 복합적으로 노동자들을 압박한 데서 비롯된다. 그중에도 업주들이 기계만 믿고 숙련공들의 임금을 깎은 것이 직접적인 화근이었다. 이 소요로 노동자의 처우가 개선되지는 않았지만, 곧이어 의회의 법안 개혁 운동에 영향을 끼친다. 바로 1832년에 예정된 개혁안이 그 고비 중 하나였다. 군중들이 노팅엄 성채에 불을 지를 정도로 격분한 것은 성주인 공작이 그 법안에 반대한다는 소식이 전해졌기 때문이다.

19세기 전반기 영국에서는 노동자계급을 중심으로, 불평등 선거법의 개정을 포함하는 사회운동이 활발하게 일어난다. 신흥 노동계급의 동태는 산업혁명 이후 도시 민주화를 촉진하는 뇌관이었다. 이런 조류에 힘을 얻은 것은 휘그당이었다. 농촌 귀족에 기반을 둔 토리당과 달리, 도시 중산층, 상인, 은행가, 공장주 등 도시 부르주아가 이들의 배경이었다. 하지만 장원 중심의 패러다임에서 벗어나지 못한 귀족들은 도시의 정치권을 제한하려 했고, 이런 모순을 바로잡으려는 휘그당과 충돌했다. 1832년 개혁안은 비록 노동자들의 선거권까지 포함하지는 않았지만, 도시에 대한 영향력 때문에 노동자들의 열렬한 지지를 받았다. 그럼으로써 선거법 개정운동은 영국사상 처음으로 노동계급을 형성시키는데, 이런 조류는 곧이어 유명한 '차티스트운동'으로 이어진다. 노팅엄 성의 화재는 영국 노동운동사의 필연적 맥락에 따라 발생한 사건이었다.

이제는 박물관으로 개조된 노팅엄 성의 현관 앞은 바이런을 비롯한 지역 출신 문화예술인들의 흉상이 지키고 있었다. 그중 내 눈을 사로잡은 것은 시인 바이런이 아니라, 20세기 벽두의 도발적인 소설가 로런스의 노려보는 듯한 얼굴이었다. D. H. 로런스는 광부의 아들로 노팅엄에서 태어나 노팅엄 대학을 다닌 지역 토박이다. 노팅엄 서쪽 이스트우드 일대에 자리한 탄생지 박물관과 헤리티지 센터 등 그를 기리는 장소들은 여전히 팬들의 발길이 끊이지 않는다. 대표작 《채털리

노팅엄 성 입구의 D. H. 로런스 흉상.

부인의 연인》 때문인지, 우리나라에서는 그가 성에 대한 적나라한 묘사로 더 유명한 것 같다. 이 소설은 물론 1928년 출판 당시 미국과 영국의 업자들이 떠맡기를 거부해서, 이탈리아에서 간신히 자비로 선을 보였을 정도로 사회적 냉대와 질타를 받기는 했다고 한다. 하지만 로런스는 사실 진보적인 작가였다. 그는 계급을 넘어서는 남녀 관계를 통해 20세기 전반 영국 부르주아 사회의 뒤틀린 단면을 투시하고자 했다. 그가 목도한 모순이란 기울어가는 대영제국의 관습과 제도 그리고 허위적인 윤리 의식이었다. 그는 남녀 관계에도 사회구조의 변화 없이 순수한 사랑은 존재할 수 없다고 생각했다. 계급도 출신 학교도 내세울 것 없는 그가 문단을 휩쓸었을 때, 케임브리지의 수재들은 그의 작품이 상류사회에 던진 충격 효과를 통쾌하게 생각했다. 하지만 로런스는 방문 강연으로 어린 학생들을 만난 뒤, 오히려 가문과 학벌의 혜택을 누리면서도 자유분방하기 짝이 없는 그 수재들의 방종함을 개탄했다. 그는 상류계급을 혐오

노팅엄 성 아래 사암 지대의 동굴들.

했고, 귀족계급의 속물주의에 대해 거침없는 비난을 쏟아내기도 했다. 노팅엄 지역에 면면히 존재해온 저항적인 반골 문화는 로런스에 와서 20세기다운 새로운 시선을 얻은 셈이다.

현존하는 노팅엄 성의 진짜 매력은 지하에 있다. 박물관 아래 사암 바위 속에는 자연 동굴을 서로 이어 만든 여러 통로가 지금까지 남아 있다. 중세 시절부터 존재한 이 통로 중 가장 유명한 '모티머의 동굴'은 길이가 105미터나 된다. 왕이 보낸 병사들이 비밀스럽게 들락거리던 이곳은 제2차 세계대전 중에는 유용한 피난소로 쓰였다. 지금도 그때의 살림살이를 그대로 두어 긴박했던 순간을 생생하게 그려볼 수 있다. 이 동굴에서 빠져나오면 '예루살렘으로 가

노팅엄 교외의 왈라톤홀과 정원.

는 길'이라는 재미있는 이름의 펍이 있다. "십자군 시대" 운운하
는 개장 연도(1189년)는 문서 기록이 없는 전설일 뿐이지만, 최소
300년은 넘는다는 선술집 건물만도 대단해 보였다.

　노팅엄 답사의 마지막 코스는 서쪽 교외의 왈라톤홀이었다. 이
저택은 1580~1588년에 프랜시스 윌러비 경이 지은 영국 르네상
스식의 건축물이다. 다소 기괴하게 생겨서 그런지 영화 〈다크 나이
트〉에 배트맨의 또 다른 자아인 억만장자 브루스 웨인의 저택으로
등장하기도 했다. 1642년에 화재가 나, 그 후에도 여러 차례 리모델
링되었지만 그 외관은 놀라울 정도로 처음 준공 당시의 모습을 유
지하고 있다고 한다. 성주인 윌러비 가문은 특이하게도 탐험가를

많이 배출했단다. 가장 유명한 사람은 저택이 지어지기도 전에 생존했던 휴 월러비 경인데, 영국사상 처음으로 북극 탐험에 나선 그는 1554년에 결국 러시아 북단에서 숨을 거두었다고 한다. 왈라톤 홀은 이제 대규모의 자연사박물관으로 개조되었다. 탐험가 집안답게 1층 홀에는 가문 사람들이 사용하던 사냥총이 즐비하게 진열되어 있는데, 마치 위층에 전시된 동물 박제가 사냥의 결과물이라는 듯이 자연사박물관과 절묘하게 융화된다. 이 저택의 장관은 또한 건물을 둘러싸고 야트막한 언덕에 펼쳐진 광대한 잔디 정원 덕분이기도 하다. 고택과 어우러진 초지는 붉은사슴 떼가 스스럼없이 노니는 환상적인 정경을 연출하고 있었다. 하지만 월로비 가문이 이 집을 비운 1881년 당시만 해도, 대대로 살아온 종택까지 포기하고 이사를 결정한 이유가 인근 공장 지대의 매연과 소음이 날로 악화되었기 때문이란다.

격동의 역사가 무색하게 너무나 평화로운 풍경의 이면에는 영국 도시들이 겪는 비슷한 고충이 존재한다. 제조업 기반을 잃은 도시들은 이제 탈산업화의 길을 걷고 있으며, 그 미래가 달린 3차산업 중 관광업은 지역마다 절실하지는 않아도 포기할 수 없는 중요한 산업이다. 그러니 어디를 가든 박물관이고 모든 과거가 전시대에 오른다. 역사가 다 탈각되어 더 이상 아무 일도 일어나지 않을 것처럼 안정된 도시는 나른하게만 보였다. 여전히 정신을 쏙 빼는 사건들과 긴장된 삶이 공존하는 나라에서 간 나는, 그런 풍경을 만날 때면 화려했던 옛적의 색감이 완전히 바래버린 무명천을 대하는 것 같은 헛헛한 느낌도 들곤 했다.

4장.

영국에서 만난 중국

중국학의 개척자 허버트 자일스

케임브리지 대학은 자연계 중심 대학으로 많이 알려졌다. 그도 그럴 것이 2013년까지 이 대학 출신자 혹은 재직자로 노벨상을 수상한 90명이 대부분 자연계 계통의 연구자들이다. 그래서 인문사회계는 옥스퍼드, 자연계는 케임브리지라는 단순 명료한 이분법적 인식이 보편적이다. 내가 처음 케임브리지에 갔을 때 나의 전공이 자연계통은 물론 영문학도 아닌 중문학이란 걸 알고 의아해하는 사람이 많았다.

　케임브리지의 중국학 연구로는 우리나라에도 번역 소개된《케임브리지 중국사》란 책이 그나마 알려져 있고, 좀 더 관심이 있는 사람이라면《중국의 과학과 문명》을 저술한 조지프 니덤과 그의 명성으로 설립된 니덤 연구소를 떠올릴지 모르겠다. 대충 이 정도다 보니, "케임브리지에도 중문과가 있어?"라는 질문이 나오는 것도 무

니덤 연구소 앞의 조지프 니덤 흉상.

리가 아니다.

나는 정말 운 좋게도 석사 과정 첫해에 우리나라에서 가장 큰 중국어사전을 만든 곳에서 1년 남짓 조교를 했다. 운이 좋았다는 것은 다른 이유 때문이 아니라 역사의 현장을 생생하게 경험했다는 의미에서다. 살다 보면 내가 처한 상황이 세계사의 흐름과 매우 가까이 있었음을 깨달을 때가 있다. 내가 다닌 대학에 중문과가 생긴 것은 중국이 아직 문화대혁명 중이던 1972년이지만, 일본과 미국이 중국과 수교한 역사적 사건과 무관하지 않다. 마찬가지로 《중한대사전》의 편찬도 그 사건을 계기로 언젠가 중국과 수교할 것에 대비해 물밑에서 준비하는 역사적인 일이었다. 생각해 보라, 정작 수교가 됐는데 변변한 사전 하나 없다면? 나는 그래서 《중한대사전》 편찬실을 감히 역사의 현장이었다고 말하고 싶다. 사전을 위해 기꺼이 연구 시간과 수당을 포기한 많은 교수님과 연구원 선생님의 헌신은 숭고하다고 할 정도였다. 신기하고도 다행스러웠던 것은 마치 일부러 맞추기라도 한 듯이 20년 대장정이 마무리될 무렵 중국과 수교가 이루어졌다. 단순 비교는 어렵지만 영국에서 이런 역할을 한 곳이 바로 케임브리지 대학의 중국학부이다.

《중한대사전》이 나오기 전, 나의 학부 시절에 중국어사전은 휘문출판사인가에서 나온 자그마한 사전이 전부였다. 신조어 따위가 나올 리 만무한지라 그걸 믿고 중국어 잡지라도 보려면 거의 있으나마나였다. 이 사전의 띠지에는 '웨이드식 발음 표기'라는 말이 적혀 있었는데, 그 '웨이드식'이란 토머스 프랜시스 웨이드가 창안한 중국어 발음의 영어 알파벳 표기 방법을 말한다.

토머스 웨이드.

웨이드는 1869년에서 1882년까지 중국 주재 영국 전권공사를 역임한 사람이다. 그는 영국 통역관 마거리 피살 사건을 기화로, 1876년 열강 대표의 중국 장기 주재를 공고화한 '옌타이煙臺조약'을 이끌어낸 인물이기도 하다. 바로 이 웨이드가 전역 후 교수직으로 발령을 받은 곳이 모교인 케임브리지 대학이었다. 그가 부임한 1888년이 케임브리지 대학 중국학의 원년인 셈이다. 이 무렵에는 케임브리지뿐 아니라 영국의 다른 대학에도 중국학이 수용되기 시작한다. 옥스퍼드에는 1876년에 중국학 강좌가 처음으로 개설되었다. 첫 번째 교수로 부임한 제임스 레그는 재임 기간 동안 강의뿐 아니라 유가의 경전을 비롯한 다양한 중국 고전을 번역했다. 반면에 웨이드는 언어 쪽에 더 관심이 많았다. 그는 아편전쟁 중 홍콩주둔 영국군의 통역 장교를 할 정도로 중국어 회화에 능통했다. 그리고 그가 창안한 중국어 발음 표기법은 영국뿐 아니라 서구 세계

케임브리지 대학 도서관의 아오이 파빌리온 입구.

전반의 중국 연구에 지대한 영향을 끼치게 된다.

하지만 종신 교수였던 웨이드는 죽을 때까지 교수 수당을 한 푼도 받지 못했고, 학생도 두세 명에 불과했다. 그는 명예교수나 다름없었다. 그가 케임브리지 대학에 임명된 데는 또한 그가 중국에서 가져온 엄청난 양의 전적典籍이 톡톡히 역할을 했다. 이 방대한 중국학의 보고는 지금 케임브리지 대학 중앙도서관의 일명 '아오이 파빌리온'이라고 하는 동양학 자료실에 보관되어 있다. 그런데 웨이드가 창안한 것을 다듬어 사전까지 만듦으로써 실질적으로 발음 표기법을 완성한 사람은 따로 있다.

그가 바로 케임브리지 대학 중국학부에 두 번째로 부임한 허버트 앨런 자일스다. 그래서 한국에는 '웨이드식 표기법'이라고만 알려져 있지만, 이 표기법의 정식 명칭은 '웨이드-자일스식 로마자 표기법'이다. 자일스는 유럽 중국 연구의 기반이 된 책 두 권으로 유명해지는데, 하나는 《중영사전Chinese-English dictionary》이고 다른 하나는 《중국인물사전Chinese Biographical Dictionary》이다. 물론 자일스는 두 사전에 모두 자신이 완성한 중국어 로마자 표기법을 활용했다. 이것은 중국 본토 정부가 1950년대에 반포한 중국어의 로마자 표기법 '한어병음漢語拼音'이 중국 바깥에 보편화되기 이전에, 중국어를 학습

208

하거나 중국 고유명사를 번역할
때 널리 애용되었다.

허버트 자일스.

자일스 역시 웨이드처럼 외교
관이었다. 차터하우스 스쿨에서
공부를 마친 뒤, 그는 중국으로
가서 1867년에서 1892년까지
외교관 생활을 했다. 나중에는
타이완 북부의 개항장인 단수
이淡水에서 1885년에서 1888년
까지 영국 조차지의 책임자로
도 있었다. 1897년에 자일스는
1895년에 작고한 웨이드의 뒤
를 이어 케임브리지 대학의 두 번째 중국학 전공 교수로 초빙된다.

그도 재임 시절 내내 케임브리지의 유일한 중국학자였다. 초기
에는 7, 8명의 청강생이 전부였다. 자일스는 대부분의 시간을 웨이
드가 일찍이 기증한 중국 자료에 파묻혀 보낼 수 있었다. 사실 자일
스도 언어학자로 볼 수 있지만, 천성적인 문학적 기질과 비교적 자
유로운 지위 덕분에 분야를 뛰어넘어 다양한 중국책을 번역하고 저
술했다. 음성학에 조예가 있던 그는 원문장의 운율을 최대한 살려
주는 것이 원전의 예스러운 맛을 살리는 비결이라고 생각했다. 때
로 난해한 부분을 읽기 좋게 생략해버린 점도 있지만 그의 고전 번
역은 여전히 정평이 있다. 그가 번역한《장자Chuang Tzu》나 청나라 포
송령蒲松齡의《요재지이Strange stories from a Chinese studio》는 최근까지도 계속

재판이 나오고 있다. 자일스는 1932년 은퇴하고 얼마 뒤 향년 90의 생애를 마감한다.

그의 신상과 관련한 흥미로운 점을 몇 가지 덧붙이자면, 우선 그는 아버지가 성공회 신부였음에도 불구하고 열렬한 무신론자였다. 자일스는 외교관을 지냈으면서도 주류 세계와 조금 동떨어진 생각을 가진 사람이었다. 초기 중국학이 선교사나 외교관들로부터 시작되었다면, 19세기 말에서 20세기 전반까지 중국에 관심이 있는 사람들은 자일스처럼 서구 주류 문화에 대한 비판론자나 나아가서 아웃사이더 학자가 많았다. 동양의 영토보다 생각과 문화에 호기심을 느낀 그들에게, 중국은 지배하거나 교화할 대상이 아니라 상대적인 가치를 지닌 또 다른 문명 세계였다.

그러나 보수적인 대학의 관리자들에게 동양은 아직 너무나 먼 곳이었고 학문적 대상이 아니었다. 자일스는 35년이나 케임브리지 대학의 중국학 교수로 재직했음에도, 그를 펠로우로 받아들인 칼리지는 단 한 곳도 없었다. 영국 대학의 교원 구성은 다소 복잡하다. 학과 소속의 교수가 있는가 하면, 칼리지에는 또 펠로우라는 직급이 따로 있다. 학과나 학부(패컬티)는 순수하게 학문만 가르치는 근대적 대학 조직이지만, 칼리지는 학생들을 먹이고 재우며 공부시키던 중세의 도제식(튜터식) 학제가 남아 있는 곳이다. 현재 케임브리지 대학 교수들은 학생 생활지도까지 하는 칼리지의 펠로우이면서, 학과의 교수도 맡는 경우가 대부분이다. 그런데 학과 교수 중에서도 부교수Senior Lecturer와 조교수Lecturer 위에 있는 정교수Professor는 더 특권적이며 되는 것도 하늘의 별 따기다. 케임브리지의 역대 '중국

꽃이 활짝 핀 마로니에와 아시아중동학부 건물.

학 정교수'도 웨이드와 자일스를 포함해서 현재까지 단 여덟 명에
불과하다고 한다.

케임브리지의 중국학부는 이제 아시아중동학부에 통합되어 있는
데, 이 통합 학부에는 중국뿐 아니라 한국, 일본, 인도, 중동학 분야
가 함께 소속되어 있다. 도착하자마자 처음 학부를 찾아갔을 때 나
는 솔직히 약간 실망스러웠다. 케임브리지의 다른 칼리지들이 그
역사만큼 건물도 보통 200년이 족히 넘지만, 젊은 축에 속하는 아
시아중동학부는 낯선 현대식 건물에 있었기 때문이다. 그래도 자체
도서관이 제법 크고, 학기 중에는 주마다 전문가를 초청한 학술 세

미나도 열려서 자주 찾다 보니 나름대로 정이 쌓여갔다. 그 건물 앞에는 아름드리 마로니에 나무가 있었다. 6월 초여름 마로니에 나무에 촛불 같은 흰 꽃이 만개할 때 학부 건물이 환하게 빛나던 순간은 지금도 눈앞에 아련하다.

윌로우 패턴의 신화

나의 케임브리지 숙소 근처에는 작은 자선 상점이 있었다. 제3세계
빈민 구호와 공정 무역을 위한 이런 가게를 영국에서는 '채러티숍'
이라고 하는데, 1942년에 출범한 옥스팜처럼 전국 각지에서 광범위
하게 운영되고 있다. 이런 곳들은 단지 자선 혜택을 받는 사람뿐 아
니라 나같이 주머니가 가벼운 사람들에게도 싼 값에 좋은 중고품을
살 수 있는 요긴한 가게였다. 우리 동네의 채러티숍은 특히 다른 곳
에 비해 공예품이나 서적이 많이 들어왔다. 그 덕에 나는 생활용품
말고도 뜻밖의 영국산 자기를 헐값에 몇 개 구입할 수 있었다. 그중
에 19세기 빅토리아왕조 중엽에 만들어진 청화백자 접시 하나는 나
를 특별한 지식의 세계로 인도했다.

　17세기에서 19세기 중반까지는 유럽의 귀족들이 중국에 열광한
시기였다. 처음에는 비단과 도자기가, 나중에는 중국 차가 그 대상

대표적인 시누아즈리 건축. 1763년 준공된 런던 큐 가든의 파고다.

이었다. 사실 18세기까지 그렇게 찬란한 광택을 지닌 그릇을 만들 수 있는 나라는 중국밖에 없었다. 물론 독자적인 자기 생산기술을 가진 한국과 베트남도 포함해서 말이다. 동아시아에서 건너간 도자기는 곧이어 유럽에서 '시누아즈리Chinoiserie'라고 하는 중국 취미를 유행시킨다. 시누아즈리는 도자기뿐 아니라 옷감이나 가구, 조각, 회화, 심지어 건축과 조경에까지 광범위하게 응용되었다.

우리가 오늘날 유럽에서 마주치는 바로크, 로코코 시대의 공예품이나 건축물은 이러한 영향 관계를 빼고 상상하기 어렵다. 그중에도 도자기가 끼친 영향은 어느 것보다 압도적이다. 도자기가 유럽의 식탁에 끼친 변화는 가히 상전벽해라 할 만했다. 어느 정도인지는 레오나르도 다빈치가 밀라노의 산타마리아 델레 그라치에 성당의 수도원 식당에 남긴 〈최후의 만찬〉이라는 벽화로 짐작할 수 있다. 거기에 표현된 르네상스 시절의 빈약한 식탁을 찬찬히 살펴보시라. 식기는 초라하기 그지없고 어떤 음식물들은 심지어 테이블 바닥에 나뒹굴고 있다. 우리가 상상하는 유럽의 복잡한 식사 예절은 고령토가 들어간 진짜 도자기가 수입되면서 생겨났다. 중국 도자기를 향한 열망은 18세기 말엽에 유럽에서도 순도 높은 자기를 개발하게 되면서 비로소 식어간다.

영국에도 전통적으로 구운 그릇이 아예 없던 것은 아니다. 예를 들면, 16~18세기에 런던과 브리스톨에서 생산된 '잉글리시 델프트 웨어'라는 무겁고 두툼한 도기는 꽤 인기를 끌었다. 하지만 더 가볍고 얇은 진짜 도자기가 생산되자 그 모든 것을 대체해버렸다. 도자기의 국산화 초기에 스태퍼드셔에서 생산된 양질의 고령토와 고온의 화력을 낼 수 있는 석탄은 자기 생산의 큰 촉매가 되었다. 그때까지 유럽인들을 매료시킨 중국 도자기는 주로 원나라 이후 보편화된 청화백자였다. 그래서 국산화 초기에 유럽의 장인들은 청화백자를 모방하는 데 혈안이 되었다. 그중 18세기 말 영국의 도자 장인 토머스 민튼이 중국산 청화백자의 문양을 본 따 만들어낸 디자인이 큰 인기를 끈다. 대량생산이 가능한 동판전사銅版轉寫 방식으로 그림이 입혀진 이 도자기는 다른 회사에서도 다투어 카피본을 만들 정도로 향후 200년 동안 사랑받는다. 이 디자인의 도자기들은 중앙에 버드나무 문양이 그려져 있어 '윌로우 패턴willow pattern(버들 무늬)'이라 불렸다.

사실 그 도상은 알고 보면 중국 디자인의 조악한 모방과 합성에 불과하다. 가운데 성긴 버드나무가 있고 오른쪽에 누각과 귤나무와 소나무 등이 딸린 중국식 저택과 병풍처럼 생긴 담장이 둘러쳐 있다. 그리고 왼쪽 무지개다리를 세 병정이 채찍을 들고 건너고 있으며, 물 건너 작은 섬 위에 정자집이 또 하나 있다. 마지막으로 이 디자인에서 필수적인 비둘기 한 쌍이 중앙 상단에 보인다. 그 밖의 가

19세기 중엽 스테이크 접시에 전사된 윌로우 패턴.

장자리는 복잡한 기하학적 무늬로 채워져 있다.

디자인 속 딱딱하고 정형적인 공간 이미지는 당시 영국인들의 중국적인 유토피아에 대한 빈약한 상상력과 오리엔탈리즘 인식을 그대로 보여준다. 그런데 이 윌로우 패턴에는 단순히 그릇의 문양일 뿐이라며 넘겨버릴 수 없는 흥미로운 역사가 숨어 있다. 일단 윌로우 패턴 도자기가 세상에 나온 뒤, 얼마 지나지 않아 동일한 제목의 전설 같은 이야기도 동시에 나돌기 시작한다. 그 내용은 이렇다.

중국의 한 부자 상인에게 쿵 씨라는 시집갈 나이의 딸이 있었다. 그녀는 아버지 가게의 회계사인 창과 아버지 몰래 사랑을 나눈다. 그런데 아버지는 자기 딸을 나이 많은 귀족과 중매결혼을 시키려던 참이었다. 딸과 회계사와의 부적절한 관계를 눈치챈 아버지는 대노하여 딸의 침소에 높은 담장을 둘러버린다. 곧이어 사위가 될 귀족이 신부를 데려가려고 배에 패물 상자를 가득 싣고 당도한다. 아버지는 버들개지가 벌어질 때 혼례를 올리기로 언약하고, 회계사를 하인으로 강등시켜 저택의 외진 곳에 감금한다. 하지만 쿵 씨는 연인을 탈출시키고 패물 상자까지 훔쳐 함께 달아난다. 이들은 채찍을 든 병사들에 쫓기다가, 다리를 건너 귀족의 배를 훔쳐 타고는 외

216

딴 섬에 상륙한다. 섬에서 연인들은 행복한 몇 년을 보내지만, 은신처를 알아낸 귀족은 병사들을 보내 결국 이들을 붙잡아 처형한다. 종국에는 이를 가엾게 여긴 상제가 이들을 한 쌍의 비둘기로 환생시킨다. 여기까지의 이야기는 도자기의 도상 속에 그려진 풍경과 대체로 일치한다.

중매결혼을 강요하는 부모와의 내면적 갈등, 그리고 고통스러운 갈등의 와중에 더 빛이 나는 여성의 지조가 중국에서도 빈번한 이야기 소재였다는 점에서, 윌로우 패턴의 전설에 개연성이 없는 것은 아니다. 그런데 이것은 사실 100퍼센트 영국에서 만들어진 이야기다. 발생에 대해서는 여러 설이 있지만 비둘기로 환생한다는 결말이 훗날 덧붙여질 무렵, 비둘기 한 쌍의 도상도 접시 디자인에 추가로 등장하는 사실로 봤을 때, 도자기 회사에서 만들어냈을 가능성도 있다. 그렇다면 이야말로 기가 막힌 상혼이라고 할 것인데, 설사 도자기 회사가 진원지는 아니더라도 낭만적인 이야기가 판촉에 도움이 된 것만은 분명한 사실이다. 그런데 더 흥미로운 것은 영국 사람들이 이 이야기를 어릴 적부터 접할 뿐 아니라, 별 의심 없이 중국에서 전래되었다고 믿거나 믿고 싶어 했다는 점이다.

윌로우 패턴의 이야기는 19세기 내내 대중 출판물, 공연 예술, 동요, 아동서, 광고 등 다양한 방식으로 영국 문화 속에 유전된다. 동시에 빅토리아시대의 중국 상상을 대표하는 많은 문학작품을 만들어낸다. 대표적인 것을 예로 들면, 한국에도 유명한 찰스 램의 산문 〈오래된 도자기Old China〉, 프랜시스 탈포드가 W. P. 헤일과 함께 쓴 희곡 《중국인의 딸이여!The Mandarin's Daughter!》, 조지 메러디스의 장편소설 《에고이스트_The Egoist_》(주인공 이름이 '윌러비 패턴Willoughby Patterne'이다), 그리고 앤드류 랭의 감성적인 시 〈청화백자에서의 발라드Ballades in Blue China〉 등이 있다. 찰스 램은 청화백자의 문양을 보고, "원근법 이전의 세계에서 어떤 요소의 제약도 받지 않고, 남자니 여자니 하는 허울만 가지고 둥둥 떠 있는, 법조차 존재하지 않을 것 같은 하늘색 안료로만 그려진, 귀엽고 기묘한 모습"이라고 찬탄한다. 그 이미지는 20세기 이전의 영국인들이 기대하고 소유하고자 했던 환상적인 중국을 축소해놓은 것이었다. 이런 열망을 충족시키는 월로우 패턴 도자기는 또한 평민 대중의 일상생활까지 다가감으로써, 영국인들의 중국 상상을 자극하는 요지경 같은 대상이 되어 갔다.

낭만주의와 이국취미로 포장된 월로우 패턴의 이야기는 중국과의 거리가 훨씬 가까워진 20세기에도 다양한 버전으로 이어졌다. 1901년에는 〈월로우 패턴〉이란 오페라부파(이탈리아어로 써진 희극적 오페라)로 각색되었고, 1914년에는 단편 무성영화로 만들어지기도 했다. 또 네덜란드 소설가 로베르트 판훌릭은 당나라의 명신名臣 적인걸狄仁傑을 소재로 한 탐정소설 시리즈로 '월로우 패턴' 이야기를 모티프로 한 《월로우 패턴_The Willow Pattern_》을 발표하기도 했다. 이쯤 되면 서양인들에게 월로우 패턴은 단순히 도자기를 장식한 무늬가 아니라, 그 자체가 이미 중국에 대한 상징이 되었다고 말할 수 있다.

월로우 패턴의 소재가 된 중국은 사실 이야기의 나라다. 소설 주인공이 공예품에 등장하는 일도 흔하다. 예를 들면 《삼국연의》나

런던에 있는 웨지우드 사의 상품 전시장(1813년의 동판화).

《서상기西廂記》,《홍루몽紅樓夢》처럼 연극으로도 유명한 국민 서사들은 도자기나 가구 장식 등 다양한 공예품에 이미지로 활용되었다. 하지만 윌로우 패턴처럼 물건이 먼저 생기고 나서 이야기가 만들어진 경우는 거의 없다. 이 점에서 윌로우 패턴 이야기는 어쩌면 산업화 시대였기에 가능했다고도 할 수 있다. 이 이야기의 유전 과정은 원래 축제의 상징이었던 산타클로스나 밸런타인 같은 성인들의 이야기가 산업화 시대에 상품 광고로 활용되면서 다시 낭만적으로 포장되는 과정과도 유사하다. 도자기 하나에도 면밀한 판매 전략이 도모될 정도로, 당시 영국은 이미 산업 활동이 상당한 수준으로 발달했다. 영국의 도자기 업계는 유럽을 풍미한 호사스러운 중국 취미를 매우 감성적으로 활용해 마침내 대중 소비자뿐 아니라 지식층의 열렬한 호응까지 이끌어내는 대단한 성공을 거둘 수 있었다.

하지만 지금은 이런 상황도 호랑이 담배 먹던 시절의 이야기이다. 주요 고객이 왕후장상에서 평민으로 바뀌긴 했지만, 아이러니하게도 이제 다시 중국 제품이 영국의 가게를 뒤덮는 시대가 되었다. 세계화 시대는 기존의 산업 선진국들에도 변화를 강요한다. 가장 심하게 타격을 받는 분야는 오랜 전통에도 불구하고 가격 경쟁력에 취약한 제조업이다. 영국 도자기를 대표하던 웨지우드 사가 2008년 뉴욕발 경제 위기로 휘청거리다 1년 후 끝내 도산한 것은 영국인뿐 아니라 세계인에게도 큰 충격이었다. 내가 영국에 있을 때 웨지우드 사가 소장한 방대한 도자기 컬렉션마저 매각 위기에 처해, 모금 운동을 통해 공공의 재산으로 환수해야 한다는 이슈가 한창 달아올랐다. 역사의 신화를 만들어낼 또 다른 '윌로우 패턴'을 기대하기가 이제 어려워졌다.

중국 시인 쉬즈모의 사진전

케임브리지에는 중국 사람이 많다. 대학의 유명세만큼 유학생이 많을 것은 당연하고, 또 지금 세계 어디를 가도 사람 많은 곳에 중국 사람도 많다는 것을 생각하면 이상할 게 없다. 그래도 학생도 아닌 관광객으로 대단한 관광지도 아닌 먼 곳까지 찾아가는 정성이 조금 유별나긴 하다. 중국에는 '자식이 용이 되기 바란다望子成龍'는 격언이 있다. 그래서 엉뚱한 상상을 해보기도 한다. '중국도 우리 이상으로 입시 경쟁이 치열한 곳이니, 혹시 자식 잘되라고 기氣라도 받으러 왔나?' 중국인 단체 관광객이 곳곳에 포진해 있다 보니, 사진을 찍어달라며 당연하다는 듯이 내게 중국말을 건네곤 했다. 처음엔 멈칫했지만 나중엔 만성이 되어 '하나, 둘, 셋'이 자연스럽게 중국어로 튀어나왔다. 그런데 케임브리지에 이처럼 중국 관광객이 많은 이유는 색다른 데 있다.

킹스채플에서 열린 중국 시인 쉬즈모의 기념 전시회.

내가 있던 해 7월에 킹스 칼리지에서 이색적인 전시회가 열렸다. 일단 전시회 장소가 전시 전문 공간이 아닌 킹스채플인 점이 특이했다. 영국 고딕 양식의 기념비적인 건축물인 이 성당은 길이가 무려 88미터이고 탑신을 제외한 건물 높이만도 24미터나 되는 거구다. 일반적으로 학교에 부속된 종교 시설을 '채플'이라 하지만, 이곳은 마치 성당이 대학 건물을 거느리고 있는 듯이 보인다. 하지만 전시회는 매우 조촐했다. 복제된 사진들을 인테리어랄 것도 없는 병풍에 박아 성당 한쪽에 세워놓은 초라한 전시회였다. 이만한 전시회를 굳이 이런 건물에서 할 필요가 있을까 싶었다. 이 전시회는 1920년대 초반에 이 대학에서 잠깐 수학한 중국 시인 쉬즈모를 기리는 행사였다. 이 행사가 개최된 동기는 쉬즈모가 이 대학에서 한 역할보다는 그가 중국에서 차지하는 위상에서 찾을 수 있다.

쉬즈모가 먼저 유학을 간 곳은 미국이었다. 고향 하이닝海寧에서 지역 재계의 큰손이었던 그의 아버지는 아들이 가업을 이어 금융학을 전공하기를 바랐고, 그 역시 중국의 알렉산더 해밀턴이 되고자 처음에는 경제학을 전공했다. 해밀턴은 워싱턴 정권의 재무 장관이다. 하지만 쉬즈모는 인문학적 기질 탓에 오래지 않아 미국 생활을 미련 없이 접었고, 새롭게 우상이 된 버트런드 러셀을 좇아 1920년 영국행 기선에 오른다. 공교롭게도 러셀은 당시 케임브리지에서 쫓겨나 중국으로 순회강연을 떠나 있었다. 하지만 런던에서의 짧은 방황의 시간은 쉬즈모에게 오히려 행운이었다.

케임브리지 시절의 쉬즈모.

그는 당시 중국 혁명정부가 국제연맹 창설 준비 회담에 파견한 원로 정치인 린창민林長敏과 가까워졌고, 그를 통해 연맹 창설을 주도하던 골즈워디 디킨슨을 알게 된다. 킹스 칼리지의 펠로우이기도 했던 디킨슨은 쉬즈모가 케임브리지의 '특별생'이 되도록 주선해주었다. 린창민은 또한 고등학생 나이의 딸 린후이인林徽因을 데려왔는데, 그녀는 첫 만남에서부터 쉬즈모의 마음을 뒤흔들었다. 그러나 짝사랑에 빠진 그는 유부남이었고 린후이인 또한 정혼자가 따로 있었다. 런던에서 쉬즈모는 디킨슨을 통해 운명의 전기를 맞게 되었고, 린후이인으로 인해 감성 세계에 큰 변화를 겪는다.

쉬즈모의 처가 또한 정재계에서 힘 꽤나 쓰는 집안이었다. 쉬즈모의 근황을 전해 듣고 불안해진 처가 사람들이 아내인 장여우이張幼儀를 케임브리지까지 보낸다. 이들 부부는 케임브리지 교외의 서스톤에서 함께 살았지만 쉬즈모의 마음은 이미 딴 곳에 있었다. 장여우이와의 결혼 생활이 자신의 열정을 가로막는다는 생각은 변하지 않았고, 결국 이들은 독일 여행 중에 합의 이혼한다. 그와 케임

1930년대의 골즈워디 디킨슨. 그가 쓴 중국식 모자는 쉬즈모가 선사했다.

브리지의 진짜 인연은 사실상 그때부터 시작된다. 이방에서 온 소극적인 방관자에 불과했던 그는 혼자가 되고 나서 적극적으로 케임브리지의 낭만적인 삶을 향유한다. 문학 작가로서 첫 출발을 한 시기도 이 무렵이다.

디킨슨의 폭넓은 문화 인맥은 쉬즈모의 캠퍼스 생활을 더 풍요롭게 만들어주었다. '블룸즈버리그룹'으로 후세에 널리 알려진, 영국에서 그 시절 가장 전위적인 예술가와 철학자 그룹이 디킨슨 덕분에 쉬즈모 주위에 포진했다. 화가 로저 프라이, 중국학자로 당시 唐詩를 번역한 아서 웨일리, 출판인 찰스 오그던과 절친한 사이가 됐고, 나중에는 기성작가인 캐서린 맨스필드와 토머스 하디를 찾아가기도 했다. 물론 그가 오매불망 그리던 러셀과도 사신私信을 나누는 가까운 사이가 됐다.

세상에는 공짜가 없는 법. 사실 그들이 쉬즈모를 받아준 것은 또한 그들도 중국에 관심이 많았기 때문이다. 1911년과 1913년 두 차례나 직접 중국 여행을 다녀온 디킨슨은, 1901년에 이미 익명으로《중국인 존의 편지Letters From John Chinaman》라는 책을 낸 적이 있다. 이 책은 허구적으로 설정된 중국인 관리의 입을 통해 서구인들의 왜곡된 중국 인식을 비판한다. 디킨슨은 의화단운동과 경자사변(1900년 열강 8개국 연합군의 베이징 침공 사건) 직후 편견으로 가득한 중국 담론에 반기를 든 흔치 않은 서구 지식인이었다. 그와 동료들에게 중국의 고대문명은 단순히 신비로움의 차원을 떠나 서양의 난제, 특히 산업 문명과 세계대전으로 한계를 보이기 시작한 서양 문명의 새로운 대안으로 여겨졌다. 그러니 제 발로 찾아온 쉬즈모가 얼마나 반가웠겠는가? 쉬즈모가 영국에 간 때는 때마침 서양 지식계의 동양에 대한 인식이 전환점을 맞고 있었다. 동양에 대한 재인식은 문학 예술 전반에 걸친 모더니즘 사조의 유행에도 영향을 끼쳤다. 하지만 쉬즈모는 영국 지인들이 추구한 모더니즘이 아니라, 100년 전쯤에 영국을 풍미한 워즈워드와 바이런의 학도가 되어 낭만주의 작가로 문단에 데뷔한다. 그에게 어떤 문학작품보다 낭만주의적인 영감을 제공한 것은 케임브리지의 그야말로 낭만적인 전원 풍경이었다.

쉬즈모는 한편 케임브리지 시절에 꿈꾸었던 낭만적 상상을 문학 창작의 차원을 넘는 실천 운동으로 모색했다. 1924년 인도 시인 타고르의 중국 순회강연에 통역으로 동행하면서 목가주의적 신념은 더 굳어져갔다. 그가 실천의 모델로 여긴 것은 타고르의 순회강연에 수행원을 자청한 영국인 활동가 엠허스트 부부가 운영하던 '다팅턴홀'이었다. 다팅턴홀의 원조는 타고르가 인도에서 조직한 농촌 공동체였다. 하지만 쉬즈모가 넘어야 할 산은 첩첩이었고 꿈은 결국 실현되지 못했다. 그의 생각은 위기의 중국에는 어울리지 않는 귀족적이고 공허한 발상이라고 좌익 논객들로부터 격렬한 질타를 받았다. 설상가상으로 그는 1931년 비행기 사고로 34년의 짧디짧은 족적을 남긴 채 혜성처럼 사라진다.

1924년 인도 시인 타고르의 중국 방문 시 베이징에서 찍은 사진. 맨 뒷줄에 쉬즈모와 엠허스트가, 타고르 왼쪽에 린후이인이 보인다.

타고르의 수행을 마치고 귀국한 엠허스트는 일찍이 1925년과 1928년 두 차례에 걸쳐 쉬즈모를 유럽으로 초청했다. 1928년의 여행 중 쉬즈모는 케임브리지를 마지막으로 다녀갔다. 이 여정의 귀국길에 동중국해에서 쓴 시가 바로 유명한 〈다시 케임브리지를 떠나며 再別康橋〉이다.

　　살며시 나는 떠나련다. 살며시 왔던 것처럼
　　살며시 손을 흔들어, 서편의 구름과 작별한다.

강가의 금빛 버들은, 석양이 비추는 새색시
물에 반사된 화사한 자태, 내 마음속에서 일렁이네.

진흙에서 솟은 어리연꽃이, 하늘하늘 물 밑에서 살랑임에
케임 강의 순한 물결을 따라, 나는 기꺼이 한줄기 수초가 되련다!

느릅나무 밑 웅덩이는 샘물이 아니라, 차라리 천상의 무지개
수초 사이로 산산이 부서지며, 무지갯빛 꿈이 가라앉는다.

꿈을 좇아갈까? 삿대를 밀어, 풀보다 더 푸른 곳으로 거슬러 가서
배에 한 가득 별 빛을 실고서, 별 빛 반짝임 속에서 노래를 부르련다.

그러나 차마 소리를 낼 수가 없다, 고요함은 이별을 위한 음악일 터
여름 벌레조차 날 위해 숨죽인, 이 밤의 케임브리지는 침묵뿐이어라!

조용히 나는 떠나련다, 조용히 왔던 것처럼
나는 옷소매를 털어낸다, 구름 한 점이라도 묻혀 갈까 봐.

출발과 끝은 마치 〈대전발 0시 50분〉이란 한국 가요처럼 약간 선
정적으로 보이지만, 곰곰이 음미해보면 응축된 서정이 끈적거림 없
이 살살 녹아내리는 것만 같다. 석별의 아쉬움을 이처럼 감미롭게
묘사한 문장이 또 있을까 싶을 정도다. 잘 알려진 것처럼 케임브리
지는 윌리엄 워즈워드나 조지 바이런 같은 낭만적인 시인을 배출한

곳이다. 그러나 이 대학의 영국인 졸업생들이 쓴 시 중에 쉬즈모처럼 케임브리지의 캠퍼스 자체를 낭만적이고 서정적으로 묘사한 작품은 의외로 많지 않다. 그래서 이 시의 영문 번역본은 케임브리지에서도 유명하다. 물론 중국에서는 더 말할 필요가 없다. 재미있는 사실은 이 시가 그 유명세만큼이나 또한 중국인들에게 케임브리지를 낭만의 장소로 각인시켜왔다는 점이다.

킹스 칼리지의 뒤뜰에는 케임 강을 가로지르는 킹스 칼리지 다리라는 작은 다리가 있다. 그 다리를 건너자마자 왼편 잔디밭에 시구가 적힌 자그마한 바윗돌이 있다. 앞에 인용한 쉬즈모 시의 맨 끝 연이 거기에 한자로 새겨져 있다. 이 시비는 2008년에 베이징에서 공수해왔다. 전시회도 그렇지만 이 시비도 케임브리지에서 자체 추진한 것이란다. 하지만 그것을 보면서 어쩔 수 없이 쉬즈모 개인보다 중국이 참 대단한 나라라는 생각이 들었다. 대학뿐 아니라 시청의 전략도 이와 무관하지 않을 것이다. 케임브리지를 찾는 관광객이 연 400만 정도가 된다는데, 절대다수가 중국인이다. 물론 관광업이 대학 도시의 분위기를 훼손하는 것에 대해서도 우려의 목소리가 없는 것은 아니지만, 대학의 역사와 관련한 사소한 콘텐츠 하나하나가 관광자원이 되는 이 도시에서 쉬즈모를 마다할 이유가 있을까.

아무튼 쉬즈모 덕분에 중국

킹스 칼리지 구내의 쉬즈모 기념비.

인들에게는 케임브리지 전체가 칼리지와 무관하게 '문학의 케임브리지'이고 '쉬즈모의 케임브리지'다. 그래서 쉬즈모가 다닌 킹스 칼리지와 전혀 관계없는 트리니티 칼리지 정문 앞에서도, 세인트존스 칼리지 정문 앞에서도, 사진기 앞에 포즈를 취한 중국인들이 자기들끼리 말한다. "여기가 쉬즈모가 다닌 학교라지?"

사절단의 전속 화가

영국박물관 하면 그리스나 이집트 조각처럼 덩치 큰 고고학적 유산만 있을 것 같지만, 의외로 작은 갤러리에 있어야 할 것 같은 소품도 많다. 이 박물관 3층 '프린트와 드로잉' 실의 전시품이 바로 그런 것들이다. 박물관에 워낙 전시품이 많아서 관람객들이 대부분 중요하고 큰 것 위주로만 보기 때문에 이 방은 그냥 지나치기 일쑤다. 내가 이 방에 관심을 갖게 된 것은 한때 기억 속에 있던 일련의 이미지를 환기하는 작은 그림 하나 때문이었다. 문제의 그림은 A4 용지보다 약간 큰 수채화였다. 그 화폭에는 청나라 중엽 베이징 성문 앞의 운하 풍경이 실제보다 환상적으로 펼쳐져 있었다.

우리가 아프리카인이나 유럽인을 표현한대도 그랬겠지만, 사진이 없던 시절에 서양인들이 묘사한 중국(혹은 조선)의 이미지에는 실제 대상과 닮은 것 같으면서도 묘하게 다른 어떤 기이한 분위기가 있다. 지금 생각해보니 그런 그림들은 화가 자신의 견문만이 아니라, 대상 지역에 대한 사회적 인식이나 묘사 관습 그리고 결정적으로 먼저 유포된 이미지 등에 총체적으로 영향을 받은 것이었다. 그래서 그런 그림의 배후에는 반드시 어떤 이미지의 계보가 존재한다. 그 계보에 대한 궁금증은 나로 하여금 오래된 책들 속으로 짧은 여정에 나서게 했다.

1793년, 청나라 건륭제가 즉위한 지 57년째 되던 해 7월, 영국에서 출발한 거대한 선단이 '천자의 나루'라는 톈진항에 나타난다. 이 선단을 이끄는 사람은 영국 국왕 조지 3세가 특사로 보낸 조지 매카트니였다. 그는 중국이 영국 무역업자들에게 북쪽 항구를 개방하고 영국 배가 중국 강역에서 수리를 받을 수 있도록 중국 황제로부터 허락을 얻어내라는 국왕의 특명을 받고 중국에 도착했다. 이는 사실상 정식 외교를 겨냥한 것이었다. 매카트니는 영국이 중국에 처음으로 파견한 대사 자격의 특사로 기록된다. 매카트니 선단의 규모는 어마어마했다. 그는 수행원만 95명에, 50명으로 이루어진 포병 부대, 그리고 베이징으로 옮기는 데만 마차 90대, 수레 40대, 말 200필과 잡역부 3,000명이 필요한 공물 600상자를 실은 전함을 이끌고 중국에 나타났다.

매카트니 일행의 중국 방문은 우리에게는 한양에서 베이징으로 가던 연행사들을 떠올리게 한다. 육상 루트를 통해 의주를 거쳐 베이징까지 갔던 그들도 당시 조선으로서는 작은 규모가 아니었다. 그중에도 매카트니가 도착하기 13년 전인 1780년 청나라 건륭제의 70세 생일에 정조 임금이 보낸 축하 사신단은 가장 많이 알려져

열하의 피서산장에서 건륭제를 알현하는 매카트니 특사 일행. 배석자를 표시하기 위해 영국 측 인물의 머리 위에 번호를 매겨놓았다. 윌리엄 알렉산더의 그림.

있다. 바로 사신단의 일원이었던 연암 박지원이 저 유명한《열하일기》를 남겼기 때문이다. 사신단의 방대한 규모는 중국에 대한 예우도 예우려니와, 그만큼 중국에서 얻어올 정보가 많았기 때문이다. 매카트니 일행에는 외교나 교역과 직접적인 관련이 없는 자연과학자, 엔지니어, 식물학자, 의학자, 포병 장교 등이 끼어 있었다. 당시만 해도 중국은 여전히 영국에 수수께끼 같은 나라였고, 그들이 수집한 지식은 하나같이 국가급 정보였다. 조선의 사행使行에서 공식 인원 외에 장래가 촉망되는 젊은 친인척을 데려가는 것이 용인된 것도 같은 맥락에서였다. 연암이 바로 그런 자제군관子弟軍官 신분이었다.

윌리엄 알렉산더의 〈베이징의 서대문인 평칙문〉. 동판 인쇄 후 채색.

그런데 또 한 가지 공통점은 조선이나 영국이나 일행에 화가를 포함시켰다는 점이다. 조선에서 보낸 화가 중에는 도화서 화원으로 1789년 베이징에 다녀온 김홍도가 가장 유명하다. 매카트니의 공식 화가는 토머스 히키였다. 하지만 귀국 후 더 유명해진 사람은 겨우 스물다섯 살 나이에 수행원으로 임명된 히키의 조수 윌리엄 알렉산더였다. 그리고 그의 그림은 뜻밖에 중국에서 건너간 다른 어떤 정보보다도 영국 사회에 센세이션을 일으킨다.

윌리엄 알렉산더는 마차를 만드는 수공업자의 아들로 태어났지만, 타고난 손재주를 바탕으로 로열아카데미에서 수학할 기회를 얻는다. 그리고 1792년 매카트니를 수행하도록 임명받아, 약 2년간 중국의 텐진, 베이징, 청더(열하), 항저우, 광저우, 마카오 등을 방문한다. 그가 남긴 많은 드로잉과 수채화 중 대표작이 바로 영국박물관에서 만날 수 있는 〈베이징의 서대문인 평칙문〉이다. 영국에 귀국한 뒤 완성한 이 그림은 베이징 성의 서대문인 부성문 앞 운하의 번화한 풍경을 담고 있다. 원 제목의 '평칙문'은 원나라 때 붙여진 부성문의 별칭이다.

후일 알렉산더는 당시 '대영박물관'의 첫 큐레이터가 되는 동시에 로열아카데미의 '드로잉 마스터'를 지내는 영예를 누리기도 했다. 심지어 드로잉과 인쇄물 장르로서는 처음으로 영국박물관에 소장된 것이 바로 그의 작품이었다고 한다. 그는 탁월한 재주가 있었지만 사실 운도 따른 셈이다. 그 시절에 유럽인으로서 중국을 직접 보고 그릴 수 있는 기회를 얻는 것은 쉽지 않았기 때문이다.

알렉산더 이전에 영국인들의 상상력을 자극할 만한 중국에 대한 정보는 매우 드물었다. 영국에서는 오길비가 1671년부터 펴낸 《중국 지도책 Atlas Chinensis》이 유일했다. 이 책은 요한 니우호프가 1665년 네덜란드에서 출판한 책을 번역한 것이다. 니우호프의 원전은 1655년에서 1657년 사이에 네덜란드 동인도회사의 항해를 따라 중국을 다녀간 여정을 담은 일종의 여행기였다. 이 책의 특색은 내용보다도 니우호프가 제작한 다량의 판화에 있다. 그의 판화는 일련의 계통적 이미지로 중국을 담은 기록물로는 서구 사상 최초였다.

하지만 니우호프의 그림들은 신뢰할 만한 많은 디테일에도 불구하고 중국에 대한 편견을 적지 않게 드러낸다. 청나라 황제가 터번을 두르고 있는가 하면, 초현실적인 일화들이 버젓이 현실인 양 묘사되기도 한다. 그의 책은 중국이 아직 유럽인들에게는 불가사의하고 야만적인 세계였음을 보여준다. 그래도 니우호프의 저서는 출판 당시 뜨거운 관심을 받았고, 유럽인들의 중국 상상에 절대적인 영향을 끼친다. 특히 중국 취미 열풍 속에서 제작된 당시의 많은 건축물과 공예품들이 그의 도상을 모티브로 삼았다. 최근 연구에 따르면 심지어 하멜의《하멜 표류기》까

《중국 지도책》 속표지의 니우호프 그림에 등장한 타타르(청나라) 황제.

지 이 책의 체재를 모방했다고 한다.

한 세기 후 제작된 알렉산더의 중국 이미지는 니우호프의 것보다 훨씬 직접적이고 참신했다. 매카트니 일행의 부사副使 조지 스턴튼이 작성한 보고서는 1797년의 첫 출판 후 1832년까지 유럽 일곱 개국과 미국에서 열다섯 가지나 되는 판본으로 출판되는데, 여기에 알렉산더의 그림이 삽입되었다. 그가 1805년에 마흔여덟 컷의 컬러 삽화와 함께 출판한《중국의 풍습The Costume of China》 또한 그때까지 중국을 다룬 어떤 책보다도 정교했다. 이 책이 성공하자 1814년에 새로운 삽화 50컷을 수록한《그림판 중국의 풍속과 예의Picturesque

윌리엄 알렉산더, 《그림판 중국의 풍속과 예의》
중 〈중국의 배우〉. 동판 인쇄 후 채색.

representations of the dress and manners of the Chinese》라는 속편을 내기도 했다.

이 책들은 30여 년 뒤 여행 화가로 명성을 떨치게 되는 토머스 알롬의 중국 배경 그림에도 절대적인 영향을 끼친다. 알롬이 중국에 직접 다녀오지 않고도 그처럼 생생하게 중국의 풍속을 재현한 데는 알렉산더의 공이 적지 않았다. 하지만 알렉산더의 운명에 전기를 마련해준 매카트니의 중국 방문은 정작 영국 정부에는 별다른 실익을 가져다주지 못했다. 중국은 매카트니 일행에게 조선 사신단에 준하는 예우는 했지만, 당시로서는 이 '영길리英吉利(잉글랜드)'가 존재 의미조차 없는 먼 나라에 불과했다. 시계와 모직 옷감, 망원경, 지구의地球儀, 신무기 등 당시 영국의 첨단 기술을 내세운 매카트니의 공물도 시계를 제외하면 그다지 황제의 관심을 끌지 못했다. 그 나라가 불과 몇십 년 뒤 중국을 아편으로 좀 먹고 전쟁까지 일으켜서 만신창이로 만들리라고는 상상조차 할 수 없던 시절이었다. 그래서 매카트니의 심기일전에도, 중국 황제는 그가 단지 "조공 관계를 청하러 온 것"이라고 치부해버렸다.

매카트니 일행이 부성문을 통해 베이징에 입성한 것은 1793년

중국 경험이 없는 토머스 알롬이 그린 〈중국인 저택에서의 저녁 연회〉, 1843년 동판 인쇄 후 채색.

8월 21일이었다. 성곽은 1950년대에 완전히 철거되고 부성문 자리에는 지금 사통팔달로 연결된 고가도로가 놓여 있다. 이제는 아편전쟁 시절마저 과연 그런 때가 있었나 싶을 정도로 강산이 달라졌다. 니우호프와 알렉산더, 그리고 알롬이 남긴 출판물도 지금은 오히려 영국 반대편에서 경매시장의 각광 받는 골동품이 되었다.

경자년 난리의 배상금이 남긴 것

나의 유년 시절에 시골 중학교의 원어민 영어 교사는 대개 평화봉사단으로 한국을 찾은 미국의 청년들이었다. 서양 사람 보기가 군인을 제외하면 부처님 만나듯이 어렵던 시절의 얘기다. 케네디 대통령의 제안으로 1961년에 시작된 이 사업이 한국과 인연을 맺은 것은 1966년부터 1981년까지였다고 한다. 사회주의 국가가 되기 이전에 중국에도 이와 비슷한 목적으로 들어간 서양 사람들이 있었다.

영국인 중에 제법 유명한 이는 케임브리지의 킹스 칼리지 출신으로, 1935년 우한武漢 대학에 영어 강사로 파견된 시인 줄리언 벨이다. 벨을 소개하자면 우선 그 집안부터 얘기하지 않을 수 없다. 그의 아버지는 예술 평론가 클라이브 벨이고, 어머니는 화가 버네사 벨, 그리고 이모가 소설가 버지니아 울프다. 이름만으로도 쟁쟁한 이들은 모두 왕년에 '블룸즈버리그룹'의 주요 멤버였다. 중국에 먼저 들어가 있다가 벨의 중국행을 주선한 마저리 프라이도 블룸즈버리그룹의 대표적인 멤버인 화가 로저 프라이의 여동생이었다. 그런데 벨의 중국행이 이루어진 데에는 중국과 영국 사이에 얽힌 더 복잡한 사연이 있었다.

줄리언 벨.

　1840년 아편전쟁 이후, 중국에는 청나라 조정이 기울어가는 것과 반비례하여 열강의 영향력이 점차 증대되어간다. 그러다 최악의 상황이 발생한 것이 1900년 경자년이었다. 그 몇 해 전부터 전국에 걸쳐 의화단운동이 일어나, 서양에서 온 상당수의 종교인들이 살해되고 그들이 구축해놓은 시설이 무참하게 파괴되었다. 의화단의 분기는 산동 지역 천주교구의 무리한 교세 확장과 때마침 지역을 덮친 대기근이 화근이 되어 시작되었다. 서태후는 애초에 의화단운동을 민란으로 규정하고 진압하려 했지만, 자신이 폐위한 광서황제를 열강이 복위시키려 한다는 정보를 듣고, 오히려 의화단운동을 방관하거나 심지어 부추기는 등 갈팡질팡하는 모습을 보인다. 마침내 의화단의 베이징 진입이 임박하자, 거류민 보호를 명분으로 8개국이 연합군을 조직해 베이징으로 진격한다. 청나라도 이에 맞

1900년, 천안문 앞 전문을 공략하는 미국 해병대를 묘사한 그림.

서 선전포고를 하지만, 조정은 무능함만을 드러낸 채 만신창이가
된다.

8개국 연합군의 베이징 점령이라면 우리나라에는 1963년에 나온
〈북경의 55일〉이란 미국 영화로 잘 알려져 있다. 베이징에 진격한
미 해병대의 이야기를 다룬 이 영화는 나도 어린 시절에 본 적이 있
는데, 피폐한 중국 민중을 의인인 양 구해내는 루이스 소령(찰턴 헤
스턴 분) 쪽이 사실은 진짜 침략자라는 것은 훨씬 뒤에야 알게 되었
다. 아편전쟁 이후 이미 청나라는 날로 패색이 짙어갔지만, 1900년
이 하나의 분기점이 되는 이유는 수도인 베이징에까지 외국 군대가
주둔했다는 점 때문이다. 이는 단지 항구 몇 개를 양보하는 것과는
엄청난 차이가 있는 것으로, 사실상 중국의 주권이 유명무실해졌음

을 의미한다.

중국이 그때 받은 타격의 증거는, 지금도 천안문 동남쪽의 둥쟈오민샹 거리에서 확인해볼 수 있다. 그 지역에 있던 열강의 공사관 구역은 자금성 전체의 넓이에 필적했다. 이전에 그곳은 청나라 관료 조직의 핵심 기관과 황자, 황손의 저택이 즐비한 베이징의 노른자위 땅이었다. 그곳이 우리에게도 의미가 있는 것은, 대대로 조선 사신들의 숙소로 쓰이던 회동관會同館(또는 옥하관玉河館) 자리도 그 안에 있기 때문이다. 19세기 말을 기점으로 구 회동관 터는 러시아가, 새 회동관 터는 미국이 차지하여 공사관과 병영이 들어선다. 1919년 5월 4일 천안문 광장에서 시위를 마친 베이징 대학 학생들이 굳이 공사관 구역을 에돌아 행진한 것도 그런 굴욕적 상황에 대한 저항 의지를 나타내기 위해서였다.

패전에 따라 1901년 신축조약(베이징 의정서)이 체결되자, 중화 제국의 천년 도성 한복판에서 희대의 빚잔치가 벌어진다. 열강은 패전국인 청나라에 전쟁 배상금으로 백은 4억 5,000만 냥을 요구했다. 당시 중국 인구 4억 5,000만 명이 각각 1냥씩을 부과하도록 계산한 치욕스러운 금액이었다. 게다가 상환 기간 39년에 연리 4퍼센트까지 적용하면, 그것은 사실상 9억 8,000만 냥에 달하게 되는 감당하기도 어려운 액수였다. 이것을 영어로는 '의화단 배상금Boxer Indemnity'이라 하고, 중국에서는 '경자년 배상금庚子賠款', 즉 1900년의 패전에 대한 배상금이라고 부른다. 배상의 성격을 서로 다르게 보기 때문이다. 아무튼 이 막대한 배상금의 배분액과 용처는 나라마다 차이가 있었다.

1901년의 신축조약 조인식. 오른쪽 가운데에 앉아 있는 이가 청나라 측 협상단의 대표인 이홍장李鴻章.

　가장 많은 액수를 챙긴 러시아는 자신들이 점유한 하얼빈-뤼순 구간의 동청철도(중동철로) 건설에 이 자금을 투입한다. 하지만 러시아는 1905년 일본과의 전쟁에 패함으로써 남만주에서 손을 떼야 하는 난관에 봉착한다. 그러다 1917년 로마노프왕조가 무너진 뒤 들어선 혁명 정부는 20퍼센트에 상당하는 잔액의 수령을 포기한다고 선언한다. 러시아 혁명정부의 선심은 사실 마지못한 선택이었다. 그들보다 앞서 미국이 중국의 손을 잡아주었기 때문이다. 1908년 루즈벨트 정부는 배상금 잔액의 전면 반환을 선언하는데, 그 액수는 미국 몫의 60퍼센트에 상당하는 거액이었다. 이런 유화정책은 확대일로에 있는 일본과 러시아의 영향력에 대응하여 새롭게 제시된 동아시아 전략에서 나온 것이지만, 다른 열강들에도 연쇄적으로 영향을 끼친다.

미국의 반납은 현금이 아니라 교육 사업에 대한 투자 형식으로 이루어진다. 미국은 1910년부터 중국인 유학생을 선발하는데, 대표적인 사람이 바로 후스胡適였다. 후스는 처음에는 농학을 전공하고자 코넬 대학에 입학하지만, 후일 컬럼비아 대학으로 옮긴 뒤, 당시 프래그머티즘의 태두였던 존 듀이에게 사사한다. 후스가 익힌 실용주의적 학문은 중국의 언문일치운동(백화운동)과 신문학혁명에 크게 기여했고, 이후 중국 고전의 근대적 해석 체계를 만들어낸다. 1930년대가 되자 미국은 일본을 젖히고 중국 유학생을 가장 많이 받아들이는 나라가 되는데, 이는 곧 미국이 장차 어느 나라보다 깊이 중국에 영향을 끼치게 될 것임을 의미했다.

한편 미국 정부는 1911년에 유학을 위한 예비 대학을 베이징에 창설하는데, 그곳이 곧 칭화 대학의 전신이다. 지금 칭화 대학에 남아 있는 1920년대 건축물은 그때 반환된 배상금으로 만들어졌다. 흥미로운 점 하나를 덧붙이자면, 그 건물들의 설계자인 미국인 헨리 머피가 연세대학교 교사도 설계했다는 사실이다. 머피는 국민당 집권 이후에도 중국 정부 소속 건축가라고 불릴 만큼 많은 관공서와 대학을 각처에 설계했다. 미국이 반환 배상금으로 중국에 세운 미션계 대학은 모두 12개소에 달했는데, 가장 유명한 곳이 베이징의 옌징 대학이었다. 현재의 베이징 대학 터에 있던 이 학교는 사회주의 중국의 성립과 함께 폐쇄되기 전까지 중국의 대학 중 가장 규모가 컸다. 한편 미국인들이 철수하면서 가져간 문헌과 자료는 현

청나라 궁정 양식으로 조성된 옌징 대학 전경. 뒤편 산자락 아래가 이화원이다.

재 서구 세계에서 동양학 연구의 메카가 되다시피 한 하버드 대학 옌칭연구소의 밑거름이 되었다. 미국의 반환 배상금은 그밖에 베이징 도서관 등 공공 문화시설의 신축에도 들어갔다.

영국은 애초에 배상금을 중국 내 자국 관할 조계租界(중국 개항 도시의 외국인 점유지)의 공공시설을 정비하는 데 투자했다. 그러나 미국의 용단을 수수방관할 수만은 없었다. 그리하여 제1차 세계대전의 전후 처리 후 국내 여론의 합의에 이르기까지 우여곡절을 겪은 끝에, 미국보다 훨씬 늦은 1931년이 되어서야 배상금 반환을 시작한다. 그 액수는 대략 분배액의 40퍼센트에 달했다. 그 배후에는 1920년에 중국에 머물다 간 버트런드 러셀의 권고뿐 아니라, 차이위안페이蔡元培 베이징 대학 총장 등 중국 쪽 선각들의 끈질긴 협상 노력이 있었다.

미국이 반환을 시작한 때는 중국을 대표하는 정부가 청나라 조정에서 군벌 세력으로 바뀌는 시기였지만, 영국의 협상 대상은 이미 북벌을 끝내고 난징을 중심으로 정착한 국민당 정부였다. 그래서 영국의 반환금은 주로 난징의 공공시설 조성에 투입되었다. 난징으로 통하는 철도뿐 아니라, 중앙도서관과 중앙박물관 같은 문화시설도 신축했다. 1949년 국민당의 대륙 철수 결정이 내려지자, 베이징의 자금성에서 가져온 황실 유물도 난징의 중앙박물관을 경유해 타이완까지 옮겨지는데, 심지어 여기에도 영국이 반환한 배상금이 투입되었다. 물론 미국의 직접적인 영향으로 영국도 유학생을 모집했다. 당시 유학생 모집 시험은 경쟁이 치열했다고 한다. 그래서 명문으로 여겨지던 칭화(베이징), 교통(상하이), 중앙(난징), 진링(현재의 난징 대학) 등 네 개 대학 출신자들이 합격률도 제일 높았다고 한다. 영국으로 간 유학생 중 대표적인 사람은, 칭화 대학 졸업 후 상하이에서 강의를 하다가 지원한 작가이자 미학자 첸종수錢鍾書였다. 1935년에 영국으로 건너간 그는 1937년 옥스퍼드의 액세터 칼리지에서 〈17, 18세기 영국 문학 속의 중국十七十八世紀英國文學中的中國〉이란 논문으로 학사 학위를 받는다. 그는 피에르 마르티노가 1906년에 발표한 〈17, 18세기 프랑스 문학에서의 동양〉에 자극을 받아, 중국 취미가 유행한 시대에 영국 문학에 남겨진 중국의 흔적을 추적했다.

필자의 전공상 문학과 관련되는 사람만 언급해서 그렇지, 이공

링수화가 직접 그린 《옛 노래》의 표지.

계통으로 공부한 사람 중에는
사실 유명한 인물이 더 많다. 많
이 알려진 사람으로 미국 쪽에
서는 항공과학자인 천쉐썬錢學
森, 1957년 노벨 물리학상을 받
은 양전닝楊振寧 등이, 영국 쪽
에서는 시험관 아기 연구의 대
부인 장민줴張民覺 등이 있다.
경자년 배상금에 의한 장학 제
도는 후일 미국에서 풀브라이
트 장학기금의 모델이 되기도
했다.

1933년부터 영국은 아예 중국에 자국 청년들을 교사로 파견하기
시작한다. 이 기획의 일환으로 파견된 벨에게, 중국행은 오히려 서
구 문명에 대한 염오에서 벗어나는 일종의 돌파구였다. 그래서 그
는 우한 대학에서 거리낌 없이 자유로운 나날을 보낸다. 특히 그는
당시 문과대학장 천위안陳源의 지적인 아내 링수화凌叔華와 '플라토
닉'한 사랑에 빠지기도 한다. 하지만 학장 부인과의 스캔들은 결국
그를 중국에서 떠나게 만든다. 전위적 사조와 사회주의에 공감하던
이 열혈 청년이 다시 선택한 모험의 목적지는 더욱 위험한 스페인
의 전장이었다. 1937년 그는 결국 스페인 내전의 포연 속에서 숨을
거둔다. 그런데 벨의 중국행은 또한 링수화에게 버지니아 울프와의
새로운 인연을 열어주었다. 울프의 조언을 받으며 그녀가 썼다는

영어 자전소설《옛 노래Ancient Melodies》(古韻)는 1953년 영국에서 출판되어 한 시대 영어권 독자들을 매료시켰다. 경자년은 중국인들에게 돌이키고 싶지 않은 가장 치욕스러운 해였지만, 한편으로 그들이 경험해보지도, 예상할 수도 없었던 전혀 색다른 역사가 시작된 해였다.

라오서와 라임하우스 차이나타운

런던의 서쪽에 있는 노팅힐은 그 지역 이름으로 제목을 단 〈노팅힐〉이란 영화로 더 잘 알려진 곳이다. 이곳을 찾는 이방인의 십중팔구는 영화 때문에 가는 것이라고 해도 과언이 아니다. 특히 노점들까지 나오는 토요일의 포토벨로 시장은 발 디딜 틈이 없다. 하지만 내가 노팅힐에 간 진짜 목적은 이 시장이 아니라 인근에 있는 한 중국 작가의 생가를 찾아가는 것이었다.

지하철 홀랑파크 역에서 내려 노팅힐 반대쪽의 주택단지 안쪽으로 들어가면 세인트제임스 성당이라는 자그마한 교회당이 보인다. 다시 성당 뒤편에 있는 긴 테라스주택을 따라 걷다 보면 파란 '잉글리시 헤리티지English Heritage' 딱지가 붙어 있는 한 집의 현관에 이르게 된다. 이 세인트제임스 가든 31번지는 중국의 현대소설가 라오서老舍가 1925년부터 1928년까지 살았다는 집이다. 이 집은 2003년

세인트 제임스 가든의 라오서 유택. 자동차 너머 둥그란 딱지 붙은 집에 라오서가 살았다.

에 영국 문화유산으로 등록되었는데, 중국 작가가 살았던 유택으로는 처음이자 유일한 곳이다. 그러나 내부는 일반 살림집이어서 외부에 공개되지는 않고 있었다.

소설가이자 극작가인 라오서는 현대 중국의 3대 작가 중 한 사람으로 꼽힌다. 빈한한 젊은 인력거꾼의 비극적 운명을 그린《낙타샹즈駱駝詳子》가 우리나라에도 오래전에 번역되었으며, 문화대혁명 때 홍위병들에게 시달린 끝에 자살로 마감된 그의 처참한 말년도 제법 알려져 있다. 런던에서 라오서는 유학생이 아니라 중국어 강사였다. 라오서가 1924년부터 5년간 재직한 런던 대학 동양학부

1926년 런던 숙소에서의 라오서. 베이징 라오서기념관老舍紀念館 제공.

(SOAS의 전신)는 그가 갔을 때 중국학 강의가 막 자리를 잡던 시절이었다. 게다가 초빙강사 대우도 좋지 않아 그는 영국에서 매우 쪼들렸던 것으로 알려져 있다. 보통 영국 학생들이 월 생활비로 300파운드를 쓰던 때에 그는 겨우 연봉으로 250파운드를 받았다고 한다. 그래서 사시사철 푸른색 양복을 마르고 닳도록 입고 다닐 수밖에 없었다.

세인트 제임스 가든 31번지 집에서 라오서는 중국학자인 클레멘트 에거튼 부부와 집세와 생활비를 분담하며 함께 살았다. 함께 사는 동안 그들은 서로 언어 교사가 되어주었다. 에거튼은 라오서의 도움으로 《금병매金瓶梅》를 완역하여 1939년 런던에서 네 권짜리 《금병매The Golden Lotus》로 출판한다. 이 책의 속표지에는 "To C. C. Shu My friend"라는 말이 있는데, 이는 본명이 '수칭춘舒慶春'인 라오서에 대한 감사의 표시였다. 라오서는 또한 중국에서 오랫동안 선교사로 있었던 퍼시 브루스 등과 함께 링구아폰 사(1901년 런던에 설립된 외국어 학습 교재 회사)의 중국어 학습서 편찬 작업에도 참여했다. 궁핍한 그에게 이 작업은 일종의 부업이었지만, 이 덕분에 스물다섯 살 라오서의 앳된 목소리가 레코드에 남을 수 있었다. 서양에서 처음 만들어진 이 중국어 교재는 1950년대까지 널리 애용되었다.

라오서는 끝내 영국 생활을 좋아하지 않았다. 그런 그가 예외적으로 즐겨 찾은 곳은 런던 대학의 도서관이었다. 낯설기만 한 서양의 문학작품은 외로움에 젖은 그에게 오히려 큰 위안이 되었다. 그때 처음으로 접한 단테, 디킨스, 콘래드, 포크너 등은 이후 그에게 큰 영향을 끼치는데, 특히 그는 단테의 열렬한 숭배자가 되었다. 그는 첫 소설 세 편을 모두 그곳에서 썼다. 그중 한 편으로 그의 소설 가운데 유일하게 영국을 배경으로 한 소설이 장편《마씨 부자二馬》이다.

이 소설은 죽은 형의 유산으로 작은 골동품 가게를 인수받게 된 베이징의 인텔리 마쩌런이 아들 웨이를 데리고 런던에 가는 것으로 줄거리가 시작된다. 부자는 외동딸 마리와 함께 살고 있는 웨더번 부인 집에 우여곡절 끝에 세를 든다. 그로부터 중국인의 영국에 대한 무지와, 그리고 이들에 대한 영국인들의 뿌리 깊은 차별 의식에서 비롯된 해프닝이 끊임없이 일어난다. 웨더번 부인은 그래도 마 선생의 인품에 반하고, 상처한 지 얼마 안 된 마 선생도 그녀에게 호감을 느낀다. 이들의 관계가 결혼을 약속하는 사이로 발전하는 동안 마웨이 또한 마리에게 푹 빠져 그녀에게 사랑을 고백한다. 하지만 웨더번 부인은 결국 주변의 따가운 시선을 이겨내지 못하고, 마리 또한 마웨이의 순정을 단칼에 거절해버린다. 관계를 끝내기로 결심한 웨더번 부인이 마 선생에게 이렇게 말한다. "멀쩡한 총각애가 마리를 좋아한다고 해봐요, 걔한테 중국인 계부가 있다는 걸 알면, 절대로 결혼하자고 하지 않을 거예요." 두 사람의 결합이 불가능한 이유는 서로가 국적이 달라서가 아니라 한쪽이 중국인이기 때문이었다. 라오서는 소설 속에서 20세기에도 사람의 가치는 나라에 따라 상대적이며 약소국 사람은 개나 다름이 없다고 비판한다. 이는 단지 소설적 설정만이 아니라 그 자신이 영국에서 생활하는 동안 뼈에 사무치게 실감한 점이기도 했다.

소설 속에서 마 선생네 가게는 세인트폴 성당 근처에 있고, 웨더번 부인의 집은 영국박물관 근처의 고든가, 곧 라오서가 근무하던 런던 대학 인근의 중산층 거주지에 있다. 하지만 마씨 부자가 중국인으로서 받는 정신적 모멸감을 상징하는 장소는 따로 있다. 그곳이 바로 소설 속에서 '중국인의 얼굴에 먹칠을 하는' 곳이라고 자조적으로 거론되는 라임하우스다.

런던 동쪽 템스 강변의 라임하우스는 런던 차이나타운이 발생한 곳이다. 원래 이 지역은 부두가 있어 빅토리아시대에 제국과 멀리 떨어진 동양으로부터 아편과 차를 실은 배들이 끊임없이 당도하고, 무역선의 선원들로 붐비던 곳이다. 이곳에 톈진과 상하이 등 중국 연안으로부터 오는 배가 많아지면서 중국 선원의 출입도 잦아지고, 1880년대부터는 아예 뿌리를 박는 사람들이 생기기 시작한다. 그리고 세계 각처의 차이나타운처럼, 여기에도 중국인들의 노점과 식당, 약재상, 잡화점, 세탁소 등이 문을 열고, 각종 종친회와 동향회가 조직된다. 초기에는 여성의 입국이 불허되었기 때문에 라임하우스 차이나타운은 한동안 남자들만의 세상이었다. 그래서 좁은 건물이 다닥다닥 붙은 거리에 선술집, 도박장, 사창가, 아편굴 등이 생겨나기 시작한다.

당시까지 영국인들의 상상 속에서 동양은 아직 신비로운 매력으

차이나타운이 있던 시절의 라임하우스.

로 가득한 곳이었지만, 이곳에 그런 매력 따위는 존재하지 않았다. 하지만 빅토리아시대 영국인들의 행동거지를 구속한 엄격한 매너를 팽개치고 동양의 환락에 빠져들기에 충분할 정도로 이국적이기는 했다. 이곳에는 런던 사람들이 체험해보지 못한 희한한 음식 냄새와 낯설게 생긴 사람들, 기이한 상품, 매캐한 향 연기로 가득한 사원이 있었다. 그래서 영국인들의 시선으로 보면 선원들의 칼부림이 선술집에서 다반사로 일어나고, 셜록 홈즈 역할로 유명한 배질 래스본이 연기 자욱한 도박장에 숨어들어 살인범을 추적하는 것이 어색하지 않을 듯한 그런 분위기였다. 하지만 라임하우스에 대한 많은 일화는 사실 과장된 것이며, 대다수 지역민은 파란만장한 중국 근현대사의 공간에서 비껴나 힘겨운 타향살이를 하는 평범한 서민들이었다.

라임하우스는 20세기 초 에드워드시대에서 제2차 세계대전 이전 까지 서구의 예술과 문학에 중국에 대한 상상을 제공하는 직접적인 창구였다. 게다가 1920년대에 유행한 서구인들의 라임하우스에 대한 문학적 수사는 영화 이상으로 선정적이었다. 대표적인 것이 토머스 버크의 《라임하우스의 밤 Limehouse Nights》과 삭스 로메르의 〈푸만추 Fu Manchu〉 시리즈 등이다. 라오서도 라임하우스를 좋게 생각하지는 않았지만, 동족에 대한 연민은 공간에 대한 감정에도 영향을 끼쳤다. 라오서는 햇살이 반짝이는 템스 강에 작은 돛단배들이 떠 있어, 마치 금빛의 용이 작은 나비 떼를 쫓는 것 같다며 라임하우스의 봄날을 묘사한다. 하지만 버크나 로메르의 소설을 보면 라임하우스에는 절대로 봄이 올 것 같지 않다. 거기에는 벗어날 수 없는 안개와 시종 거리를 떠나지 않는 음침함만이 존재할 따름이다. 그래서 소설 《마씨 부자》는 라임하우스 차이나타운에 대한 시각에 균형을 잡아주는 유일한 중국인의 작품이라고 할 수 있다. 그의 소설은 중국인의 시선으로 빚어낸 런던의 또 다른 얼굴이 담겨 있다는 점에서 최근 영국에서도 주목받고 있다.

라임하우스 차이나타운을 소재로 한 작품 중에는 1919년에 나온 〈흩어진 꽃잎〉이란 유명한 미국 무성영화도 있다. 이 영화에는 차이나타운의 중국인을 범죄자로 여기는 것과는 또 다른 차원의 중국인에 대한 정형화된 시선이 보인다. 라임하우스에서 아편굴을 들락거리며 암울한 생활을 보내는 청환은 햇살이 환하게 비추고 착한 사람들로 넘치는 중국의 어느 항구로부터 건너왔다. 그는 권투 선수였던 아버지의 폭력에 시달리는 영국 소녀 루시를 동정하고 그녀에게 구원의 손길을 내민다. 이 영화에서 청환의 이국적인 매력은 생김새나 복장이 아니라 유약하고 온순한 성격에서 나온다. 인자하지만 병약한 행동으로 거의 중성에 가깝게 묘사되는 청환은 당시 서양인들이 상상한 중국 남성의 또 다른 정

〈흩어진 꽃잎〉에서의 루시와 청환.

형화된 캐릭터였다. 이 영화가 바로 토머스 버크의 《라임하우스의 밤》 중 〈중국 녀석과 아이The Chink and the Child〉라는 단편을 각색한 것이다. 사실 버크의 소설은 미국에서 더 환영받았으며, 라임하우스의 정형화된 이미지도 할리우드가 만들어낸 것이 많았다. 아무튼 영화 속의 청환은 서양 배우가 연기하지만, 몰입해서 보노라면 마웨이가 슬쩍 겹쳐 보이기도 한다. 산 설고 물 선 타국 땅에서 가난과 차별뿐 아니라 사랑의 시련까지 겪어야 하는 딱한 처지가 닮아서다.

라오서의 소설 속에서 마웨이는 라임하우스에 가서 돼지고기국수와 계란볶음밥을 먹으며 향수를 달랜다. 지독한 향수병에 시달리다 이따금 라임하우스를 찾아갔던 라오서의 개인적인 체험이 반영된 장면이다. 하지만 라임하우스 차이나타운의 성황도 제2차 세계대전 중 독일군의 공습으로 끝난다. 심각한 피해를 입은 후 지역 내의 중국인 인구는 전쟁 말기에 1,000명이 안 될 정도로 급격히 줄어들었다. 그 대신 새로운 차이나타운이 소호에서 가까운 제라드 거

과거에 차이나타운이 있었음을 알려주는 라임하우스의 용 장식물.

리를 중심으로 다시 형성되기 시작했다.

지금 라임하우스 일대는 전후에 재개발되어서 극소수의 흔적만
으로는 라오서 시대의 모습을 가늠하기가 어렵다. 반면에 소호 인
근으로 옮겨진 차이나타운은 런던 관광에서 빼놓을 수 없는 명소가
되었다. 비단 중국인이 아니더라도 가끔은 간장이 들어간 요리를
먹어줘야 하는 동양인들에게는 오아시스 같은 곳이다.

문인화가 사일런트 트래블러

그리스어에 어원을 둔 '디아스포라'란 말이 있다. 이 말은 원래 로마에 의해 유대 지방에서 쫓겨난 유대인들을 가리켰지만, 지금은 자의건 타의건 자기 나라를 떠나 다른 특정 국가나 지역으로 이주해 사는 인구 집단을 지칭하는 뜻으로 확대 사용된다. 유럽에서 일찌감치 연구 대상이 된 전형적인 디아스포라는 각처로 흩어진 그리스인, 집시, 아일랜드인 등이었다. 동아시아인들의 해외 이주 역사도 이들 못지않다. 해외 동포가 700만 이상 되는 한국도 본토와의 인구 대비로 보면 디아스포라가 많은 나라다. 과거에 그만큼 살기 어려웠다는 뜻이다. 인구가 많은 중국은 화교 인구도 대략 3,500만 명에 이른다. 이미 명나라 때 대규모 이주가 시작되었으니 역사도 꽤 긴 편이다. 이러한 사람들의 모국에 대한 생각이 다 같을 리 없다. 이들의 디아스포라 의식 속에서 모국은 영광일수도 상처일수도 있는 모순적 존재다. 그래서 디아스포라의 상황은 이민자에게 모국과의 새로운 관계 혹은 모국에 대한 새로운 역할을 부여한다.

중국에서는 그런 중국인 디아스포라를 호칭하기 위해 '화華'자를 붙여 '화인華人, 화어華語, 화상華商' 같은 말을 쓴다. '화'를 '중화'의 줄인 말로 본다면, 그 말 자체로 '중국'과 동의어로 쓰일 수도 있다. 하지만 이 말은 20세기 냉전 시대를 거치며 약간의 전의轉意 과정을 겪은 끝에, 본토 바깥에 사는 중국계 사람들을 정치적 지향에 상관없이 통칭하는 포괄적인 접두어로 사용되기 시작한다. '중국' 하면 제도로서의 국가라는 느낌이 강하지만, '화'하면 제도를 초월한 혈연 혹은 문화적인 느낌이 더 강하기 때문이다. 문학예술 분야에서는 중국 바깥에서 거주하며 활동하는 사람을 '화인 작가', 그리고 그들이 중국어로 쓴 문학을 '화인 문학' 또는 '화문문학華文文學'이라고 한다.

'화인 작가'로서 가장 유명한 사람은 우리에게 '임어당'이란 이름으로 익숙한 린위탕林語堂이다. 루쉰魯迅의 작품조차 불온서적으로 취급하던 시기에, 린위탕의 저서는 한국에서 현대 중국 문학과 소통할 수 있는 거의 유일한 창구였다. 그는 현대 중국 작가 중 좌익과 연루되지 않은 많지 않은 사람 가운데 하나였다. 하지만 그의 저서 《생활의 발견》이 우리에게 보편적으로 받아들여진 데에는 그가 화인 작가였기에 원작이 영어로 쓰여서 서방세계에 이미 널리 알려져 있었다는 점이 크게 작용했다. '화인 문학'이 아닌 '중국 문학'으로서의 그의 더 많은 저서는 우리나라에 거의 소개되지 않았다. 중국 대륙이 '죽竹의 장막'으로 불리던 시절, 중국 본토 바깥에 있던 화인들의 활동은 오히려 중국 안에 있던 사람들보다 서방 세계의 중국 인식에 더 큰 영향을 끼쳤다.

타이베이시 양밍산 기슭의 린위탕 유택.

우리에게 린위탕만큼 알려져 있지는 않지만 장이 蔣彝라는 또 다른 화인 작가가 있다. 그는 영국에서 작가가 되어 1950년대에 미국으로 건너가 활동했다.

한국에서 그는 코카콜라의 중국식 번역명인 '가구가락 可口可樂'을 고안해낸 사람이자, 번역 출판된 서예 개론서《서예 미학과 기법》의 저자로 이름이나마 겨우 소개된 정도다. 그는 1937년 영국에서 첫 여행 수필을 낸 이래 중국인으로는 매우 이례적으로 수십 권의 저서를 출판한 영어권 내의 다작 작가이자 베스트셀러 작가였다. 순수 영문 저서만 봤을 때 화인 작가로서 그의 성취는 린위탕에 버금간다.

하지만 중국 본토에서는 그의 존재가 몇 해 전부터 비로소 주목되기 시작했다. 당연히 문학사에는 이름조차 거론되지 않았다. 그의 성취가 일반적인 문학 범주를 벗어나 있어 문학사 안에서 다루기에 애매한 점은 있다. 더욱이 그는 중국에서 작가로 활동하다 해외로 나간 린위탕과 달리 중국에서 문인으로 활동한 경력이 전무하다. 또한 그의 저술은 거의가 영어로 되어 있어, 최근에서야 중국어로 번역되기 시작했다.

장이는 수필 작가이면서 또한 화가이자 시인이고 서예가였다. 이뿐만 아니라 중국에서는 관료이기도 했다. 중국 남방의 장시성 주장九江 출신인 그는 어려서 사숙私塾을 통해 한문과 전통화를 배웠다. 그의 재능은 화가인 아버지에게 물려받았다. 학업을 마친 그는 국민당 정부의 관료가 되었고 고향인 주장에서 현장까지 역임한다. 그러나 뇌물을 거부하다 상부와 충돌을 빚자 과감히 옷을 벗어버린다. 그가 혈혈단신으로 피신하듯 떠난 곳이 바로 영국이었다. 그리고 영국에서 그의 인생 역전이 시작된다. 그는 런던 대학 동양학부에서 중국 문화를 강의하던 중 첫 번째 여행기인《호수 지방에서의 중국인 예술가A Chinese Artist in Lakeland》라는 책을 발표한다. 무명이었던 그는 인세를 한 푼도 받지 못했다. 그러나 출판사의 예상과 달리 그의 책은 곧바로 재판에 들어가야 했을 정도로 커다란 반향을 일으킨다.

그의 책은 영국인들의 상상을 뛰어넘는 독특함으로 가득했다. 그는 직접 그린 수묵화를 삽화로 넣었다. 게다가 자작시를 포함한 한시를 붓으로 써서 삽입했다. 표지의 영어 제목들조차 붓글씨로 썼다. 이런 독특한 이미지 전략은 이후의 모든 책에 일관되었는데, 동양인의 관점에서는 다소 고지식해 보일 수 있는 이 전략이 오히려 서구인들의 심미안을 사로잡았다. 게다가 중국인에 의한 서양 체험, 특히 장이가 표현했듯이 "향수병에 걸린 동양인의 시각"에 담긴 서양에 대한 전혀 새로운 관찰 방식은 현지의 독자들을 열광하게 했다. 그가 첫 책에서부터 부제처럼 달

장이의 책. 에든버러 성을 그린 표지화도 중국 식이지만 제목도 붓글씨로 썼다.

아놓은 필명이 '사일런트 트래블러Silent Traveler' 곧 '침묵의 여행가'였다. 그의 책들은 그래서 '치앙 이Chiang Yee'라는 영문 이름보다는 '사일런트 트래블러'라는 별명으로 더 알려지게 되었다.

내가 그를 알게 된 건, 자선 상점에서 우연히 그의 책 한 권을 발견하면서부터다. 에든버러 성을 그린 표지 그림은 수많은 고서 중에 나의 시선을 단박에 빼앗을 만큼 독특한 분위기를 풍겼다. 그 책은 1948년에 출판된 에든버러 기행의 초판본이었다. 장이의 책은 영국의 문화와 정서에 대해 박식한 이해를 보여주면서도, 그가 중국인이라는 사실을 한시도 잊지 않게 만든다. 이는 유년 시절부터 중국 고전을 익히며 형성한 풍부한 교양 덕분이다. 장이 이전에 영국의 풍경을 그처럼 당시唐詩적인 시경으로 풀어낸 사람은 존재하

지 않았다. 서양의 풍경을 동양의 정서로 응축해내는 미학적 식견은 서양의 독자들까지 매료시키기에 충분했다. 예를 들어, 에든버러의 아서시트 봉우리를 올라가며 느낀 감회를 그는 이렇게 표현한다.

雨無阻行意	비도 나의 갈 길을 막지 못하고,
浮雲信手揮	떠도는 구름조차 홀홀 휘저어버렸네.
莖嬌花自舞	가는 줄기 꽃들은 제멋대로 춤을 추고,
羽重鳥低飛	날개가 무거운 듯 새는 낮게 비상하네.
艸色新如洗	씻은 듯이 풀빛 싱그러워지니,
山容潤更肥	산 빛은 윤기 있고 풍만해 보이네.
我志在幽遠	내 뜻이 저기 먼 곳에 있음에,
臨高待日暉	높은 곳에 올라 빛나는 해를 맞으리라.

5언 율시의 형식을 취한 이 시의 제목도 한시 스타일대로 '운우중 등사자산雲雨中登獅子山(비구름 속에 사자산에 오르며)'이다. '사자산'은 아서시트의 정상 솔즈베리 크랙을 자기 정서대로 번역한 말이다. 물론 붓글씨로 적힌 한시 위에는 직접 번역한 영어 버전도 삽입되어 있다. 이 시는 설령 중국의 어느 산에 부치는 시라 해도 어울릴 것 같지만, 또한 절묘하게 아서시트의 분위기와 잘 들어맞는다. 그의 책이 가진 매력은 우리로 하여금 진정한 현대 문인화의 경지를 떠올리게 한다. 원래 동양에서의 그림은 시나 서예와 분리된 것이 아니었으며, 그림의 기술 이상으로 글씨의 필력과 시에 대한

소양이 요구되지 않았던가? 장이는 그 모든 것을 서양 문화를 배경으로 펼쳐 보였다는 점에서 동서를 아우른 독특한 문인화의 경지를 열었다고 할 수 있다.

그의 저서로는 여행기 열세 권 외에도, 서예 개론서 한 권, 동화를 포함한 소설 열 권, 그리고 한시 창작집 세 권과 미발표 여행기 한 권이 있다. 물론 그의 저술에는 중국 문화 전도사로서의 역할을 지나치게 의식한 점도 엿보인다. 그는 중국인으로

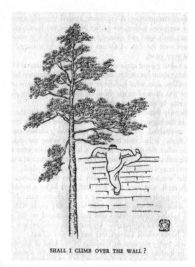

SHALL I CLIMB OVER THE WALL?

장이 삽화의 특징 가운데 하나는 유머러스함이다. 옥스퍼드 기행 중 〈어디 한번 담을 넘어볼까〉(1944). 장신이 여사 제공.

는 최초로 서구세계에 중국 문화를 본격적으로 소개했기에, 과도한 사명감 탓에 때로 아마추어 작가적인 한계와 논리의 비약을 노출하기도 했다. 하지만 이는 또한 문인화 작가다운 사유와 예술적 필치 속에서 금세 용해되어버린다. 옥의 티를 상쇄해주는 고상한 품격이 균일하게 뒷받침되기 때문이다.

린위탕도 장이도 종국에는 1세대 디아스포라로서의 회귀 의식을 떨쳐낼 수 없었다. 타이완에 있을 때, 타이베이의 양밍산 기슭에 있는 린위탕의 유택을 찾아간 적이 있다. 그의 산문처럼 소박한 분위기를 상상하고 갔지만, 직접 설계했다는 저택은 세련된 남유럽풍이라 오히려 약간은 실망스러웠다. 대륙의 푸젠 출신인 그는 홍콩

〈안개 속의 프린스 대로〉(1948).
에든버러의 월터 스콧 기념탑이
마치 동양의 불탑 같다. 장신이
여사 제공.

에서 운명했지만 타이완 저택에 안장됨으로써 먼 길을 에돌아 결국
고향 근처까지 다가간 셈이 되었다.

한편 장이는, 런던 집이 제2차 세계대전 중 공습을 받아 초기 작
품과 함께 불타버린 뒤 옥스퍼드로 주거지를 옮겼다가 1955년에 도
미한다. 오랫동안 컬럼비아 대학과 하버드 대학의 교수를 지낸 그
는 문화대혁명 말기인 1975년에야 마침내 고향으로 돌아간다. 그는
훗날 영국으로 먼저 데려갔던 두 아들과 함께, 고향에 남겨둔 아내

와 두 딸을 42년만에 상봉했다. 그리고 1977년 중국으로 영구 귀국한 뒤 얼마 지나지 않아 작고한다. 린위탕과 장이의 디아스포라 인생은 수구초심이란 말을 떠올리게 한다. 이들이 해외에서 왕성하게 활동하는 동안 변함없이 삶의 동력이 되어준 것은 늘 고향이었다.

동아시아로 회귀한 비어즐리의 선묘線描

베이징 대학 출판사에서 1990년대부터 나오기 시작한 〈문학사 연구총서〉라는 시리즈가 있다. 벌써 수십 권이 나온 이 책들의 표지는 연회색으로 담백하기 그지없지만, 동서고금의 주제를 막론하고 한결같이 단 한 사람이 그린 비슷한 그림이 흑백으로 조촐하게 박혀 있다. 이 그림의 작가는 중국인이 아니라 뜻밖에 영국의 퇴폐주의 화가인 오브리 비어즐리다. 중국의 문학 연구에서 문학사의 문제는 여전히 중요한 연구 대상이며, 이 시리즈는 그중에도 보고라 할 만큼 주목할 만한 연구서들로 채워져 있다. 이런 성격의 총서이므로 표지에는 적잖이 상징적인 의미가 있다고 할 수 있다. 그런데 책 내용과 별로 상관도 없는, 그것도 거의 100년이나 시간적으로 괴리된 이역의 화가를 이 대학의 출판사에서 그처럼 공대하는 이유는 뭘까?

오브리 비어즐리는 1872년 잉글랜드의 브라이턴에서 태어나 1898년 26세의 나이로 요절했다. 그는 작풍에 크게 영감을 준 파리 여행을 마친 1892년에 전문적인 미술 작가로서의 첫발을 내딛는다. 스무 살도 채 안 된 그에게 들어온 첫 의뢰는 토

오브리 비어즐리.

머스 맬러리 원작 《아서왕의 죽음》의 삽화였다. 유망한 일러스트레이터로 일찌감치 명성을 얻은 그는 1894년 미국 작가인 헨리 할랜드과 함께 《옐로우북 *The Yellow Book*》이란 잡지를 런던에서 창간한다. 그는 제4집까지 예술책임자로 참가하여 표지를 비롯한 많은 삽화를 직접 그렸다.

그의 삽화는 각광을 넘어 센세이션을 일으켰다. 그는 기존의 삽화와 달리 묘사 대상을 2차원적으로 평면화했다. 그의 삽화는 검은색과 흰색, 복잡한 디테일과 여백이 선명한 대조를 이루어 채색화보다 더 강렬한 인상을 주었다. 그런데 그는 가장 왕성하게 활동한 시기에 줄곧 논란의 중심에 있었다. 어둡고 왜곡된 이미지와 기괴한 성애적 표현들로 가득한 그의 후기 작품은 감성적인 엘리트들에게 환영받았지만, 동시에 보수주의자들로부터 쏟아지는 비난도 받아야 했기 때문이다.

비어즐리의 그림은 문학과 미술 양면으로 당대 영국에서 유행한 예술 사조를 대표하는 것이었다. 먼저 문학 영역에서 비어즐리는

비어즐리가 그린 《살로메》의 삽화 중 〈공작새 치마〉.

영국 유미주의 운동을 대표하는 작가였다. 영국의 유미주의는 유럽 대륙 쪽의 상징주의나 데카당스 운동에 호응하여 일어난 세기말의 예술 사조였다. 문학 영역에서 비어즐리의 존재는 그에게 희곡 《살로메》의 삽화를 맡긴 오스카 와일드와의 극적인 만남 이후에 더 부상된다. 와일드는 보수적인 빅토리아시대에 부르주아 계층에 잠재된 통속적인 욕망을 날카롭고 재치 있는 언어로 풍자하고 공격했다. 19세기 말의 퇴폐적인 감성을 표현한 유미주의 사조의 진수가 바로 《살로메》(영어판은 1894년 출판)였는데, 와일드가 작품 속에 드러내고자 했던 위험한 욕망은 비어즐리의 삽화로 인해 더욱 빛을 발했다.

한편 미술의 영역에서 비어즐리의 그림은 또한 세기말에 유럽을 풍미한 아르누보 성향을 반영하는 것이었다. 1890년에서 1910년 사이 유럽에 유행한 아르누보는, 산업혁명의 기계화 풍조에 대한 반발로써 영국에서 19세기 중반에 윌리엄 모리스 등이 주도한 공예미술운동에 기원한다. 장르 면에서는 순수 미술에 국한하지 않고 포스터나 공예품, 건축 같은 응용미술에까지 광범위한 영역으로 전개되었다. 아르누보는 또한 르네상스 이후 줄기차게 그리스와 로마를 모델로 확대, 재창조된 기존의 주류 미술 사조에 대한 유럽 각지의 대항적 미술 운동과도 관련이 있다. 아르누보 작가들은 기존 미술의 과거 지향적 성향에서 벗어나 새로운 소재를 찾아 나섰다. 자연으로 시선을 확장하고 식물이나 조가비 등에서 다양한 도형과 색감을 취했는데, 구불거리는 넝쿨의 곡선을 비대칭적으로 표현하는 것은 이들의 트레이드마크가 되다시피 했다. 비어즐리 역시 식물에서 얻은 영감을 대담한 외곽선으로 표현함으로써, 식물적 요소를 폭넓게 수용한 대가로 평가된다.

아르누보는 비록 유미주의처럼 저항적인 발상에서 탄생됐지만, 결과적으로는 오히려 중산층의 취향에 부합하는 화려하고 장식적인 스타일로 발전해간다. 그림에서 구스타프 클림트(오스트리아), 알폰스 무하(체코), 건축에서의 엑트로 기마르(프랑스), 안토니오 가우디(스페인), 그리고 보다 실용적인 아르데코 양식과의 교량적인 작가로서 건축가 찰스 매킨토시(영국) 등이 모두 아르누보 운동의 대표적인 예술가들이다. 비록 아르누보의 시대는 짧았지만, 글래스고, 파리, 다름슈타트, 브뤼셀, 비엔나, 프라하, 바르셀로나 등지로 벨트처럼 이어지는 아르누보 유적은 오늘날 인기 있는 문화 순례 코스가 되었다.

세계적으로 유행한 아르누보는 동아시아에까지 흔적을 남겼다. 한국에는 일본인 나카무라 요시헤이中村與資平가 설계한 천도교 중앙교당에 오스트리아 분리파의 영향이 남아 있으며, 홍콩의 주룽반도에 있는 세인트앤드류 성당聖安德烈堂에는 영국 아르누보 건축의 특징이 담겨 있다. 그러나 아르누보 건축이 가장 많이 남아 있는 곳

칭다오의 옛 독일 총독 관저. 유겐트슈틸 양식.

은 단연 유럽의 영향을 직접적으로 받은 중국 본토의 도시들이다. 19세기 말 철로 부설과 함께 신도시로 개발된 북만주의 하얼빈에는 러시아식 아르누보 스타일이 철도 건축 등에 대대적으로 활용되었다. 독일의 점령지였던 칭다오에는 독일판 아르누보인 유겐트슈틸 양식이 총독관저를 비롯한 관공서와 종교 건축물에 이식되었다. 최근에는 상하이 조계에서 인기를 누린, 미인도가 들어간 달력 포스터月份牌 역시 알폰스 무하의 상업 포스터에 영향을 받은 것이라는 연구 결과도 발표되었다.

　동아시아의 아르누보는 총체적으로 유럽에서처럼 자각적인 예술 운동이 아니었다. 외국 양식의 피상적인 이식에 지나지 않았으며, 문화 전반에 대한 영향력도 미미했다. 유독 예외적인 것이 바로 상하이의 지식인들 사이에서 일어난 비어즐리풍의 유행이었다. 비어즐리의 그림은 중국 작가들이 의지적으로 받아들인 거의 유일한 아르누보 예술이었다. 그런데 비어즐리는 아르누보 화가이기보다는 유미주의 작가로서 중국에 소개되었다. 초기에 그의 그림에 열광한 사람들은 화가가 아니라 문인들이었다. 그 매개가 된 것은 물론 와일드의 《살로메》였다. 가장 먼저 《살로메》가 언급된 것은 역사학자이자 시인이었던 궈모뤄郭沫若가 쓴 시 〈인간 혐오의 야상곡蜜桑索洛普之夜歌〉(1920)이었다. 이어 1923년에 극작가 톈한田漢에 의해 《살로메》가 번역, 출판되는데, 여기에 비어즐리의 삽화 16폭이 최초로 소개된다. 같은 해에 낭만주의 소설가 위다푸郁達夫는 주간 잡지 《창조創造》에 실은 〈옐로우북과 기타 The Yellow Book 及其他〉라는 글을 통해, 비어즐리와 영국 유미주의의 미학 사상에 관해 본격적으로 소개한다. 위다푸는 "옐로우북의 성공은 비어즐리의 독특한 삽화 덕"이라고까지 추켜세운다.

1923년 이후로 상하이의 잡지에서 비어즐리의 그림을 발견하는 것은 어렵지 않았다. 비어즐리에 가장 환호한 사람은 영국 유학 경험이 있는 사오쉰메이였다. 그는 1929년에 《비어즐리 시화집琵亞詞侶詩畫集》을 번역 출판했을 뿐 아니라, 심지어 《옐로우북》을 모방한 잡지 《황금의 방金屋》을 발간하기까지 했다. 비어즐리의 그림은 단지 전위예술 혹은 데카당스에 공감한 모더니스트뿐만이 아니라 좌익 인사들에게까지 받아들여졌다. 공산당의 원로인 장원톈張聞天도, 좌파적 성향으로 돌아선 시인 원이둬聞一多도 당시에 한 목소리로 비어즐리를 찬양했다.

사오쉰메이가 출판한《비어즐리 시화집》속표지. 사오샤오홍 여사 제공.

상하이 지식인들 사이에서의 비어즐리 유행은 급기야 중국식의 복제품을 만들어내기에 이른다. 소설가이기도 했던 예링펑葉靈鳳은 직접 그린 비어즐리풍의 삽화를 창조사創造社의 동인지에 꾸준히 싣는다. 상하이의 댄디를 자처한 그는 모더니스트였지만, 좌익 편집자들은 기꺼이 '중국판 비어즐리'를 받아들였다. 이런 풍조에 제동을 건 사람은 다름 아닌 당시 진보 작가들의 리더인 루쉰이었다. 하지만 루쉰조차도 1929년에《비어즐리 화선比亞玆萊畵選》을 출판한다. 이 책의 서문에서 그는 왜곡된 비어즐리의 진면목을 보여주기 위해서라고 출판 의도를 밝힌다. 작가들의 경망스러운 수용 태도를 질책한 그 자신도 실은 비어즐리의 열렬한 팬이었다. 루쉰은 단지 비어즐리의 그림에 내면화된 저항적 의미만이 아니라, 그림이 뿜어내는 에로틱하고 그로테스크한 체취에까지 흠뻑 매료되어 있었다. 이런 맥락을 배경으로 비어즐리의 그림은 오늘날의 중국인들에게 신문학 시대를 상기시키는 특별한 아이콘이 되기에 이른다.

19세기까지 서양의 책들을 장식한 삽화에는 어떻게 하면 실물과 똑같이 사실적으로 대상을 옮겨올 것인가 하는 고민이 충실하게 반영되어 있었다. 입체적인 면을 구현하기 위한 다양한 동판화 기술이 이때 개발되었다. 그래서 기술적인 측면으로만 보면, 선묘를 앞

세운 비어즐리의 실험은 오히려 일종의 퇴보라고 할 수 있었다. 비어즐리가 만화와 같은 외곽선 묘사를 고수하고 개척해나간 것은 동양 그림의 간결하면서도 강렬한 선에 매료되었기 때문이다.

그런데 그와 아르누보 작가들이 주목한 우키요에浮世繪는 사실 일본에서도 주류가 아닌 저잣거리의 그림에 지나지 않았다. 더 사의적寫意的이고 형이상학적인, 그래서 선의 터치, 즉 필력이 더 중시되는 극단적인 선묘는 비어즐리가 미처 알지도 못한 곳에 따로 존재하고 있었다. 그런 극단적인 선묘 문화의 훈도를 받은 중국 작가들이 역으로 비어즐리를 수용한 것은 매우 흥미로운 현상이다. 아르누보 작가들이 구현하려 한 선의 아름다움은 동양의 서예와 수묵화 전통에 영향을 받은 것이다. 서양적인 시각에서 동양의 선묘는 현대적이고 도발적인 것으로 인식되었고, 그렇게 탄생된 새로운 서양의 그림은 동양적인 시각에서 더 용이하게 공감할 수가 있었다.

세기말의 정서는 비어즐리를 통해 잠시나마 시각적으로 동서양에 공유될 수 있었다. 물론 그 사상적 배경을 자세히 보면, 영국에서의 세기말 사조는 근대 지상주의에 대한 자성에서 비롯된 것이지만, 중국에서는 전통에 대한 반항, 즉 근대화에 대한 모색의 일환으로 수용한 것이라는 상반된 면이 존재한다. 말하자면, 비어즐리에게 전해진 동양의 선묘는 상이한 목적을 위해 다시 동양으로 회귀한 셈이다.

지금 영국에서 비어즐리의 원작을 가장 많이 소장한 곳은 런던의 빅토리아 앤드 앨버트 박물관이다. 그의 작품을 상설 전시하지는 않기 때문에 관내 도서관에 따로 열람 신청을 해야 볼 수 있다. 하지만 잘 알려진 작품들은 다행히 대부분 흑백의 펜 그림이기에, 인쇄본과 진본 사이에 감동의 차이가 그다지 크지는 않다. 이러한 점은 또한 인쇄 기술이 좋지 않았던 시대에, 멀리 떨어진 동아시아의 애호가들이 그에게 열광할 수 있었던 또 다른 이유이기도 하다.

중국의 전장으로 떠난 두 영국 청년

유럽에서 제1차 세계대전이 끝나고 중국에서도 5·4 운동의 격랑이 지나간 뒤 동서 간의 왕래는 전에 없이 증가한다. 서양인들에게 중국의 급격한 변화는 더 이상 강 건너 불구경이 아니었다. 쌍방에 유통되는 상대방의 정보 또한 전에 없이 객관화하기 시작한다. 그러다가 다시 격조해진 까닭은 또다시 밀려든 전쟁의 먹구름 때문이었다. 그런데 바로 그때 나온 독특한 책 하나가 중고 서적을 헤집고 다니던 나의 굼뜬 레이더에까지 포착되었다. 그 책은 1930년대가 끝나갈 무렵 중국의 전장으로 달려간 영국의 두 청년이 남긴 것이었다. 중일전쟁 초기에는 물류와 교통이 가장 열악했다. 하지만 외부와의 연계가 거의 단절된 이 시기의 중국은 서구의 기자나 작가에게 오히려 비상한 관심의 대상이었다. 영국 청년 오든과 이셔우드에게도 중국은 호기심 그 자체였다.

중국으로 떠날 무렵의 이셔우드(왼쪽)와 오든.

중국에 갈 때 갓 서른이 넘은 두 사람은 이미 유명 인사였다. 소설가이자 시나리오 작가였던 이셔우드는 1935년에 《노리스 씨 기차를 갈아타다*Mr. Norris Changes Trains*》로 이름을 얻었다. 그는 1960년대를 풍미한 뮤지컬 〈카바레Cabaret〉의 대본 작가이기도 하다. 오든의 유명세는 더 대단했다. 그는 평론가들이 T. S. 엘리엇 이후 가장 중요한 모더니즘 시인이라 떠받드는 시단의 군계일학이었다. 현대 산업사회의 병든 단면을 날것 그대로 시 속에 들여온 그는 자신을 따르는 '오든 그룹'을 만들어낼 정도로 당대에 센세이션을 일으켰다.

하지만 오든과 이셔우드는 좌파적 행보와 공공연하게 밝힌 동성애 취향, 게다가 제2차 세계대전이 발발하자마자 미국으로 귀화한 것 때문에 영국에서는 한동안 논란의 대상이 되기도 했다. 옥스퍼드 출신인 오든과 케임브리지 출신인 이셔우드는 실은 친구 이상의 사이였다. 일찍이 런던에서 베를린에 걸쳐 펼쳐진 두 청춘의 자유와 방종 사이를 오고 간 삶의 궤적은 후배들에게 동경의 대상인 동시에 비난의 표적이 되기도 했다. 이들의 동행은 이제 멀리 중국의 전장으로까지 이어진다.

오든이 아일랜드 답사 후 1936년에 발표한 여행기가 성공하자,

출판사는 그에게 또 한 번의 창작 여행을 제안한다. 그 조건은 가급적 아시아로 가라는 것이었는데, 때마침 중국에서 전쟁이 터졌다. 이 여행에 새롭게 동반한 이셔우드는 이미 오든과 세 편의 장편 시극을 공동으로 창작한 경험이 있었다. 수에즈운하를 넘어본 경험이 없는 두 사람에게 출판사의 제안은 매우 매력적이었기에, 이들은 주저 없이 중국을 목적지로 선택한다. 이 여행의 종착점에서 탄생한 책이 바로 《어떤 전쟁으로의 여행*Journey to a War*》이다. 이 책은 오든의 연작시와 이셔우드의 일기체 산문, 그리고 종군기자 로버트 카파가 찍은 사진이 합쳐진 특이한 형식의 르포르타주였다. 출판되던 때 유럽에서도 전쟁이 막 시작되고 있어서, 더더욱 뜨거운 관심을 샀다. 책에 삽입된 27수에 달하는 오든의 소네트(14행시)는 훗날 그의 1930년대 창작뿐 아니라, 그 시대의 영시 중 가장 걸작이라는 호평을 받는다.

1938년 2월 16일 두 사람은 홍콩에 도착해서 약 4개월 동안 중국 각지를 돌아다녔다. 이들은 광저우, 한커우, 정저우, 쉬저우, 시안, 난창, 진화, 원저우를 전전한 끝에 6월 12일 상하이에서 중국을 떠나는 기선에 오른다. 유럽에 도착한 뒤 오든과 이셔우드는 몇 차례 순회강연을 하다가, 브뤼셀에서 《어떤 전쟁으로의 여행》을 탈고하고는 1938년 9월에 마침내 영국으로 복귀한다. 그런데 이들은 이듬해 1월 9일 BBC의 대담 프로그램에 출연하고 이틀 뒤, 전격적으로 미국을 향해 떠나버린다. 이들의 책은 그해 3월 영국에서, 2개월 뒤 미국에서 출판된다. 중국행을 둘러싼 두 사람의 역사는 이들이 영국을 떠남으로써 정확히 1년 만에 완벽하게 일단락되었다.

오든과 이셔우드는 예상했던 대로 중국에서 참혹한 현실과 마주했다. 두 사람은 열악한 공장에서 납 중독에 걸린 채 하루 열네 시간 노동에 시달리는 소년공들을 만났다. 쉴 새 없이 밀려드는 난민들로 제 기능을 거의 상실한 수용소도 방문했다. 병원에서는 팔다리가 잘려 썩어가는 상처 때문에 신음하는 병사들을 둘러보았다. 또 형장에서는 꼬리를 꽃봉오리처럼 만 귀여운 강아지가 처형된 스파이 혐의자의 시신을 헤집는 것도 목격했다. 반면에 이들은 일본군에 포위된 상황은 아랑곳없이 흥청망청대는 상하이 조계의 기이한 풍경을 목도하기도 한다. 전장을 코앞에 둔 도심에는 고급 레스토랑과 나이트클럽과, 할리우드 영화를 내건 극장이 아무 일도 없다는 듯 돌아가고, 홍등가와 아편굴도 버젓이 손님을 받고 있었다. 이런 극명한 대비는 전쟁의 참혹함 이상으로 두 사람을 충격에 빠뜨린다. 그래서 이들은 "그 두 세계의 거리는 어떤 다리로도 이을 수 없다"고 말한다.

오든과 이셔우드가 감행한 중국으로의 모험은 1885년 중국으로 떠났던 '케임브리지 세븐'이라는(중국에서는 '검교칠걸劍橋七傑'이라는 무협지 주인공 같은 이름으로 통한다) 청년 선교사들을 떠올리게 한다. 청나라 말엽만 해도 중국에 가는 것은 목숨을 내놓는 것이나 다름없었다. 운동선수, 장교, 귀족으로서의 전도양양한 미래를 포기하고, 미지의 세계를 향해 떠난 이들의 모험적인 선교 여행은 훗날 중국의 개신교 전파 역사에 한 획을 긋는다. 하지만 오든과 이셔우드의 전쟁 여행에는 케임브리지 세븐과 또 다른 많은 차이가 존재했다. 가기 전 오든과 이셔우드의 중국에 대한 지식은 대단히

'케임브리지 세븐'이라 불린 일곱 명의 영국 선교사.

빈약했다. 이들은 중국어를 전혀 할 줄 몰랐고, 전쟁의 심각성에 대해서도 그다지 깊이 있게 생각하지 않았다.

오든은 지인에게 보낸 편지에서 중국의 전쟁을 탐색하는 것이 마치 카프카의 소설을 읽는 것 같다고 했다. 이들의 여행은 막연하고 무모하기는 했지만,《성》의 주인공 K가 성에 이르기 위해 겪는 우여곡절보다 훨씬 고상하고 수월했다. 중국인들에게 두 사람은 유럽에서 보낸 위문 사절 정도로 인식되었기에, 가는 곳마다 칙사 대접을 받았다. 우선 이들은 아그네스 스메들리를 비롯해 중국에서 활약하는 서구 언론인과 외교관을 두루 만났다. 이들은 또 국민당의 최고 수뇌인 장제스蔣介石 부부와 리쭝런李宗仁 장군, 공산당 지도자 저우언라이周恩來와 보구博古, 군벌 펑위샹馮玉祥, 암흑가의 보스 두

쿤밍에 있던 시난연합대학의 교문.

위에성杜月笙(공식적으로는 적
십자사를 이끄는 자선 사업가
였다) 등 전설적인 중국 지도자
들과 어렵지 않게 접촉했다. 게
다가 그들은 극작가 톈한, 홍선
洪深, 시인 무무톈穆木天, 그리
고 평론가 천시잉陳西澄(천위안)
과 그의 아내인 작가 링수화 부
부 등 중국 문단의 대표적인 인사들도 만날 수 있었다. 아무리 유망
한 작가라고는 해도 나이로는 애송이나 다름없는 이들은, 전란 중
인 중국에서 최고의 예우를 받은 셈이다. 중국인들도 나름대로 서
구 세계에 전쟁의 부당성을 알리려는 마음이 간절했기 때문이다.

　화려한 인터뷰 전력과는 대조적으로, 두 사람은 사실 자신들이
상상한 것보다 훨씬 더 참혹한 진짜 전장에는 들어가 보지도 못했
다. 이러한 취재의 한계는 책에도 영향을 미쳤다. 어느 면에서는 방
관자적인 위치가 전쟁을 더 객관적으로 살펴보게 한 점이 있다. 관
찰의 거리만큼 삽입된 시도 더 낭만적이고 우아해졌기 때문이다.
하지만 전장의 호흡과 체취가 결여되었기에 관념적이고 감상적이
라는 비판도 받아야 했다. 그런데 그들이 미처 예상할 수 없었던 반
향이 중국의 또 다른 일각에서 나타난다.

　화북 지역 전체가 일본군에 점령되자, 1938년 4월 베이징 대학
과 칭화 대학, 그리고 톈진의 난카이 대학도 남쪽으로 피란길에 나
선다. 이들은 후난성의 창사를 거쳐 마침내 중국 최남단인 윈난성

의 쿤밍에 정착한다. 이때 창설한 전시 연합대학이 바로 시난西南연합대학이다. 이 대학은 중일전쟁 시기에 상아탑의 아카데미즘이 유지된 거의 유일한 공간이었다. 동시에 가장 활발하게 서구 문학이 연구되고 교육된 곳이기도 했다. 시난연합대학의 교수로 내려간 시인 벤즈린卞之琳은 1940년에 오든의 전쟁 연작시 중 6수를 번역하여 발표한다. 벤즈린에게 오든의 책을 소개한 사람은 당시 베이징 대학에 있다가 함께 피란을 나온 시인이자 평론가 윌리엄 엠프슨이었다. 시난연합대학에서 지속된 엠프슨의 영시 강좌는 중국의 모더니즘 운동에 적지 않은 영향을 남겼다.

오든의 전쟁 연작시는 번역된 이후 전쟁 시기 내내 중국 지식인들의 심금을 울리는 감동의 선율이 되었다. 루쉰이 인정한 불세출의 서정시인 펑즈馮至가 1941년에 소네트 27수를 발표한 것도 오든의 전쟁 소네트를 읽은 것과 무관하지 않다. 펑즈가 오든의 연작시 중 가장 인상 깊게 읽었다는 소네트 한 수를 인용하면 아래와 같다.

모든 보도 매체가
하나같이 적의 승리를 입증하고,
우리의 방어선이 터지고, 우리의 군대가 퇴각하고,
폭력이 새로운 질병처럼 창궐할 때,

그리고 사악이라는 마법사가 도처에 초대될 때,
관용이라는 것이 아무런 소용도 없어질 때,
버림받은 것 같던 이들을 기억하리라:

오늘 밤 중국에서, 나는 한 사람을 기리련다.

그는 10년 동안 갈증과 침묵 속에서 기다렸다.
마침내 무조Muzot에서 그의 모든 존재가 드러날 때까지,
그리고 모든 것이 단 한 번에 다 주어졌다.

경외감, 감사, 피곤에 싸여, 죽음 앞에 자족하고, 완결된 채,
그는 겨울밤으로 나가
한 마리 짐승을 애무하듯 그 탑을 어루만졌다.

멀리 포성이 들려오는 어두컴컴한 호텔 방에서 오든이 기리고자
했던 사람은 바로 시인 릴케였다. 릴케는 전범국인 오스트리아인으
로서 제1차 세계대전을 힘겹게 보내고, 전후에 혼돈에서 벗어나고
자 스위스 각지를 전전하다가 샤토 드 무조Chateau de Muzot라는 고성
에 정착한다. 그는 그곳에 있을 때 가장 왕성하게 창작력을 발휘했
다고 한다. 열렬한 릴케 숭배자였던 펑즈 역시 이런 사실을 잘 알
고 있었는데, 그는 오든이 자기와 같은 생각을, 더구나 중국의 참상
을 목격하면서 했다는 것에 대해 깊은 감명을 받았다(펑즈는 이런
감회를 〈일하며 기다리다工作而等待〉라는 수필로 남겼다). 벤즈린과
펑즈가 교수로 재직할 때, 훗날 '구엽시파九葉詩派'로 일컬어진 이미
지즘 시인 아홉 명은 모두 그 대학의 학생이었다. 은사들을 통해 그
들에게 전수되었을 오든의 영향은 더 말할 것이 없으리라.
　덧붙일 만한 재미있는 일화가 하나 더 있다. 상하이에서 두 사람

은 당시 가난한 예술인들의 후견인처럼 살아가던 작가 사오쉰메이를 만났다. 미국 언론인 에드거 스노의 아내 헬렌이 사오에게 두 사람을 소개한 것이다. 그녀는 조선인 혁명가 김산을 취재한 《아리랑》의 저자 님 웨일스로 우리에게 더 잘 알려진 인물이다. 사오를 만난 자리에서 오든은 중국에도 항전시가 있는지 물어보았다. 사오는 당연한 것 아니겠냐며 시 하나를 영문으로 써주었다. 케임브리지에서 유학한 사오쉰메이는 당시에 중국인으로는 드물게 영어가 유창했다. 사실 그 시는 질문을 받고 그가 즉석에서 지은 것이었다. 사오쉰메이는 알리바이를 맞추기 위해 훗날 자신이 만들던 잡지 《자유담自由談》에 그 시를 중국어로 싣는다. 한편 이런 내막을 모르는 오든은 영어 버전을 받아 적어 《어떤 전쟁으로의 여행》에 그것을 그대로 인용했다.

오든과 이셔우드의 기록을 보면, 그들은 중국인들이 거의 24시간 내내 차를 마신다며 놀란 듯이 적고 있다. 중국인들은 종류도 이름도 알 수 없는 차를 끊임없이 그들에게 권했다. 뜻밖에 그 낯선 차들은 생경한 장소와 사람들로 인해 누적된 피로와 긴장을 풀어주었다. 녹차처럼 그들과 동행한 것은 또한 수많은 책이다. 오든과 이셔우드는 여행 중에 시종 책을 놓지 않았다. 책에 관한 두 사람의 대화는 과연 그들이 난리 통에 있기는 있었나 싶을 정도로 여행기 속에 빈번하게 등장한다. 홍콩을 거쳐 중국 본토에 발을 내딛는 순간 이셔우드가 광저우의 이국적인 풍경을 접하고 상상한 것도 다름 아닌 앨리스가 거울 속으로의 여행을 시작하는 책 속의 상황이었다.

낭만적인 모험심에도 불구하고, 이처럼 흔들리지 않은 작가로서의 고지식함이 두 사람의 여행기에 냉철하고 균형 잡힌 시각을 유지하게 했다. 이들의 여행기는 또한 중국의 작가들에게, 거의 구호에 가깝도록 거칠어진 자기 시대의 항전 시 속에서 발견할 수 없는 특별한 매력으로 다가갔다. 하지만 이셔우드의 산문까지 포함한 《어떤 전쟁으로의 여행》 전편은 2012년이 되어서야 중국어로 번역되었다.

5장.

도버해협 건너서

공존의 미학을 보여주는 파리

파리에서의 첫날 밤, 우리에게 집을 통째로 빌려준 지인께서 이것 저것 파리의 여행 지식을 알려주면서 신신당부한 것이 있다. 절대 로 관광지 입구에서 집시를 상대하지 말라는 것이었다. 집시인지 아닌지는 확인할 길 없지만, 아닌 게 아니라 정말 가는 곳마다 설문 조사에 응해달라며 말을 걸어오는 사람들이 있었다. 그들이 짜고 하는 소매치기일 수도 있다니 기분이 씁쓸했다. 8월 염천임에도 불 구하고 휴가철의 파리에는 어디나 사람이 많았다. 그들은 물론 본 토박이 '파리지앵'이 아니라 대부분 외지에서 온 관광객들이다. 거 기에다 여기저기 널브러진 노점과 보따리 장사들로 관광지 입구는 북새통을 이루었다.

어느새 영국에 익숙해진 내 눈에는 그것이 오히려 이국적으로 보 였다. 영국에서는 관광지에 노점은커녕 생수 한 병 사 먹을 데가 없는 경우가 많았기 때문이다. 그렇다고 프랑스의 경우가 편하다는 뜻이 아니다. 인파에 묻혀 정신 줄을 놓고 있을 때 어김없이 나타나 말을 건네는 특별한 사람들 때문에 여기는 여기대로 긴장을 완전히 늦출 수가 없었다.

영국과 프랑스 사이의 이런 차이는 한때 중국에까지 영향을 끼쳤던 적이 있다. 아편전쟁 이후 20세기 초반까지 중국의 상하이에 존재한 조계에는 크게 영국과 프랑스가 관리하는 지역이 나뉘어져 있었다. 그때 양 지역을 구분하는 차이 하나가 바로 치안이었다. 그래서 일은 영국 조계에서 하고 유흥은 프랑스 조계에서 즐기는 대조적인 풍경이 생겨난다. 상하이 갱단의 아지트가 대개 프랑스 조계에 있고, 우리나라 임시정부가 프랑스 조계에 있었던 것도 느슨한 치안 환경과 무관하지 않다. 하지만 역으로 생각해보면, 그것은 그만큼 프랑스가 영국보다 강압적이지 않았다는 뜻도 된다. 그래서 프랑스 관광지의 어수선함 속에서 프랑스식 '똘레랑스(관용)'의 의미를 떠올려보았다. 혹시 그 관용 안에 소매치기까지 다 먹고 살아야 한다는 아량도 포함된 것은 아닐까 하는 말도 안 되는 생각과 함께.

파리의 명소 중에도 가장 혼잡한 곳은 단연 베르사유 궁전이었다. 마치 파리에 온 관광객들이 한 명도 예외 없이 운집한 것인 양, 표를 사는 줄도 입장을 기다리는 줄도 장사진을 이루었다. 지루한 기다림은 황제를 알현하려고 하염없이 대기하고 있는 신민이 된 듯한 기분마저 들게 했다. 한술 더 떠 여기저기서 새치기를 하는 통에 마음이 부산하고 불편했다. 가장 우아할 것 같은 궁전의 문 앞에는

베르사유의 샤토 앞에서 바라본 대운하와 후원.

정작 생존의 치열함만이 부글거리고 있었다.

　부르봉왕조가 남긴 가장 찬란한 유산인 베르사유 궁전은 원래는 여름철 사냥 때나 사용하던 교외의 별궁이었다. 그러다 1682년 루이 14세가 이 궁전으로 아예 거처를 옮긴 후부터 1789년 왕실이 다시 강제로 수도로 복귀하게 되기까지 100여 년간 프랑스 권력의 중심지가 된다. 백성은 아랑곳없이 왕권이 하늘 높은 줄 모르고 올라갔던 이 시기를 일러 '앙시앵레짐'이라고 한다. 혁명 이후와 대비되는 '구체제'라는 뜻이다. 과연 궁 안에는 바로크 예술의 정점을 보여주는 호사스러운 건축과 조각상, 분수대 등이 즐비했다.

　경내는 크게 왕의 집무와 생활을 위한 정전 샤토('성城'이라는

샤토의 무도회장인 거울의 방.

뜻)와 그 뒤로 넓은 후원, 중앙의 긴 운하로 나뉘어 있었다. 후원 끝에 마리 앙투아네트를 위해 마련했다는 농가식 저택 그랑 트리아농과 프티 트리아농도 작은 규모가 아니지만, 여기서는 상대적으로 소박하게만 느껴졌다. 샤토 뒤편으로 펼쳐진 정원과 운하는 웬만큼 작심하지 않으면 걸어서 다 구경하기가 어려울 정도로 넓었다. 그래서 샤토에서 그곳을 내려다볼 때, 너무 인공적이어서 실제 풍경이 아니라 무대용 그림 장막을 드리워 놓은 것 같은 착각이 들기도 했다. 이 같은 비현실적인 넓이는 권력의 크기와 비례하는 것이기에, 베르사유는 공간의 규모만으로도 절대 권력의 전시장이 되기에 충분할 것 같았다.

샤토 건물 안에서 가장 유명한 곳은 무도회장인 거울의 방이다.

1919년 거울의 방에서 열린 파리강화회의.

나는 루이 14세 시절의 화려한 궁정 생활보다는, 제1차 세계대전 종식 후 전후 처리를 위한 강화회의가 1919년에 이 방에서 열렸다는 사실로 감개가 무량했다. 베르사유 강화회의는 전후 유럽의 판도는 물론 동아시아에도 깊은 영향을 끼쳤다. 당시 상하이에서 활동하던 신한청년당이 한국 대표로 김규식 선생을 파리에 파견했다. 하지만 회의 주체인 열강들은 한국을 인정하지 않았다. 그럼에도 신한청년당의 활약과 윌슨이 이 회의에서 발표한 민족자결주의 원칙은 3·1운동의 결정적인 촉매가 되었다. 중국도 대표 다섯 명을 파견하여 독일에서 일본의 수중으로 넘어간 자오둥반도 통치권을 반환해줄 것을 요청했지만, 일본 대표단의 사전 공작으로 받아들여지지 않았다. 그런데 중국 대표단의 좌절 소식이 전해진 뒤, 5월

4일 베이징의 대학생들을 중심으로 일어난 시위는 중국의 역사를 크게 바꿔놓는다. 3·1운동과 5·4운동에 모두 연관이 있다는 사실만으로도 이 방의 무게가 심상치 않게 느껴졌다. 거울의 방이 가진 이런 이중적인 얼굴은 사실 역사 도시로서의 파리 전체가 지닌 또 다른 매력이기도 하다.

그다지 넓지 않은 파리 시내에도 이처럼 시야가 미처 끝까지 닿기 힘든 길고 넓은 공간이 몇 군데 더 존재한다. 대표적인 곳으로 개선문이 있는 샹젤리제 거리, 나폴레옹의 유해가 안장된 앵발리드 일대, 에펠탑이 있는 육군사관학교 앞은 모두 제국 시대에 일직선의 축이 조성된 공간들이다. 샹젤리제는 유명한 샹송의 가사처럼 "낯선 사람에게 마음을 열고, 누구에게나 인사하고 싶은" 그런 정겨운 거리가 결코 아니었다. 널찍한 대로를 걸으면서 오히려 자금성 앞의 천안문광장이나 상트페테르부르크 겨울궁전 앞의 궁전 광장에 갔을 때와 비슷한 감정이 일었다. 그것은 육안의 한계를 까마득하게 벗어나는 권력의 숨 막히는 이미지였다. 샹젤리제 거리의 끝에 있는 개선문도 그 의도는 명징했다. 그 문이 찬양하는 것은 국민의 개선이 아니라 사실상 나폴레옹 개인의 개선이었다.

파리의 기본 골격은 이처럼 하나의 주제로 통일된 테마파크인 양 치밀하게 짜인 절대 권력의 유산을 토대로 한다. 비단 앙시앵레짐 시절뿐 아니라 나폴레옹 시대와 제2제정 시대에 이어져 더 과시적으로 확장되었다. 그만큼 혁명의 뿌리도 옹글어져 제2제정의 파탄은 파리혁명의 국민의회보다 더 급진적인, 세계 최초의 사회주의 정부라는 '파리코뮌'을 탄생시키기까지 했다. 코뮌 탄생의 직접적

사이요궁에서 바라본 에펠탑. 육군사관학교까지의 너른 광장은 1900년 파리 만국박람회가 열린 곳이기도 하다.

인 동기가 된 보불전쟁(프로이센과의 전쟁) 패배로 나폴레옹 3세가 1870년에 폐위되면서, 프랑스에 세습 군주제는 완전히 사라졌다.

상대적으로 영국에서는 절대 권력이 남긴 이런 유산을 찾기가 어렵다. 런던도 1666년의 대화재 이후 대규모의 도시 재개발이 있었지만, 파리에서와 같은 권력의 위엄을 드러내는 큰 궁궐이나 상징화된 대로가 없다. 현재 군주제가 존재하는 나라의 궁궐 중 최대 규모라는 런던 교외의 윈저궁도 파리의 옛 궁성에 비하면 검박한 수준이다. 이래서 변변한 관광지가 없다고 하는지도 모르겠다.

그런데 혁명의 나라 프랑스와 가까이 있으면서도 신기할 정도로 공고하게 왕정을 유지한 나라가 또한 영국이다. 그 원인은 여러 가지가 있겠지만, 분명한 것은 자의건 타의건 왕실이 지속적으로 권력을 내려놓았다는 점이다. 왕실 권력에 대한 도전의 역사는 심지어 왕의 권리를 제한하는 〈마그나카르타〉가 제정된 1215년까지 소급된다. 하지만 그렇게 타협점을 찾아온 영국 왕실도 20세기에 들어서 강력한 군주제 폐지론에 봉착한다.

제1차 세계대전은 어느 면에서 영국 왕실을 살려준 전쟁이었다. 왕실이 존재의 명분을 찾을 수 있었던 것은 전쟁과 대공황이라는 위기 상황에서 빛이 난 조지 5세, 즉 지금 여왕의 할아버지 되는 왕의 대단한 활약 덕이었다. 그는 종교적으로 개방적이었으며, 하원의 권익을 보장하는 의회법을 통과시키고, 노동당의 창설을 용인했다. 또한 아일랜드 유혈 투쟁 종식을 중재하기도 했다. 제1차 세계대전이 발발하자 기존의 독일식 왕가 이름을 윈저왕가로 바꾸고 거국적인 항전 조류에 발 빠르게 대응했다. 또 전후의 대공황 시기에는 왕실이 앞장서 소득을 줄이고 여야를 아우른 연정聯政까지 이끌어냄으로써, 실버주빌리(즉위 25주년)를 맞은 1935년에 그의 대중적인 지지도는 절정에 달한다.

유럽 왕실의 혈연관계가 서로 얽히는 바람에, 제1차 세계대전의 주역인 독일제국의 빌헬름 2세나 러시아제국의 니콜라이 2세도 모두 빅토리아 여왕의 후손이었다. 결국 제1차 세계대전은 사촌들끼리 싸운 전쟁이었는데, 사촌 형제들의 명운은 전쟁이 끝날 무렵 극명하게 엇갈린다. 빌헬름 2세는 패전으로 제국 자체가 몰락했고, 니콜라이 2세는 전쟁이 끝나기도 전에 혁명 세력에 총살되었다. 조지

5세의 윈저왕가는 왕실 바깥과의 균형 관계를 잘 맞춘 덕에 끈질기게 살아남을 수 있었다. 영국에 진정한 혁명이 없었던 것은 왕실 자체의 성격이 프랑스와 사뭇 달랐던 이유도 있다.

오랜 공화제 덕분인지 아무튼 파리의 거리는 런던보다 훨씬 역동적이었다. 왕이 있고 없음은 필경 두 나라 문화의 본질적인 조건을 갈라놓았을 터다. 혁명의 발상지 파리는 오랫동안 정치적으로 가장 개방적이고 자유로운 도시의 대명사였다. 이런 도시가 예술가들을 불러들이는 것은 너무나 당연한 이치다. 하지만 현존하는 왕의 흔적이 없다는 점만 제외하면 파리의 외관은 왕조시대와 크게 달라 보이지 않았다. 이 도시의 풍성함은 제국의 절대 권력이 만들어놓은 세련된 궁정 문화를 토대로 한 것이다. 런던이 반듯하고 가지런한 중산층 세상 같다면, 파리는 그보다 자유분방해 보이기는 하지만 사치스러운 귀족 생활의 잔영 또한 고스란히 품고 있었다.

사실 절대왕정 시대의 많은 궁전과 교회는 프랑스 혁명 당시 성난 민중에 의해 훼손되었다. 게다가 우리가 지금 만나는 파리의 모습도 대부분 제2제정(1852~1870)과 벨 에포크 시대(제3공화국이 수립된 1871년부터 제1차 세계대전이 발발한 1914년까지의 평화 시기)에 완성된 것이다. 나폴레옹 3세 집권 시 파리 시장 조르주외젠 오스망 남작이 주도한 '파리 개조 사업'의 총규모는 구도심의 60퍼센트에 육박할 정도로 대규모였단다. 유명한 방사선 형태의 가로가 완성되었고, 각종 근대적 인프라가 갖춰질 당시 후대에 파리를 '빛의 도시'로 널리 각인시킨 가로등도 설치되었다. 도시 역사상 가장 획기적이었던 이 사업으로 중세도시 파리는 비로소 근대

인상파 화가 귀스타브 카유보트가 1877년에 그린 〈파리의 거리, 비오는 날〉. 개조사업 이후 반듯하고 널찍해진 생 라자르 역 부근의 네거리가 배경이다.

도시로 탈바꿈했다. 그런데 그들이 새 도시의 얼굴을 만드는 데 활용한 것은 르네상스 이후의 전통 유산이었다. 제2제정 이후 탄생한 새로운 도시 구성은 절대왕정 시대를 상징하던 바로크 미학의 그늘을 완전히 벗어나지는 않았다. 이 유산들은 그것을 낳은 시대의 암울함을 넘어 파리의 문화 전통으로 받아들여졌다. 전통과의 조화는 20세기 이후에도 파리 개발의 변하지 않는 규범으로 자리 잡았다. 심지어 도심의 건물 높이나 지붕의 경사도까지 '개조 사업' 시기의 원칙이 여전히 지켜지고 있다고 한다. 초현대적인 또 다른 파리의 얼굴을 보여주는 라데팡스 지구는 개선문 너머 서쪽의 부도심까지 가야 만날 수 있다.

오늘날 파리가 현대와 고전을 막론하고 예술의 중심 도시가 된 것은, 이처럼 프랑스인들이 비록 수차례 혁명을 겪었지만 제국 유산을 일방적으로 파괴하지 않고 적절한 중용의 묘를 발휘한 덕분이다. 혁명 이후 옛 시절 악명 높았던 바스티유 감옥을 철거하고 조성했다는 바스티유 광장조차 내게는 한 치의 부조화도 없이 제국의 다른 유산과 하나로 융합된 것만 같았다. 비록 절대왕정 시대는 타도돼야 마땅한 '앙시앵레짐'이라고 여겨지지만, 또 혁명 후 제정기는 위대한 민주주의 전통을 퇴보시킨 암흑시대로 평가되지만, 도시 파리에서는 그 모든 것이 희한하게도 하나로 어우러져 있었다. 본질은 상반되는 것이 형식에서는 조화를 이룬 파리의 모습은 다시금 프랑스식의 '똘레랑스'를 생각하게 했다.

사실주의의 보고 루브르 박물관

파리의 큰 미술관들은 저마다 역할이 나뉘어져 있다. 루브르 박물
관은 1848년 제2혁명 이전 시기까지의 미술품이 전시되고, 그 후로
부터 1914년 제1차 세계대전 발발 이전까지의 것은 오르세 미술관
에, 그리고 그 이후의 현대 작품은 퐁피두센터에 전시된다. 이 분류
로 보자면 나의 관심이 향할 곳은 당연히 오르세 미술관이다.

전통적인 미술교육 탓인지 우리에게는 은연중에 사실주의를 고
리타분한 것으로 치부해버리는 경향이 있는 것 같다. 그러나 완전
한 추상주의는 또 너무 어려워서 적절한 타협점으로 딱딱하지 않으
면서 난해하지도 않은 인상파들의 그림이 대중적으로 선호되는 듯
하다. 언젠가 서울에서 고흐의 전시회를 보러 갔다가, 표를 가지고
도 몇 시간 줄을 선 끝에 사람 머리만 구경하다 왔던 기억이 있다.
비싼 푯값에도 불구하고 인상파에 대한 열망은 요지부동이다. 나

역시 그런 사람이었기에 오르세 미술관은 그야말로 성전聖殿이나 다름없었다. 특히 인상파 걸작들이 집중적으로 전시된 3층에서는 잘 차려진 뷔페에 간 것처럼, 익히 알고 있는 전설적인 작품을 줄줄이 실물로 만나는 감동의 풀코스 향연을 즐길 수 있었다.

기차역을 성공적으로 리모델링한 오르세 미술관 내부.

그런데 한 가지 생각해볼 점은 우리보다 인상파에 더 광적으로 환호하는 사람들이 바로 일본 사람들이라는 사실이다. 왜 그런가? 나는 유럽에 가서야 비로소 그 이유를 더 확실하게 알게 되었다. 내가 영국에 있던 봄에 런던의 영국박물관에서 일본 춘화 전시회가 대대적으로 열렸다. 그리고 여름에 파리에 갔을 때는 샹젤리제 거리의 국립 갤러리 그랑팔레에서 에도시대의 전설적인 목판화가 가츠시카 호쿠사이葛飾北斎의 특별전이 열리고 있었다. 호쿠사이는 19세기까지의 아시아, 아프리카 작가 중 유럽에서 인지도가 있는 거의 유일한 사람이다. 19세기에 유럽 화가들이 고전적인 회화 관념을 타파하는 데에 일본식의 선묘와 채색 방식은 지대한 영향을 끼쳤다. 그래서 인상파는 일본을 도외시한 채 설명이 되지 않는다. 고흐는 호쿠사이의 풍경화를 베끼고, 모네는 자기 정원에 일본식 다리를 만들어놓을 정도로 '자포니즘Japonism'에 빠져 있었다. 그러니 일본인들이 인상파에 열광하는 것은 당연하다.

유리 피라미드 아래로 입장하는 루브르 미술관.

일제강점기에 형성된 우리나라의 서양 화단이 맨 처음 받아들인 서양화 작풍도 어쩔 수 없이 일본식 인상주의 화풍이었다고 한다. 물론 1930년대부터 한국적 미학을 만들어낸 독창적인 그림이 나오기는 하지만, 내가 주목하는 것은 우리의 서양화 수용 역사를 보면 미처 의식할 틈도 없이 사실주의를 건너뛰고 바로 인상파에서 시작되었다는 점이다. 그러고 보니 내가 유년 시절에 인쇄물로나마 접했던 서양화는 성화를 제외하면 인상파의 그림이 제일 많았던 것 같다.

루브르에 간 날은 간간이 가랑비가 뿌렸지만 아침부터 줄이 길었다. 루브르 박물관은 1793년 최초 개장 당시에는 궁전의 극히 일부에 국한되어 있었지만, 현재는 궁 전체가 박물관이 되다시피 했다. 전시실은 궁전의 구조에 따라 드농관, 리슐리에관, 쉴리관 등 세 곳으로 나뉘며, 유리 피라미드 아래 반지하 입구에서 기호에 따라 방향을 선택할 수 있다. 입장 줄의 구름 같은 인파를 보고 짐작한 대로, 〈모나리자〉나 〈사모트라케의 니케〉, 〈밀로의 비너스〉 등 대중적으로 유명한 걸작 앞은 입추의 여지가 없었다. 특히 모나리자는 정말 '가까이 하기엔 너무 먼 당신'이었다. 수많은 머리 너머로 겨우 만날 수 있는 모나리자의 반쪽 얼굴은 아득하기만 했다. 이처럼 사람도 많고 또 공간도 원체 넓다 보니, 아무리 걸작이라고 해도 구경하는 기분이 이내 심드렁해졌다. 하지만 종국에 내 발걸음을 붙잡은 매력적인 작품들이 따로 있기는 했다.

드농관의 가장 큰 방은 프랑스 신고전주의와 낭만주의 화가들의 대작을 걸어놓은 곳이다. 사실주의 작품 중 내가 그나마 호감을 가진 들라크루와의 〈민중을 이끄는 자유의 여신〉이 걸린 방이기도 하다. 나는 이 방의 또 다른 주인공인 다비드와 앵그르는 본래 별로 관심이 없었다. 모두에서 말한 듯이 내게 그림의 신은 고흐나 모네 같은 인상파 화가들이다. 그러니 앵그르의 매끌매끌하고 뽀얀 여체는 너무 부염해 보였고, 다비드는 하필 알프스를 넘어가는 나폴레옹 그림이 고등학교 때 어떤 참고서 시리즈의 표지마다 박히는 바람에 일찌감치 식상해졌다. 그런데 막상 실물 앞에 다가서자 그런 그림들이 발산하는 색다른 매력이 기대 이상으로 느껴졌다.

일단 원작들이 그렇게나 클 줄을 전혀 상상하지 못했다. 압권은 다비드가 그린 〈나폴레옹 대관식〉이었다. 그 크기가 무려 가로 9.8미터에 세로가 6.2미터나 된단다. 쉽게 표현하자면 18평짜리 아파트 바닥을 통째로 벽에 세워놓은 것이나 마찬가지다. 책에서 엽서 크기로 보는 것과는 감동의 질적인 차이가 날 수밖에 없다. 이 큰 작품을 다 완성하기까지 화가가 쏟아부었을 노고에 나는 경건한 마음부터 들었다.

신고전주의는 바로 이전 로코코 시대의 부드럽고 장식적인 화풍에 반하는 선이 굵고 엄숙한 분위기를 지닌 그림을 만들어냈다. 프랑스혁명 이후에 유행한 이 사조는 역사, 애국심, 희생, 영웅 등이 모티프가 되었다. 그래서 신고전주의의 그림들은 대체로 심각하고

다비드의 〈나폴레옹 대관식〉 앞.

비장하다. 반면에 매우 정치적이기도 했다. 통치자들의 치적을 그
대로 화폭에 담아내거나, 때로는 아예 그들을 고대 역사 속의 영웅
으로 변신시켜놓기도 했다.

　천재적인 화가 자크 루이 다비드는 젊은 나이에 나폴레옹에 의해
궁정화가로 발탁되었다. 정치적 입장에서 혁명파였던 그는 궁정에
들어오기 전부터 나폴레옹을 지지했다. 하지만 혁명의 과실을 교묘
하게 내셔널리즘으로 바꿔 독재에 이용한 나폴레옹에게 전적으로
공감한 것 같지는 않다. 대관식을 직접 보고 초안으로 작성한 연필
스케치는 완성작과 차이가 많았다. 작가는 초안 작성 시 나폴레옹
의 독단적인 면모와 대관식의 불편한 분위기를 여기저기서 간취해

냈지만, 완성작에서 그런 요소들은 대부분 순화되고 말았다. 그의 대작은 나폴레옹의 간섭을 받으며 3년이나 걸려 완성되었다고 한다. 수수께끼를 풀듯 등장인물 200여 명의 이면을 읽어내는 재미가 쏠쏠했다. 사실주의 그림도 이처럼 눈에 보이는 것이 전부가 아니라, 나름대로의 내러티브가 있고 풍부한 상징성이 있다는 것을 실물을 보면서 더 확연하게 이해했다.

　19세기에 사진이 발명되기 전까지 유럽 미술의 방법론은 현실을 어떻게 모방하고 반영하느냐에 있었다고 해도 과언이 아니다. 사실 묘사의 집착에서 벗어나 형상이야 어떠하든 사물의 본질이 더 중요하다고 생각하는 순간 인상파가 나오고 모더니즘이 시작됐다. 이 점만 본다면 동양 그림에서의 모더니즘은 인문주의가 정점을 이룬 송나라 때까지 소급할 수 있다. 내가 타이완에 있던 2007년 마침 고궁박물원에서 송나라 때의 걸작을 모아 '대관大觀'이라는 전시회를 개최한 적이 있다. 북송北宋 대가들의 문짝만한 '대관산수화'와 소동파 같은 문호들의 진적眞跡은 천년의 세월이 더해져 찬란한 품격을 띠고 있었다. 이러한 품격은

북송 대관산수화의 대표작인 곽희郭熙의 〈조춘도早春圖〉. 약동하는 봄기운을 사의적으로 표현했다.

붓의 기교보다는 화폭에 구현된 정신세계를 통해 뿜어져 나온다.

중국에서는 이미 원나라 때에 사의화寫意畵가 사실화를 밀어내고 서화의 주류로 정착된다. 그림에 화제畵題가 들어가고 사군자 그림이 시작된 것도 이 무렵이다. 그러나 한편으로 이는 회화의 표현 영역을 크게 제한시켰다. 훗날 청나라 황실에 들어간 예수회의 이탈리아인 화가 신부 주세페 카스틸리오네가 궁정화가들을 데리고 동서양 필법이 절묘하게 결합된 사실주의적 그림을 만들어냈을 때, 그의 그림에 환호한 것은 오로지 황제들뿐이었다.

이런 관습과 무관하지 않은 전통에서 길러진 나의 안목도 본능적으로 인상파 이전의 사실주의 예술을 까닭 없이 무시하지는 않았는지, 루브르에 와서야 새삼스러운 자각이 일었다. 사실주의 화가도 모사에 들이는 공력 이상으로 자기 의사를 표현하고자 하며, 그렇기에 사실주의 그림도 그 나름대로 독법이 따로 있다는 사실을 이해하려 하지 않았기 때문이다. 그림을 둘러싼 문화사적 맥락까지 포함한다면 한 폭의 사실화는 가히 복잡한 기호가 저장된 정보의 응집물이라 할 수 있다. 더 사실적으로 모방하려는 것은 또한 아름다움에 대한 인간의 집요한 추구를 의미한다. 회화뿐만 아니라 내가 유럽에서 만난 건축이나 조각, 심지어 무수한 공예품에서도 그런 집요함을 느낄 수 있었다. 우리가 지금 그 음덕을 누리고 있다면, 아름다움을 향한 인간의 끈질긴 집념은 동서를 막론하고 존경받아야 마땅하다. 루브르의 사실주의 그림들은 동양의 예술 미학에 대한 자만심으로 가득했던 나를 다소간 겸허하게 만들어주었다.

베네치아의 다리

누군가의 생존이나 혹은 권력을 지키려고 구축된 방어 시설이 때로는 많은 시간이 흐른 뒤에 관광지로 각광받는 경우가 있다. 중국의 만리장성, 중세 시기 유럽의 성들, 심지어 20세기 전쟁 시기에 만들어진 참호조차 때로는 별스러운 관광지가 된다. 잘 상상은 안 되지만, 이탈리아의 베네치아도 그렇게 볼거리가 된 대표적인 곳이다. 베네치아는 원래 베네치아 만 안쪽의 석호 지대였는데, 6세기경 훈족이 이탈리아를 침입하자, 쫓겨 밀려난 사람들이 방어를 위해 섬 사이를 메워 간척지를 개발하면서 도시가 형성되었다. 지금 베네치아가 유리나 금속 공예로 유명해진 것은, 마치 갈라파고스가 육지와 떨어져 있음으로써 대륙 생태계와 상이한 생물군을 품고 있듯이, 육지와의 분리 상태가 오래 지속되면서 육지에서는 이미 사라진 중세 시기 공예가 고스란히 전승되어 지역의 특산품으로 자리

잡았기 때문이다.

베네치아인들이 맨 처음 바다를 메울 때는 방어를 통한 생존이 가장 큰 목적이었겠지만, 곧이어 이들은 지정학적 이점을 바탕으로 지중해의 중개무역을 장악하며 번영을 구가한다. 이들은 이미 697년에 베네치아공국이라는 독자적인 도시국가를 출범시켰으며, 십자군 전쟁 때는 동쪽으로 넘어가는 십자군의 기지 역할을 맡기까지 했다.

저가 항공을 이용한 탓에 우리 일행이 베네치아의 교외 공항에 내린 것은 밤 10시 30분이 다 되어서였다. 공항에서 다시 한 시간 남짓 셔틀버스를 타고 베네치아 시내에 도착, 수상 버스인 바포레토 정류장으로 부지런히 달려갔다. 그런데 가는 날이 장날이라고 하필 파업 중이라 수상 버스는 진즉에 끊겼단다. 물길이 육지를 조각조각 갈라놓은 베네치아에는 육상의 대중교통이 신통치 않다. 밤길에 초행이라 막막했지만 하는 수 없이 걸어서 숙소까지 가기로 했다. 베네치아의 면적이 주변 섬을 다 합쳐도 400제곱킬로미터 조금 넘는다는데, 같은 본도本島의 시가지 안에 있는 숙소까지 멀어봤자 걸어서 30분 이내로 갈 듯했다. 그리고 이어지는 한 시간여 동안, 나는 한밤중에 돌 자갈이 깔린 골목길로 여행 가방을 끌고 다니며 베네치아의 질감을 확인하는 독특한 신고식을 치러야 했다.

자갈길보다 성가신 것은 시도 때도 없이 나타나는 다리였다. 그것도 하나같이 계단이 있는 무지개다리라니……. 나중에 알고 보니 이 작은 도시에 무려 400여 개의 다리가 있다고 한다. 혈관처럼 퍼져 있는 많은 운하 때문에 마치 조각보같이 갈라져 있는 땅을 연결

카날레토가 1737년에 그린 리알토 다리 일대.

하려면 다리를 놓을 수밖에 없고, 찻길 대신 뱃길을 쓰려니 배가 지나다니도록 다리를 둥그렇게 만들어야 했단다. 좁다란 운하에 겹겹이 포개진 무지개다리를 곤돌라가 통과하는 그림엽서 속의 풍경은 그래서 생겨났다.

　이 다리들은 운하 연변의 웅장하고 호사스러운 고건축에 비해 의외로 대부분 소박하다. 그나마 기교를 부린 것이 두칼레 궁전과 연결된 탄식의 다리 정도다. 하지만 가장 유명하고 제일 오래된 리알토 다리의 미학은 조금 포괄적이다. 나는 마침 숙소가 근처에 있는 덕에 이 다리를 여러 차례 건너는 복을 누렸다.

　리알토 다리는 베네치아 섬 복판을 S 자로 가로지르는 대운하에서도 폭이 가장 좁은 곳에 있다. 이 다리가 처음 생긴 것은 1181년

리알토 다리 일대의 현재 모습.

이지만, 현존하는 르네상스 양식의 석조 다리는 1591년에 만들어졌다고 한다. 설계자를 정하는 데만 무려 70년이 걸리고 시공하는데 또 3년이 걸렸단다. 당시로서는 획기적인 단일 아치 공법으로 안정성을 추구했다지만, 수수한 몸뚱이만으로는 싱거웠을 법한데, 마침맞게 다리 위에 아케이드가 얹혀 있다. 다리 위에 점포가 있다는 것은 중세 시대에는 희귀한 일이 아니었다. 피렌체의 베키오 다리에 아직까지 상가가 남아 있고, 지금은 없어졌지만 리모델링하기 전 파리의 퐁네프 다리나 런던의 런던브리지도 그랬다. 중국에서도 다리에 노점이 진을 치는 일은 흔했다.

다리와 시장의 만남은 베네치아의 다른 다리에서는 볼 수 없는 색다른 풍경을 만들어냈다. 그래서 베네치아의 진풍경을 담으려는 화가들이 다투어 이 다리를 그렸나 보다. 다리를 빼곡히 채운 사람들과 운하 양편에 운집한 다양한 점포, 게다가 오가는 배들로 쉴 새 없이 일렁이는 운하의 물결까지, 리알토에 오면 베네치아만의 특별한 정취를 더 진하게 느낄 수 있다. 여기에서는 다리뿐 아니라 주변의 정경까지 아울러야 한 폭의 그림이 된다.

리알토 다리는 셰익스피어의 명작 《베니스의 상인》에도 어김없이 등장한다. 1막 3장에는 "리알토에서 뭐 새 소식 없어?"라는 샤일록의 대사가 삽입되어 있다. 소설의 배경인 1596년은 베네치아가 유럽에서 가장 부유하고 자유로운 도시국가일 때였다. 희곡의 무대를 주로 이방으로 설정하긴 했지만, 셰익스피어가 굳이 이 먼 섬을 선택한 것도 바로 여기에 오면 다양한 상인들의 군상을 만날 수 있었기 때문이다. 리알토 다리 서쪽의 산폴로 지역은 1097년 이래 베니스의 가장 큰 장터였다. 이 지역으로부터 다리 건너 산마르코 광장까지는 지금도 상점이 집중되어 있다. 하지만 물건이 너무 다양하고 많아서 뭐가 베네치아 것인지 혼란스러울 정도다. 게다가 풍경을 보고 생긴 호감이 물건 가격을 보고 물거품처럼 사라지는 경우도 많다. 그러나 사람이 너무 많고 물건 값 비싸다고 불평만 할 수 없는 것이, 일찍부터 상업 도시로 번창한 이 도시와 한산한 풍경은 아무래도 어울려 보이지 않는다.

혼잡한 상점가를 빠져나와 산마르코 광장으로 들어가면 아드리아 해가 코앞에 있다. 그곳에서 바라 본 베네치아의 석양은 정말 일품이었다. 색깔과 그림자의 조화가 실로 완벽한 경지에 있는 듯했다. 바다와 고도古都가 가까이서 만나는 것이 이토록 황홀한 줄은

황홀한 베네치아의 낙조.

베네치아에 와서야 깨달았다. 여기에서는 자연의 품격마저 인간의
흔적에 좌우되는 느낌이었다.

　거기에 플러스알파로 작용하는 것이 웅장하고 맑은 종소리다. 그
것은 어쩌면 베네치아의 시각적인 경치 이상이다. 산마르코 광장의
캄파닐레(종탑)에서 울리는 우람한 종소리는 광장을 보고 있는 게
아니라 광장 안에 들어와 있다는 느낌이 들게 했다. 마치 종소리의
투명한 막이 공간 전체를 부드럽게 감싸는 것 같았다. 종소리 안에
서 신기하게도 나는 구름 같은 인파와 하나로 융화되었고, 그윽한
소리와 함께 지난밤 골목을 헤매다 쌓인 피로도 말끔히 사라져버
렸다.

그런데 최근의 뉴스에 따르면 바다가 가깝다는 것이 또한 베네치아에 재앙이 되고 있다고 한다. 워낙 해발고도가 낮아 지구 온난화에 민감하게 영향받을 수밖에 없지만, 지나치게 많은 수송량을 감당해야 하는 운하의 만성적인 피로도 지반 침하의 원인이 된단다. 세계유산의 수

썰물 때 빠지지 못한 바닷물로 흥건한 한낮의 산마르코 광장.

장을 막기 위해 지금 베네치아 당국은 안간힘을 쓰고 있다고 한다. 아닌 게 아니라 한낮에 찾은 산마르코 광장에는 신발 바닥이 잠길 정도로 덜 빠져나간 바닷물이 흥건했다.

방어를 위해 만든 구조물은 대부분 험난한 환경을 이용하되, 또한 일정 정도는 환경에 역행함으로써 존재 가치가 생긴 것들이다. 그러나 어떤 식으로든 그 대가는 치러야 한다. 건축과 물의 조화가 빚어내는 베네치아의 아찔한 매력은 이 도시를 유지하려고 베네치아인들이 천년 넘게 쏟아부은 피나는 노력의 결과이다. 이들은 생존의 공간을 지켜내는 것에서 한발 더 나아가 이 도시를 동서 문화가 오가는 길목으로 만들었다. 단지 방어에만 머물렀다면 기독교와 비잔틴 문명이 융합된 오늘날의 찬란한 베네치아가 있었을까. 대륙 각국으로 영향을 끼친 건축가 팔라디오나 화가 틴토레토도 나오지 않았으리라. 나는 이런 점이야말로 베네치아가 세상에 남긴 더 큰 유산이라고 생각했다. 그럼에도 바다는 지금 그 옛날 방어를 위해

도시가 만들어지던 때처럼 또 한 번 물의 도시를 시험대 위에 올려놓았다.

베네치아를 떠나는 시간이 되었다. 나는 리알토 다리를 떠나며 한 번 더 사진기를 들었다. 수상 버스의 갑판 너머로 운하 연변의 고풍스러운 건물들이 하나둘 뒤로 멀어졌다. 그와 동시에 건물 사이로 작은 다리들이 언뜻언뜻 나타났다가 사라져갔다. 섬에 도착하던 그 밤에는 성가시기만 했던 작은 다리들이 어느새 정겹게 느껴졌다. 베네치아를 아주 떠날 때는 산타루치아 역 앞의 로마 광장에서 다시 버스로 갈아타야 했다. 이름도 채 알지 못한 많은 다리와의 인연을 간직한 채, 마침내 베네치아 섬을 빠져나오기 위해 리베르타라고 불리는 긴 연육교를 마지막으로 건넜다.

유럽인들의 신전 파르테논

버스가 아테네 중심에 도착하자, 멀리 언덕 위에 하얗게 아크로폴리스의 윤곽이 보였다. 원래 아크로폴리스의 신전과 조각은 이집트의 영향을 받아 알록달록하게 채색되어 있었다는 것이 최근에 밝혀졌지만, 아무래도 하얗지 않은 아크로폴리스는 연상이 잘 안 된다. 오래전부터 상상으로 익숙해졌기 때문이다. 이런 친숙함 덕분에 아크로폴리스로 가는 길은 또한 교과서적인 지식을 실물로 확인하는 감동이 기다리고 있다. 그야말로 '백문이 불여일견'임을 실감하는 순간이지만, 이때 '일견'은 '백문'이 있었기에 더 감동적이리라. 그날 나의 '백문'은 한국에서의 지식뿐 아니라, 영국에 간 뒤 여러 박물관에서 파편적이나마 그리스 유물을 접했던 경험도 포함하는 것이었다. 수만 리 떨어진 곳에서 왜 그토록 그리스의 흔적에 집착했는지, 왜 그렇게 그리스를 모방하려 했는지 하는 의문은 아테네로

바이에른 왕국의 건축가이자 화가인 레오 폰 클렌체가 1846년에 그린 아크로폴리스. 이 그림은 뮌헨의 공간 구성에도 깊이 영향을 끼쳤다.

향하는 나의 발길을 재촉했다. 마침내 도착한 아크로폴리스 언덕은 산만한 견문 끝에 생긴 나의 호기심이 닿은 최종 목적지였다. 그리고 그 위에 꼭짓점처럼 파르테논 신전이 올라 앉아 있었다.

세계문화유산을 지정하는 곳으로 잘 알려진 유네스코의 로고는 파르테논 신전을 이미지화한 것이다. 인류를 대표하는 문화 유적으로 파르테논 신전을 꼽는 곳은 비단 유네스코만이 아니다. 대표한다는 것은 곧 파르테논이 어떤 문화적 전범이 된다는 뜻이다. 그것은 파르테논이 아테네를 상징하는 아이콘이 되는 한, 비단 건축뿐만 아니라 사상과 제도, 예술 등 그리스가 서양 문화에 끼친 모

든 영향을 대신하는 상징이 될 수 있다는 말이다. 이런 점에서 파르
테논 신전은 서구인들에게는 세계가 출발한 곳이자, 현실에 구현된
이데아나 다름없다.

그런데 고대 그리스는 문명을 빚어냈을 뿐 아니라 서양의 근대
세계를 탄생시키는 촉매가 되기도 했다. 고대 그리스에서 시작된
헬레니즘 문명은 르네상스 이후에 중세의 독점적인 헤브라이즘을
약화시키는 결정적 역할을 또다시 해낸다. 그리스의 존재로 인해
유럽 문화가 비로소 균형을 되찾고, 헤브라이즘 문화 역시 근대화
에 성공할 수 있었다. 단적인 비유를 들자면, 가톨릭 신도들이 최대
의 성지로 떠받드는 바티칸의 산피에트로 대성당조차 그리스의 영
향을 빼고 상상하기 어려울 정도다. 고대 그리스는 근세에도 여전
히 서구인들의 의식 안에서 사라질 수 없었으며, 변함없는 향수와
동경의 대상으로 존재했다.

북유럽까지 확산된 르네상스 문화는 유럽 전역에 걸쳐 대항해시
대를 촉발하는 동시에, 국경을 넘나드는 여행의 시대를 연다. 그 대
항해가 식민지 개척을 재촉했다면, 여행의 보편화는 유럽 각국을
하나의 문화권으로 연결시켰다. 대표적인 예가 17세기 중반부터 영
국을 중심으로 유행한 '그랜드 투어'다. 가정교사와 하인까지 달려
서 자제들을 3, 4년 동안 유럽 대륙으로 떠나보내는 이 여행은 요
즘식으로 치면 장기 해외 연수와 같았다. 이런 여행에는 영국과 독
일 등 후발국의 귀족들이 더 경쟁적으로 나섰는데, 이들은 주로 자
기 모국보다 문화와 예술의 역사가 깊은 프랑스나 이탈리아로 자식
들을 보냈다. 여행에서 쌓은 지식과 안목은 곧 가문의 권위와 연결

요한 조파니가 그린 〈개인 조각갤
러리의 타운리〉. 방 안에 가득한
로마와 그리스 조각품들은 부유한
귀족 수집가 타운리가 세 번이나
그랜드 투어를 다녀온 결과를 보
여준다.

되었다. 영국의 경우 여행자가 많을 때는 한 해 4만 명에 달해, 심지
어 대학 교육이 위축될 정도였다고 한다. 이 여행의 풍조는 단지 귀
족 자제뿐 아니라, 애덤 스미스, 볼테르, 괴테 등 학자와 예술가들
의 동참까지 이끌어낸다. 이들의 여행은 후일 계몽주의를 확산시키
고, 유럽의 문화적 동질성을 형성하는 데 기여한다. 그랜드 투어가
유행한 초기에 그리스는 오스만제국 치하(1423~1829)에 있어 직
접 들어가기가 어려웠다. 하지만 로마 문화를 통해 그 흔적을 접하
게 되면서 고대 그리스에 대한 갈망은 오히려 더 부풀려졌다.

18세기 들어 폼페이 유적이 발굴되고 소아시아까지 답사 코스가 뚫리게 되자, 고대 그리스는 유럽인들에게 더 가시적인 곳이 되었다. 이 시기 독일의 미학자 요한 빙켈만이 발표한 그리스 문화에 대한 연구서들도 그리스 미학에 대한 공감을 확산시켰다. 다양한 지적인 탐색을 거쳐 18세기 말엽이 되자, 마침내 고대 그리스를 재현하려는 신고전주의가 대대적으로 유행한다. 이 사조의 직접적인 자양분은 그랜드 투어를 통해 알게 된 로마의 유산들이었다. 그러나 더 근본적인 동기는 그리스를 새롭게 인식했다는 점에 있었다. 1823년 영국의 낭만주의 시인 바이런이 죽음의 위험도 불사하고 독립 전쟁이 벌어지는 그리스까지 달려갔던 데는 다 그만한 이유가 있었다.

이러한 향수와 동경은 한편으로 그리스 유물의 대규모 해외 반출을 야기한다. 이 시기에 유럽에서는 고고학의 정착과 더불어 근대적인 박물관 체제가 수립되었고, 고대 유물 수집이 유행했다. 그랜드 투어에서도 귀국 시 예술품이나 골동품을 기념으로 가져가는 것이 당연시되었다. 가져간 품목의 양과 질은 지적, 경제적 수준을 과시하는 수단이었다. 물론 고대 그리스의 유물은 그중에도 가장 환영받는 기념품이었다. 관과 민간을 막론하고 탐욕스러운 수집 열풍이 휩쓴 결과, 과거에 행세한 나라치고 지금 그리스 유물이 없는 나라는 거의 없다. 도대체 고대 그리스가 남긴 유산이 얼마나 많고 또 얼마나 샅샅이 훑고 다녔는지, 심지어 케임브리지에조차 피츠윌리엄 박물관에 그리스실이 따로 있을 정도다.

그리스 유물이 가장 적극적으로 반출된 이 시기는 오스만제국의 지배로 인해 사실상 역사에서 그리스란 나라가 존재하지 않은 때이

영국박물관의 파르테논 조각 전시실.

다. 이 시기 파르테논도 미증유의 시련을 맞는다. 오스만제국이 베네치아와 전쟁을 벌이던 1687년 파르테논에 보관해둔 화약이 베네치아 군대에 의해 폭발하는 사고가 일어나는데, 이 사고로 신전과 조각들이 크게 훼손되었다. 그러나 이 폭발만큼이나 심각하게 파르테논을 훼손하는 사건이 뒤이어 또 일어난다. 사건이 일어나는 무대 절반은 이제 유럽 안에서도 그리스와 반대편에 있는 영국이다.

런던에 있는 영국박물관의 1,300만여 점이나 되는 방대한 소장품 중에 관람객들이 가장 많이 찾는 것은 단연 초대형 전시실에 진열된 일명 '엘긴마블스'다. 이것은 엘긴 백작인 토머스 브루스가

1812년에 파르테논에서 가져온 조각품들로, 그때까지 파르테논에 남아 있던 것 중 거의 절반에 해당하는 엄청난 양이다. 오스만제국의 영국 대사였던 엘긴 경은 오스만 정부의 모호한 허가로 쉽게 획득한 유물을 자기 집 정원을 장식할 목적으로 영국까지 가져갔다. 하지만 영국 내에서도 지탄 여론이 일자, 1816년 유물 전체를 영국 정부에 매각한다. 그렇게 해서 이 유물들은 오늘날까지 영국박물관에 남아 있게 되었고, 파르테논의 전모를 확인하기 위해서는 아테네뿐 아니라 런던까지 가야 하는 어처구니없는 상황이 벌어진다.

영국박물관의 중앙 홀 왼쪽, 스핑크스가 지키는 출구로 들어가면 이집트와 아시리아, 로마 유물을 거쳐 파르테논 조각품들과 만나게 된다. 이 관람 루트를 걷는 것만으로도 세계 고대 미술의 정수를 집약해서 만나볼 수 있다. 이집트나 아시리아의 조각도 혀를 내두르게 한다. 하지만 파르테논 조각을 보는 서구인들의 시각은 이와 다를 수밖에 없다. 그들의 그리스 예술에 대한 집착은 단순한 이국취미가 아니라 뿌리 깊은 문화적 동질감에서 비롯한다. 그들에게 그리스의 예술은 장인이 아닌 예술가에 의한 것이고, 원시미술이 아닌 진정한 '클래식 아트'의 시작을 의미한다. 파르테논 조각은 과연 서양미술의 원형을 보여주는 한 편의 장엄한 드라마와 같았다. 그것은 신화를 소재로 했지만, 완벽하게 인간의 모습을 재현하고 있었다. 신의 형상이 드러내는 것은 피안에 있는 초현실적인 영성이 아니라, 생생한 인간의 고뇌이고 욕망이다. 그 묘사는 오랜 시간의 간극마저 망각하게 할 정도로 사실적이며 심지어 육감적이기까지 하다. 고혹적인 신의 육체는 인간의 몸이 가진 아름다움에 바치는 헌사라 해도 과언이 아니다. 그 아름다움은 유럽인들이 오랫동안 구축해온 중세의 경건한 종교 미학에서는 발견할 수 없던 것이다.

지금은 파르테논 조각품을 그리스에 반환하자는 여론도 많지만, 그 유물은 한동안 영국인들에게 특별한 의미가 있었다. 영국에 있음으로써 영국인들의 문화적 뿌리를 고대의 그리스에 연계시켜줌과 동시에, 세계의 맹주로서 그들이 누리는 문화적 지위를 확신시켜주기까지 하는 마법의 돌이었다. 그런데 그리스 유산에 대한 이런 열광은 20세기 유럽의 일각에서 그보다 더 심각한 후유증을 불러오기도 한다. 그리스 조각의 빼어난 몸체는 급기야 인종적 우월 의식까지도 만들어내는데, 바로 히틀러가 그랬다. 결벽증적으로 인종주의에 빠져 있던 그에게, 새하얗고 강건한 그리스 남성의 육체는 아리안족의 민족국가를 대신하기에 더없이 적합한 상징이 된다. 한때 횡행한 그리스 유물의 무지막지한 해외 반출은, 위대한 기원을 향한 유럽인들의 그토록 뜨거운 흠모를 배경으로 한다.

아크로폴리스로 올라가는 언덕길에는 까마중처럼 작은 알갱이가 다닥다닥 열린 야생 올리브 나무가 우리 일행을 반겨주었다. 아크로폴리스 정문의 거대한 열주列柱를 지나자, 마침내 파르테논 신전이 위용을 드러냈다. 파르테논 신전은 건축 과정에서도 우여곡절이 많았다 한다. 지금의 파르테논 신전은 그리스가 페르시아와의 전쟁 후 폐허를 복구하면서 약 15년간 재건축하여 기원전 432년에 완공했다. 이 건축물은 그래서 전쟁에 대한 상처와 평화에 대한 염원이 동시에 담겨 있다. 하지만 이 신전은 그 후에도 오랜 세월을 거치며 수차례의 전쟁과 약탈을 더 겪어야 했다.

놀랍게도 건축 자체의 완벽한 미학은 고통스러운 시간이 남긴 생채기조차 아름답게 보이도록 했다. 그 미의 원천은 건물의 구조에 있는 듯했다. 보통 큰 건물은 처음엔 놀랍다가도 자꾸 보면 위압적으로 느껴지는 데에 반해, 파르테논은 멀리 떨어지지 않으면 좀처럼 한눈에 들어오지 않는 거대한 규모임에도 불구하고 신기하게 눈과 마음을 편하게 해주었다. 마치 많은 악사로 구성된 위압스러운 교향악단이 뜻밖에 익숙한 곡을 연주해주는 기분이랄까? 건축의 기술적 요소까지 언급할 도리는 없지만, 어쨌든 그 비결은 사람의 시각을 배려한 비율을 적용한 데에 있다고 한다. 후세에 유럽 건축가들이 어째서 고대 그리스를 재현하기 위해 안간힘을 썼는지는 파르테논 신전의 비율을 생각하니 심정적으로 이해할 수 있었다. 인간의 경계가 아닌 신의 영역에 해당하는 건물조차 인간의 눈높이에 맞추는 지혜와 안목을 어찌 배우지 않을 수 있겠는가?

파르테논의 유연하고도 원만한 자태 앞에서 나는 유럽의 통합을 떠올렸다. 고대 문명과 무관하게 현실 그리스의 경제 파탄으로 통합에 균열이 나타나고 있기는 하지만, 애초 그 발상 자체는 분명 고대 그리스가 남긴 유산과 관련이 있다. 저마다 다른 언어와 문화를 가졌음에도 고대 문명에 대한 동질감과 유대감이 경제적 통합을 이끌어낸 것이다. 하지만 이런 구도를 지구 반대편의 문명권으로 바꿔서 상상하기는 어렵다. 동아시아에서 고대에 문명이 발생한 중국은 그리스와 달리 고대 시기부터 거의 단절 없이 인접국에 영향을 끼쳐온 초강국이다. 게다가 지역 국가들의 고대사에 대한 해석에서도 유럽 각국과 그리스의 관계에서는 볼 수 없는 많은 쟁점이 존재

복원 공사가 한창인 2014년 가을의 파르테논 신전.

한다. 유럽인들이 고대 그리스에 하듯이 우리가 주周나라나 한漢나
라에 문화적 공감대를 보일 수 없는 이유가 여기에 있다. 유럽인들
에게 고대 그리스가 동경과 향수의 대상이 된 것은 오랫동안 현실
의 그리스가 그들에게 별다른 실질적 영향력이 없었다는 점에도 기
인한다.

　내가 파르테논을 방문했을 때는 대규모 복원 공사가 진행되고 있
었다. 사진에서 익히 보아왔던 건물 중앙의 함몰된 부분은 벌써 상
당 부분 복원된 상태였다. 지금까지 파르테논 유물을 반환하지 않
는 영국의 가장 큰 핑계는 그리스에 관리 능력이 없다는 것이었다.
그런데 그리스는 국가 부도 상황임에도 파르테논의 복원 공사를 계

속 강행하고 있다. 그리스가 경제 난국을 어떻게 해결하느냐에 따라, 영국이 화답해야 할 시기는 더 빨라질 수도 있을 것이다.

돌아오는 버스는 마치 제우스 신전의 정문인양 붙어 있는 로마시대 하드리아누스 개선문의 맞은편에 대기하고 있었다. 버스 정류장에 웬 중년 여인의 흉

문화 장관을 지낸 메르쿠리의 흉상.

상이 있어 자세히 보니 여배우 출신으로 그리스의 문화장관을 지낸 멜리나 메르쿠리였다. 그녀가 생전에 온 힘을 경주했던 것이 파르테논 조각의 환수였다. 다음에 또 아테네를 방문할 기회가 생긴다면, 모든 부속이 제자리를 찾은 파르테논을 보게 되지 않을까 기대하면서, 버스 차창을 통해 메르쿠리와 작별했다.

포츠담 광장에서의 통일 놀이

베를린 답사는 교외의 포츠담에서 시작되었다. 포츠담은 1945년 여름 나치와 일제의 패망을 앞두고 전후 처리를 위해 연합국 수뇌들이 회담을 한 작은 도시다. 대전 말기 미군의 집중 폭격을 받은 베를린이 전후에 대대적으로 재건축된 것에 반해, 포츠담은 옛 건물이 거의 그대로 남아 있어 독일 통일 이후 베를린 관광의 중요 경유지로 부상했다. 그 고건축의 백미가 바로 포츠담회담이 열린 상수시 궁전이다.

상수시 궁전은 프리드리히 2세 대왕이 베르사유 궁전을 의식해 만들었다고도 한다. 그러나 베르사유 궁전의 들뜬 분위기와 사뭇 대조적으로 상수시 궁전의 겨울 풍경은 담담하고 적막해서 을씨년스러울 지경이었다. 잘 가꾸어놓은 왕궁을 관광하는 것보다는 황성荒城 옛 터를 더듬는 듯 스산한 기분이 들었다. 그런데 겨울이라 분

상수시 구 궁전의 조촐한 외관.

수를 꺼놓은 것은 그렇다 치더라도, 정원의 조각품들에까지 모조리 방한용 나무 상자를 씌어놓아 멀리서 찾아간 나로서는 야속함마저 느껴졌다.

바깥의 황량한 풍경과 달리 전각의 내부는 비할 데 없이 화려했다. 하지만 그 역시 선택의 여지없이 정해진 시간에 시작되는 가이드투어를 따라야 했다. 구 궁전에는 영어 이어폰이 있었지만, 신 궁전 쪽은 예외 없이 전속 큐레이터의 육성으로 독일어 설명을 들어야 했다. 이런 고지식함을 접하면서 나는 문득 포츠담이 과거에 동독 지역이었다는 사실을 떠올렸다. 그래도 그 덕에 또한 프로이센의 화려한 궁정 문화가 그처럼 원형에 가깝게 보존된 것인지도 모른다. 더구나 딱딱한 분위기 속에서 신기하게도 베르사유 궁전에서

문화 진흥과 정복을 동시에 완수한 프리드리히
대왕.

루이 14세의 자취를 구경할 때
보다 오히려 훨씬 감성적으로
프리드리히 2세를 만날 수가 있
었다.

프리드리히 2세의 위상을 우
리식으로 설명하자면 광개토대
왕과 세종대왕을 합쳐놓은 정도
쯤 될 터인데, 그가 휴식의 공간
으로 짓게 한 상수시 궁전은 후
자로서의 그의 삶을 들여다 볼
수 있는 곳이다. 출중한 군사 전
문가가 되기를 원했던 선왕의 기대와 달리, 프리드리히 2세는 어려
서부터 예술에 재능이 많았고 강압적인 아버지를 기피했다고 한다.
그는 훌륭한 플루트 연주가이자 작곡가였고 볼테르를 평생의 은사
로 생각할 정도로 철학적인 군주였다. 그가 르네상스식의 군주상에
반기를 든《반마키아벨리론*Anti-Machiavelli*》을 저술한 것도 이런 천성
에서 비롯된 것이었다. 문화 예술을 전폭적으로 지원한 덕분에 베
를린은 한때 '북방의 아테네'가 될 수 있었단다. 반면에 그는 재위
기간(1740~1786) 동안 많은 전쟁에 승리하여, 결과적으로 선왕의
기대에 부응한 군주가 되기도 했다. 그는 프로이센을 중심으로 독
일이 재통일되는 결정적인 기반을 마련함으로써 독일 역사에 길이
남을 영웅이 되었다.

포츠담에서 열차를 타고 베를린으로 돌아오는 길은 아련했다. 습

도가 높아 겨울에도 여전히 푸른 풀과 이끼를 볼 수 있는 영국의 전원과 달리 독일 시골의 황량한 겨울 숲은 고향의 느낌마저 불러 일으켰다. 게다가 주황색 기와를 얹은 노랗고 뾰족한 집들을 지나칠 때는 중국의 칭다오에 와 있는 듯한 착각이 일기도 했다. 독일의 점령지였던 그곳의 풍경이 이곳의 복제품이지만, 그 복제품도 이미 100년의 성상이 흘러 내가 탄 교외 열차가 마치 동서양이 섞인 과거의 어떤 시절로 거슬러 올라가고 있는 듯한 착각이 든 것이다. 시간을 되돌아가는 듯한 환상은 베를린에 있는 내내 나의 뇌리를 들락거렸다. 기억의 끝이 닿을 듯 말 듯한 여러 굵직한 사건을 실마리로, 근세와 현대의 세계사를 수렴해볼 수 있는 도시가 베를린이었기 때문이다.

베를린에서 내가 묵은 숙소는 냉전 시기 동서 장벽의 경계선에 인접한 옛 서베를린의 최동단에 자리하고 있었다. 숙소의 베란다로 나가보니 분단 시절의 비극을 전시한 장벽박물관이 바로 맞은편에 보이고, 그 길 앞쪽에는 과거에 서독에서 동독으로 가는 외국인들의 유일한 통로였던 미군 검문소 '체크 포인트 찰리'가 아직도 그대로 남아 있었다. 그래서 그 베란다가 마치 역사로 진입하는 통로에 설치된 전망대처럼 여겨졌다.

베를린 답사는 일부러 의식하지 않아도 과거 동서독 사이의 경계를 부단히 넘나들며 진행된다. 동서 베를린 사이에 있던 장벽이 일직선이 아니고, 단절되었던 교통로도 말끔하게 다시 이어졌기 때문이다. 게다가 상대적으로 제국 시대의 유적은 동베를린 지역에 많고 전후의 의미 있는 현대 건축은 서베를린 지역에 많아, 양쪽을 왔

1900년의 운터덴린덴 거리.

다 갔다 해야 전체적인 베를린의 상이 그려질 수 있었다.

　전쟁 이전의 전통적인 베를린을 가늠해보기 위해 먼저 브란덴부르크 문으로 갔다. 브란덴부르크 문 서쪽에는 도심 한가운데에 광활한 숲이 느닷없이 펼쳐지는데, 이곳은 프로이센 시절부터 왕실에서 사냥놀이를 위해 인공적으로 조성한 티어가르텐('동물의 정원'이란 뜻)이다. 하지만 문 반대편의 동쪽에는 이와 대조적으로 제국 시절 정치와 문화의 중추 시설이 즐비하게 들어서 있다. 보리수가 가로수로 심긴 그 거리가 바로 유명한 운터덴린덴으로, 파리로 치면 샹젤리제와 같은 곳이다. 그런 위상에 맞게 길의 중앙에는 역시나 제국의 영웅 프리드리히 대왕의 동상이 우뚝 서 있었다. 그리고 동상 양 옆으로 독일 지성의 요람인 베를린 훔볼트 대학이 자리하고 있었다. 카를 마르크스와 아인슈타인의 족적이 남아 있는 이곳도 전쟁과 분단의 혹독한 시련을 거쳐야 했지만, 그럼에도 지금까지 29명이나 되는 노벨상 수상자를 배출했단다. 운터덴린덴은 독일제국의 찬란한 영화와 현대 독일의 아픈 상흔이 동시에 남아 있는 곳이었다. 브란덴부르크 문을 포함해서 이 거리의 기품 있는 현재 모습도 알고 보면 거의가 전후에 새롭게 복구된 것이란다.

티어가르텐의 중앙 로터리에 우뚝 서 있는 전승기념탑은 베를린 답사의 대미를 장식하기에 걸맞을 만큼 거창했다. 높이가 67미터나 되는 이 탑은 1864년과 1866년, 1870년 보불전쟁의 승리를 기념하여 빌헬름 1세 황제의 지시로 세워졌다. 원래는 연방의회의사당 앞의 너른 뜰에 있었지만 제2제국의 의미를 축

전승기념탑 옆의 비스마르크 동상.

소하려는 나치가 숲 한가운데로 옮기는 바람에 역설적으로 폭격의 화를 면할 수 있었다고 한다. 탑의 꼭대기에는 황금색 승리의 여신 빅토리아가 월계관을 들고 올라서 있다. 이것은 〈베를린 천사의 시〉란 영화에서 현세로 내려온 천사 다미엘이 빅토리아의 어깨 위에 앉아 있는 장면으로 인해 더 유명해졌다. 하지만 탑의 사방에 서 있는 거대한 동상들까지 묶어서 바라보면, 영화에서 풍기는 현학적인 느낌은 결코 들지 않는다. 동상들의 면면을 보면, 제국 시대를 풍미한 철혈 재상 비스마르크와 론 국방장관, 그리고 몰트케 장군이다. 이들은 바로 독일이 또 한 번 강성한 국력을 갖게 된 빌헬름 1세 재위 시기(1871~1888)에 재통일을 일구어낸 사람들이다. 그러니까 이 탑은 단지 승전을 기념하는 차원을 넘어서, 제2제국의 성세를 과시하고 그들의 '단일한 민족 만들기'를 선양하는 조형물인 셈이다. 독일이 자오둥반도를 점령하면서 동아시아에까지 진출한 것도 바

로 이 탑이 만들어지던 시기에 달아오른 야욕에서 비롯했다.

우리는 지금 통일 독일을 당연한 듯이 생각하지만, 기실 독일은 통일과 분열이 반복한 복잡한 역사가 있다. 그런데 독일이 통일국가였던 그 몇 번의 시기마다 유럽 전역은 독일에 의해 전운에 휩싸이곤 했다고 한다. 즉, 프리드리히 대왕 시절 오스트리아와 벌인 7년전쟁에 거의 모든 유럽 열강이 연루되었고, 빌헬름 1세의 손자인 빌헬름 2세 때 제1차 세계대전이 발발했다. 또 바이마르공화국의 혼란기를 비집고 나타나 제3제국을 내세운 나치가 제2차 세계대전을 도발하기도 했다. 냉전 시대에 주변 국가들이 한결같이 독일의 재통일을 원하지 않았던 것은, 후발 제국인 독일에 잠재된 에너지가 국가 통일과 함께 기형적으로 분출하는 것을 익히 보아왔기 때문이다.

그래서 그런지 다시 통일국가의 수도가 된 베를린에는 과거 독일이 세계에 저지른 만행을 사죄하고 더 이상 전쟁 의지가 없음을 확인시켜주는 다양한 조형물을 곳곳에서 만날 수 있었다. '전쟁과 폭정의 희생자 기념관'에는 텅 빈 홀 안에 단 한 점의 동상만이 뻥 뚫린 천장에서 쏟아지는 자연광을 온전히 받고 있었다. 그 동상은 전쟁에서 죽은 아들을 부여안고 흐느끼는 어머니를 표현한 피에타였다. 작가인 케테 콜비츠도 전쟁을 통해 참척을 당한 피해자라니 더욱 공감이 갔다. 이 시설은 기실 독일 측 희생자를 추모하는 공간이다. 그러나 과거의 전쟁 피해국들을 의식해 매우 우회적인 방식으로 메시지를 전하고 있었다.

베를린 훔볼트 대학 앞 베벨 광장에도 특별한 기념물이 있었다.

1933년 나치당은 하인리히 하이네, 토마스 만, 카를 마르크스 등의 책 2만여 권을 불온서적으로 매도하고 불태우는 독일판 '분서갱유' 사건을 저질렀다. 이 만행을 잊지 않기 위해, 태워진 분량만큼 빈 책꽂이를 지하에 갖추어놓고 지면의 유리덮개 밑으로 들여다보게 해놓은 조형물이 1995년에 설치되었다. 동판에 인용된 시인 하이네의 글귀는 더욱 가슴에 와 닿았다. "이것은 서막일 뿐이다. 책을 불태우는 곳에서는 결국 인간도 불태워지리라." 이런 표현은 반성의 차원을 넘어 맹서에 가까웠다.

전쟁과 폭정의 희생자 기념관 한가운데 홀로 놓인 피에타.

전쟁 관련 조형물들이 나타내는 사죄의 진정성은 충분히 짐작되지만, 거기에는 한편 사죄 대상과의 역학 관계에 대한 독일인들의 인식도 뚜렷하게 반영된 것 같았다. 독일을 둘러싼 주변의 유럽 강국도 의식하지 않을 수 없거니와, 유대인들의 배후에 있는 초강대국 미국 또한 무시할 수 없기 때문이다. 그래서 적지 않은 조형물을 두루 거친 끝에 브란덴부르크 문 옆에 있는 대규모의 유대인 학살 추모공원까지 보고 나서는, 독일인들이 표현하려는 사죄의 강도 이상으로 전쟁 피해국들과 유대인의 저력도 무겁게 느껴졌다. 나의 이런 질투심 섞인 감정은 동아시아에서 일어나는 작금의 대조적인 상황 탓에 더 과민하게 일어났으리라. 아무튼 통일도 천신만고 끝에 이루어졌지만, 통일을 유지하려는 독일인들의 노력도 그처럼 눈물겨울 정도였다.

전쟁은 모든 것을 앗아가지만 그 땅에는 필경 새로운 출발이 기약된다. 베를린 안에서도 전쟁과 분단 그리고 부활의 역사적 기복이 가장 극적이고 역동적으로 구현된 공간은 브란덴부르크 문 남쪽의 포츠담 광장이다. 유럽에서 가장 번화했던 이 광장은 대전 말기에 연합군의 공습으로 초토화되었고, 냉전 시대에는 광장을 가로지르는 장벽으로 두 동강이 남으로써 역사에서 완전히 사라지는 듯했다. 하지만 통일 이후 유럽 최대 규모라는 재개발이 진행된 결과, 지금은 첨단 건축의 전시장으로서 옛 시절의 명성을 되찾았다. 새로운 변화를 과거의 영화와 시련에 대비하려는 듯이, 로터리 한쪽에는 1924년 유럽 최초로 설치했다는 신호등이, 그 맞은편에는 분단 시절 장벽의 잔해가 전시되어 있었다. 한때 역사의 비애를 증언하던 절망의 공간은 이제 통일의 결실을 나누는 모두의 마당으로 완벽하게 재탄생했다. 나는 포츠담 광장의 구석구석을 누비는 동안 우리도 이들처럼 신명 나게 '통일놀이'를 할 그날을 간절히 꿈꾸었다.

슬픈 역사가 남긴 역설의 미학 프라하

베를린에서 드레스덴을 거쳐 프라하로 들어가는 열차 여행에는 어느 시점부터 블타바 강이 기차와 함께 달리고 있었다. 게다가 알록달록한 집들이 강변에 파노라마처럼 이어져 내내 시선을 사로잡았다. 이 열차를 계속 타고 있으면 오스트리아에까지 간다는데, 풍경이 좋으니 기차를 타고 국경을 넘는다는 것이 퍽이나 낭만적으로 여겨졌다. 설레는 마음까지 더해져 프라하로 가는 길은 기차 안에서부터 벌써 긴장이 풀어지고 있었다.

　프라하가 우리에게 관광지로 인식된 것은 사실 그리 오래되지 않았다. 체코는 1990년대 이전의 냉전 시대에 학창 생활을 보낸 사람이라면, 분리 이전의 '체코슬로바키아'란 이름으로 더 익숙할 것이다. 거기에다 문학 취미까지 있었다면, 프라하를 배경으로 한 밀란 쿤데라의 소설《참을 수 없는 존재의 가벼움》을 떠올릴 것이다. 또

아침의 바츨라프 광장. 중앙의 건물은 프라하 박물관.

'벨벳혁명'이라고 불리는 1989년의 비폭력 혁명을 기억하거나, 좀 더 아득한 1968년에 구소련에 대한 저항운동으로 일어난 '프라하의 봄'까지 생각할 정도면 시사에도 일가견이 있으리라. 하지만 지금의 젊은 세대에게 프라하는 TV 드라마의 낭만적인 배경으로 더 익숙해져, 지난한 20세기의 역사를 환기하는 것 자체가 어느새 부질없는 짓이 되어버렸다. 아닌 게 아니라 프라하에서 마주친 한국 사람 중에는 유난히 이삼십 대의 젊은 배낭족이 많았다.

프라하가 초행이라 민박집에서 알려준 게릴라식 팁 투어에 참가하기로 했다. 그러나 약속 장소에 나갔을 때는 슬그머니 후회가 일었다. 모두가 이삼십 대인 참석자 중에 최고령과 최연소가 다 있는 우리 가족은 단연 특별했다. 십중팔구 이런 경우는 다수결의 원칙에 따라 이십 대들의 구미에 맞게 일정이 맞춰질 것이 뻔했다. 하지만 그것이 기우임을 깨닫는 데는 채 10분도 걸리지 않았다. 바츨라프 1세의 동상 아래에서 태블릿 노트북을 꺼낸 가이드는 1989년 바츨라프 광장에서의 시위 장면을 동영상으로 보여주며, 능숙한 솜씨로 광장에 깃든 비운의 역사를 설명하기 시작했다. 낯선 곳을 탐색할 때 탁월한 가이드를 만나는 것은 행운이다. 그 덕분에 나는 체력좋은 이십 대들을 쫓아다니면서도, 힘들거나 지루하지 않은 유쾌한하루를 보낼 수 있었다.

체코는 크게 체히(보헤미아), 모라바(모라비아), 슬레스코 세 지역이 합쳐진 곳이지만, 정서상으로는 사실상 보헤미아의 영향이 지배적이었다. 원래 보헤미아는 독립 왕국으로 중세에 번영을 구가했으나, 10세기에 나타난 신성로마제국과 세력을 다툰 끝에 유력한 제후국으로 제국 내에 편입된다. 어느 면에서 도시 프라하의 비약적인 성장은 신성로마제국의 후광에 기댄 것이기도 하다. 그러나종교 탄압에 대한 개신교계 보헤미아 귀족들의 반발로 1618년 시작된 30년전쟁 이후, 보헤미아는 주변 제후국들로부터 크게 타격을입고 제국 내의 입지가 줄어든다. 반면 오스트리아 합스부르크왕가의 영향력은 상대적으로 증가하여, 1806년 신성로마제국이 해체되자 오스트리아는 보헤미아를 아예 속지로 만들어버린다.

오스트리아 지배 시기에 슬라브 민족주의가 형성되어, 제1차 세계대전에서 오스트리아가 패전한 1918년, 마침내 체코슬로바키아공화국이 탄생한다. 그런데 이 신생 국가는 겨우 4반세기만에 다시나치 수하에 들어가고, 천신만고 끝에 수복을 맞이한 이후로도 소련으로부터 국권을 탈환하기 위한 간고한 투쟁이 이어진다. 이런 점을 생각해보면 프라하의 찬란한 경관은 덧없고 역설적이다. 침략과 저항의 역사 속에서 그런 경관이 만들어지고 유지되었다는 것 자체가 신기할 정도다.

고난의 역사를 기억하는 만큼 역사 속의 민족 영웅은 프라하에서도 절대적인 존경의 대상이다. 체코를 크리스트교 국가로 재편하고 민족적 정체성을 만들어낸 바츨라프 1세는 여전히 지덕을 겸비한 인자로운 보헤미아의 성군으로 떠받들어지고 있었다. 또 다른 영웅으로, 보헤미아 왕으로서 신성로마제국의 황위에까지 오른 카를 4세가 있다. 재위 시절에 프라하가 신성로마제국의 수도가 되고 신성로마제국 최초로 프라하에 대학이 세워졌기에, 체코인들에게 그는 문화를 중흥시킨 위대한 황제다. 그래서 도시의 곳곳에는 지금도 찬란한 중세 시절의 영화를 기리고자 '바츨라프'나 '카를'이란 이름을 붙여놓은 지명이나 조형물이 적지 않았다.

반면에 점령자로 군림한 오스트리아 합스부르크왕가가 남긴 역사 유산 또한 그대로 보존하고 있었다. 성비투스 대성당과 연결된 옛 궁전에는 마리아 테레지아를 비롯한 합스부르크왕가 인물들의 초상화가 옛 모습 그대로 버젓이 걸려 있었다. 프라하 성 정문의 '싸우는 거인들' 조각에는 보헤미아가 야만적인 패배자의 모습으로 표현되어 있지만, 그것조차 아무런 손상 없이 유지되고 있었다. 있는 그대로의 역사를 전시하자는 의도는 알겠지만, 이런 모습은 한국에서 나고 자란 나를 혼란스럽게 했다.

모순적인 상황은 종교 조형물에서도 발견된다. 블타바 강의 다리

중에도 가장 유명한 프라하 성의 카를교는 여러 시대에 걸쳐 난간에 만들어놓은 인물상으로 유명하다. 그중에도 인기를 독차지하는 것은 단연 얀 네포무츠키 신부의 상이다. 그는 왕비의 고해성사 내용을 알아내려는 왕에게 함구함으로써, 가톨릭 교회법의 권위를 목숨과 바꾼 순교자다. 국민적인 존경의 대상인지라 성비투스 대성당 안에 있는 그의 관도 유난히 화려하게 장식되어 있었다. 존경을 받는 또 다른 종교 지도자는 개신교의 선지자 얀 후스다. 신학자였던 후스는 구교의 부패에 맞서 종교 개혁을 주장하다가 1415년에 화형당했다. 그는 독일의 루터보다 100년이나 앞서 종교 개혁을 주장했다. 틴 성모 성당 앞의 구 광장에 우뚝 서 있는 얀 후스와 그 추종자들의 감동적인 청동상은 1915년 그의 사거 500주년을 기려 만들었다고 한다. 천주교와 개신교의 인물이 종교적 신념만으로 동일하게 국민적 성인으로 대접받는 점이 신기했다. 그런데 현재 체코 인구의 종교 분포를 보면 정작 천주교와 개신교 신자는 30퍼센트도 채 되지 않는다고 한다.

사실 단일한 잣대로 민족 개념을 논하는 것은 유럽의 거의 모든 국가에서 무의미하다. 하물며 난마처럼 얽힌 체코의 역사를 우리 개념대로 이해하기는 더더욱 어렵다. 보헤미아왕국을 편입해버린 신성로마제국은 침략자 같아 보이지만, 제국의 황제가 보헤미아 왕이고 수도가 프라하라면 그렇게 말하기도 어렵다. 그럼 지배자로만 군림한 합스부르크왕가는 영원한 적인가? 합스부르크왕가는 19세기 중반까지 중앙집권화하지 않은 채 지역별로 군주국에 존재했다. 그런데 프라하의 두 번째 전성기를 일궈낸 신성로마제국의 루돌프

구 광장에 자리한 얀 후스와 추종자들의 동상.

2세도 합스부르크 출신이었다. 이러하다 보니 통치 세력의 출신이나 혈연보다는 한 지역이 주체가 되느냐 혹은 피지배의 지위로 전락하느냐가 더 중시될 수밖에 없다. 이는 곧 프라하의 성쇠로 나타나기도 했기 때문이다.

종교에 대한 시각도 마찬가지다. 30년전쟁이 종식되기 전까지 구교와 개신교 사이의 실랑이는 오랫동안 보헤미아를 피로 물들였다. 그런데 이 나라의 오랜 종교 갈등은 단지 종교 문제 탓이 아니라 대개 외세의 침략과 정치적 분쟁이 동반함으로써 일어났다. 그러므로 앞뒤 맥락을 고려해보면, 비록 종교적 목적이 있다고 할지라도 신념을 향한 순수한 희생에 대해서는 종교의 차이를 뛰어넘어 공감할 수 있다는 것이다.

이런 체코인들만의 독특한 관념은 역사의 비극이 되풀이되는 동안 축적된 다양한 문화유산을 버리지 않고 그대로 간직하게 했다. 그 결과 중 하나가 바로 시대를 거치며 완성도가 높아진 건축 유산들이다. 대표적인 예가 서기 930년에 터를 잡고 카를 4세 때인 1340년에 중수되기 시작하여, 체코슬로바키아 성립 후인 1928년에 비로소 대중에 공개되었다는(사실 부분적으로는 아직도 미완성이지만) 성비

성비투스 대성당.

투스 대성당이다. 이 성당에는 정치적, 종교적으로 성향이 다른 세력들이 손을 댄 다양한 흔적이 뒤섞여 있다. 만약 문화 순혈주의적인 사고방식이 강했다면 이 성당은 벌써 여러 차례 헐렸어야 했다.

물론 긍정적으로 받아들이기 어려운 부분도 있다. 프라하가 제2차 세계대전의 화마를 피해간 것은 사실 주변국과의 동맹을 저버리고 일찌감치 나치에 백기를 들었기 때문이다. 이런 사실까지 상기하면 그 아름답던 풍경이 갑자기 처량하고 씁쓸한 느낌마저 든다. 하지만 전체적으로 볼 때 이는 역사의 장난에 따라붙은 요행에 불과하다.

나의 기억에 남아 있는 체코에 대한 이미지 중에는, 초등학교 때

상업 예술가에서 만년에 슬라브 민족주의 화가로 변신한 알폰스 무하의 채색창 그림(성비투스 성당).

나보다 훨씬 조숙했던 한 살 터울 사촌 형에게 이끌려 시골 극장에서 보았던 레지스탕스 영화에서 비롯한 것도 있다. 〈새벽의 7인〉이라는 그 영화는 게슈타포 수장으로 '프라하의 도살자'라 불린 라인하르트 하이드리히를 1942년에 폭사시킨 체코 레지스탕스의 실제 이야기에 근거했다. 주인공들은 나치의 잔혹한 보복성 추격전을 피해 성당 지하실로 숨어든다. 그러나 배신자의 밀고로 은닉처가 발각되고, 나치가 퍼붓는 물이 턱 밑까지 차오른다. 그때 항복하기는커녕 서로의 머리에 방아쇠를 겨누고 순교자 같은 죽음을 택하는 얀과 요세프의 비장한 모습은 지금도 생생하다. 유명한 1945년의 '프라하 봉기'처럼 나치 치하에서 체코인들이 벌인 견결한 저항운동은 굳이 일일이 언급하지 않아도 세계사가 증명한다. 내가 거론한 체코인들의 특별한 역사 관념이란 역사에 대한 몰지각을 뜻하는 것이 아니라, 역사의 모든 흔적을 상이한 명분으로 한 공간에 남겨둔 발상과 인식을 말한다.

우리나라에서는 식민 지배를 상징하는 일본식 건축을 철거하는 것이야 당연하다 치고, 최근만 해도 광화문의 현판조차 한글로 바꿔야 한다는 여론이 있었다. 누군가는 그 이유로 한자가 '중국의 문자'이기 때문이라고 했다. 그런 주장대로라면 갑오개혁 이전의 한국 문학사는 중국 문학사에 편입될 수밖에 없다. 이와 반대의 예로, 강릉단오제가 유네스코 무형유산으로 지정되었을 때, 적지 않은 중국인들이 한국에 단오를 빼앗겼다고 내게 말했다. 나는 그들에게 반문했다. 그렇다면 사순절에 기원하는 리우의 카니발은 이스라엘 것이란 말인가? 이런 논리로 따지자면, 우리가 지금 찬탄하는 프라하의 진경은 불행하게도 죄다 남의 나라 것이고 피점령의 소산이며 굴욕의 상징이다. 문화의 교접과 전승, 재창조 과정을 단지 문화 순혈주의의 시각에서 국수적으로만 해석한다면 안타깝게도 '우물 안 개구리'가 될 수밖에 없다. 이런 점에서 프라하의 진경은 그 화려함 이상으로 많은 것을 생각하게 한다.

프라하 성의 대통령궁 뜨락으로 들어갈 때, 가이드는 무선 이어폰을 통해 드보르자크의 〈유머레스크〉를 들려주었다. 쉽고 익숙한 곡이라 발걸음이 경쾌해졌다. 성을 빠져나오는 길모퉁이에서는 다시 스메타나의 〈나의 조국〉 중 〈몰다우〉(블타바 강)를 들려주었다. 아까와는 달리 무거운 보헤미아의 정서가 모세혈관을 따라 온몸으로 퍼지는 느낌이었다. 스메타나는 체코의 민족음악을 만들어낸 국민주의 음악가다. 스메타나가 보수적인 유럽 음악계에서 체코의 민족정서를 통해 권위를 얻기란 쉽지 않았다. 드보르자크는 스메타나의 후배지만, 바그너에 경도된 그의 음악은 독일과 오스트리아의 정서에 더 가깝다. 드보르자크가 스메타나보다 쉬운 선택을 한 것처럼 보일지 모르겠으나, 체코의 민족음악을 세계에 더 많이 알린 사람은 오히려 드보르자크란다. 물론 그의 음악에 체코 감성이 존재하지 않는다고 말하는 사람은 없다. 두 사람의 음악은 모두가 유럽을 받아들여 체코 안에서 완성한 것이고, 또한 체코를 넘어 유럽 각지에 영향을 끼쳤다.

인간의 몸에 혈류가 막히면 동맥경화가 생긴다. 지역이나 국가의 문화에도 마찬가지로 뿌리가 튼튼한 것만큼 외부 세계와의 활발한 순환 활동이 중요할 터다. 하지만 문화의 생리는 인간의 몸과 달라 의도하지 않은 수혈을 강요받을 때도 있다. 그래서 순환한다는 자체보다 순환을 어떻게 받아들이느냐가 더 중요하다. 지난한 역사 끝에 완성된 프라하의 비경은 알고 보면 역설적인 상황이 아니라 지극히 정상적이고 당연한 결과라고 할 수 있다. 체코인들의 지혜와 끈기는 벗어날 수 없는 숙명을 삶과 예술의 풍요로운 원천으로 바꾸어놓았다. 그들은 불순한 혼종성을 미학적 경지로 승화할 줄 알았다. 그래서 프라하 답사의 진정한 묘미는 단지 빼어난 경관을 훑는 것만이 아니라, 도시 곳곳에 남겨진 그런 고뇌의 결을 더듬고 되새겨 보는 데에 있다.

에필로그

케임브리지를 아주 떠나는 날은 이례적으로 함박눈이 내렸다. 새벽 어스름에 창밖을 내다보았다. 지난가을 한 접이 다 되도록 버겁게 결실을 내준 어린 서양배나무 두 그루가 눈을 맞으며 힘겹게 정원에 서 있었다. 한 해 동안 그 작은 공간에 펼쳐지던 향연이 순식간에 환영처럼 눈앞을 스쳐갔다. 이른 봄 수선화가 올라올 때로부터 늦가을 라벤더 향이 잦아지기까지 정원에는 꽃이 끊이질 않았다. 그곳은 또한 새카만 몸뚱이 때문에 노란 부리가 더 반짝이는 블랙버드와 비둘기 치고는 제법 몸집이 큰 우드피전의 놀이터가 되기도 했다. 동이 완전히 트자 눈이 그쳤다. 잠시 잔칫상을 물린 정원에는 눈 덮인 배나무 두 그루만이 무뚝뚝하게 또다시 떠나가는 사람들을 전송하고 있었다.

하지만 사람 세상에는 마지막 날이라고 감상에나 빠져 있을 여유란 존재하지 않았다. 이미 난제가 된 짐이 산더미처럼 거실에 쌓여 있고, 바삐 청소를 하는 동안 아내는 집주인과 실랑이를 벌이며 정산을 했다. 그 와중에 우리는 또 전송하기 위해 찾아준 이웃과 친지를 부산하게 맞이해야 했다. 예약한 승합차가 도착하자, 초스피드로 사람들과 작별 인사를 나누고 허겁지겁 차에 올랐다. 그래도 이 도시와 1년이나 인연을 맺었는데…… 하며 창밖을 내다보려는 순간, 차는 벌써 케임브리지를 빠져나오고 있었다. 런던으로 향하는 고속도로에 들어서자 비로소 마음의 여유가 허락되었다. 노곤한 눈에 비친 영국의 들판은 쌀쌀한 날씨가 무색하게 파랗고 쌩쌩했다. 여전히 생경한 그 풍경을 바라보면서, 1년간의 많은 일이 다시금 주마등처럼 떠올랐다.

내가 영국으로 떠나기 전에 몰두했던 화두들은 영국 생활에 젖어 있는 동안 까맣게 잊힌 듯했다. 도서관에서도 나는 잡다한 분야의 책들에 빠져 있었다. 그런데 돌이켜보니 내가 영국에서 쫓아다니던 것들이 사실 하나하나가 예외 없이 이전의 관심거리와 잇닿아 있었다. 소속 학부의 영국인 학자들이 보여준 중국의 문학이나 정치 문제에 대한 관조적 논의들은 어쩌면 애당초 나의 관심 밖에 있었는지도 모른다. 나는 그보다는 영국과 유럽이 동아시아와 서로 주고받은 시선의 흔적에 더 관심이 갔고, 건축과 그림을 홀린 듯이 쫓아다녔고, 전공과 전혀 관련 없는 영국 문화 자체를 의외로 더 흥미롭게 받아들였다. 이는 또 알고 보면 내가 떠나오기 전부터 유럽에서 보고 싶어 했던 것이기도 했다.

대학과 도시의 문화 전통이 살아 있는 곳에서 이를 만끽한다는 것은 내게 더할 수 없는 행운이었다. 골방 샌님처럼 한쪽 세계에만 머물러 있던 나의 눈을 키워준 것이다. 하지만 한편으로 나는 앞으로 이 경험을 어떻게 소화할지 또 다른 숙제를 떠안게 되었다. 잡다한 메모 가운데 이나마 추려낼 수 있어 다행이라고 스스로 위안을 하면서도, 동시에 묵직한 부담이 느껴진 것은 그 때문이다. 그러나 이 기록은 어쨌든 나의 여정에서 거둔 첫 수확이며, 소박하게라도 책의 모양을 갖추어 세상과 공유하는 일 또한 나의 책임일 것이라고 생각했다.

긴장이 사라지자 오만 가지 상념으로 머리가 복잡해졌다. 하지만 차가 케임브리지에서 멀어질수록, 낯선 곳에서의 생활을 무탈하게 마쳤다는 것, 그리고 나의 평범한 일상과 그리운 얼굴들이 기다리는 곳으로 돌아간다는 설렘이 점차 다른 감정을 압도해갔다. 짐 속에 박힌 듯이 앉아서 가는 아내와 아이들의 얼굴을 힐끗 둘러보았다. 나의 속내가 투영된 때문인지 그들의 얼굴에서도 석별의 아쉬움보다는 피로와 행복감이 뒤섞인 묘한 표정이 읽혔다. 어느새 히드로 공항이 멀지 않다는 표지판이 보였다. 영국을 정말로 떠나는 순간이 다가왔다.

사진 저작권 및 출처

21쪽   이탈리아 화가 카날레토가 그린 세인트폴 대성당, St. Paul's Cathedral(ⓒ YAHmmOQiPxtmQQ at Google Cultural Institute, 위키미디어 공용)

23쪽   1파운드 동전, Forged Pound Coins 2(ⓒRichard Wheele, 위키피디아)

26쪽   〈연행도〉제7폭 '조양문'(ⓒ숭실대학교 한국기독교박물관)

28쪽   〈마담 드 조프랭 부인의 살롱에서 열린 저녁 연회〉, In the Salon of Madame Geoffrin in 1755(위키미디어 공용)

29쪽   세나트하우스로 입장하는 케임브리지 대학 졸업생들, Cambridge University graduation enter Senate House(ⓒCmglee, 위키미디어 공용)

32쪽   제임스 휘슬러의 〈회색과 금색의 야상곡〉, Nocturne in Grau und Gold, Schnee in Chelsea(ⓒThe Yorck Project: 10,000 Meisterwerke der Malerei, 위키미디어 공용)

36쪽   귀스타브 도레의 〈철도에서 바라본 런던〉, Over London-by Rail from London : A Pilgrimage(1872)(위키미디어 공용)

37쪽   1952년 12월 스모그로 자욱한 트래펄가 광장, Trafalgar Square(ⓒLeonard Bentley, 플리커)

40쪽   BBC텔레비전센터, BBC TV Centre(ⓒPanhard, 위키미디어 공용)

44쪽   데이비드 애튼버러, Sir David Attenborough(ⓒJohann Edwin Heupel, 플리커)

49쪽   세나토프 앞에서의 리멤버런스 선데이 행사, Cenotaph.ceremony.london.arp (ⓒAdrian Pingstone, 위키미디어 공용)

73쪽   1480, 90년대에 독일에서 출판된 양피지 미사전서 필사본, Manuscript Book of Hours, about 1480-90(위키미디어 공용)

74쪽   렌 도서관의 중앙 홀, Interior of the Wren Library(ⓒredjar, 플리커)

82쪽   루퍼트 브룩, Frontispiece to Collected poems of Rupert Brooke with a Memoir 1918(ⓒSherril Schell, 위키미디어 공용)

83쪽   1910년 오차드 찻집의 주인이었던 스티븐슨 여사와 종업원들, Mrs Stevenson and the staff of 1910(http://loveandlilac.blogspot.kr/2011/07/and-is-there-honey-still-for-tea.html)

93쪽   엘리자베스 키스, 〈달빛 아래 서울의 동대문〉, East Gate Seoul, Moonlight(ⓒ 엘리자베스 키스,)

100쪽   귀스타브 데이비드 노인(ⓒG. David. Bookseller)

103쪽   1925년 영국 유학 시절 사오쉰메이(사오샤오훙邵綃紅 제공)

109쪽   케틀스야드에서 짐 에드(ⓒKettle's Yard)

110쪽   조약돌 설치미술, Kettle's Yard(ⓒJohn Lord, 플리커)

115쪽   글로브 극장, Globe Theatre London(ⓒSchlaier, 위키미디어 공용)

116쪽   '월드 북 나이트' 행사의 두 가지 팸플릿 표지(저자 스캔)

140쪽   크리스티나 로세티, Portrait of Christina Rossetti(ⓒWikiPaintings, 위키미디어 공용)

149쪽   세인트판크라스 역과 챔버스 빌딩, St Pancras Railway Station 2012-06-23(ⓒ Colin, 위키미디어 공용)

151쪽   1893년 완공 직전의 타워브리지(http://i.huffpost.com/gadgets/slideshows/356143/slide_356143_3917005_free.jpg)

167쪽   제인 오스틴, Portrait of Jane Austen in watercolor and pencil(위키미디어 공용)

171쪽   꿈을 꾸고 있는 버니언(http://photos1.blogger.com/blogger/2677/1942/1600/John-Bunyan-Reading.jpg)

176쪽   한글판《텬로력뎡》(ⓒ숭실대학교 한국기독교박물관)

191쪽   사진기를 매만지는 루이스 캐럴, Lewis Carroll(위키미디어 공용)

192쪽   존 테니얼의 《이상한 나라의 앨리스》 삽화, Alice au pays des merveilles(위키미디어 공용)

195쪽   복원된 노팅엄 성 입구, Nottingham Castle Gate House(ⓒAlistair McMillan, 플리커)

196쪽   불타는 노팅엄 성 동판화(https://castlewalkwithme.wordpress.com/2008/10/11/research-into-the-history-of-the-castle/)

200쪽   노팅엄 성 아래 사암 지대의 동굴들, The rocky cavey bit by Nottingham Castle (ⓒPicture Institute-Bristol Margate Nida London, 플리커)

207쪽   토머스 웨이드(http://www.lib.cam.ac.uk/mulu/wadebio.html)

209쪽   허버트 자일스, Portrait of Herbert Allen Giles appearing on(djvu) page 6 of Gems of Chinese Literature.(1922)(위키미디어 공용)

219쪽   웨지우드 사의 상품 전시장(https://austenonly.files.wordpress.com/2012/02/wedgewood-showrroms435-correction2.jpg)

223쪽   케임브리지 시절의 쉬즈모, Xu Zhimo(위키미디어 공용)

224쪽   1930년대의 골즈워디 디킨슨(Jason Harding의 논문, 〈Goldsworthy Lowes Dickinson and the King's College Mandarins〉)

226쪽   1924년 인도 시인 타고르의 중국 방문, Tagore visiting the Forbidden City in Beijing in May 1924(ⓒKen Mayer, 플리커)

232쪽   건륭제를 알현하는 매카트니 특사 일행, Lord Macartney Embassy To China 1793(위키미디어 공용)

233쪽   윌리엄 알렉산더의 〈베이징의 서대문인 평칙문〉(https://nttreasurehunt.files.wordpress.com/2010/12/an00034423_001-medium.jpg)

235쪽   《중국 지도책》속표지의 타타르(청나라) 황제(ⓒHoughton Library at Harvard University, 위키미디어 공용)

236쪽   윌리엄 알렉산더의 《그림판 중국의 풍속과 예의》 중 〈중국의 배우〉(저자 스캔)

237쪽   토머스 알롬의 〈중국인 저택에서의 저녁 연회〉, Dinner Party at a Mandarin's House(ⓒCorel Professional Photos, 위키미디어 공용)

239쪽   줄리언 벨(http://www.bibliovault.org/BV.book.epl?ISBN=9780804774130)

240쪽   1900년 천안문 앞 전문을 공략하는 미국 해병대, I'll Try, Sir! Department of the Army Poster 21-73(위키미디어 공용)

242쪽   1901년의 신축화약 조인식, 《辛丑条约》签字时的情景(위키미디어 공용)

244쪽   옌징 대학 전경, Yenching University campus(ⓒYenching University, 위키미디어 공용)

246쪽   링수화가 직접 그린 《옛 노래》의 표지(저자 스캔)

314쪽   레오 폰 클렌체가 1846년에 그린 아크로폴리스, The Acropolis at Athens(위키
         미디어 공용)

316쪽   요한 조파니가 그린 〈개인 조각갤러리의 타운리〉, Charles Towneley in his
         Sculpture Gallery(위키미디어 공용)

326쪽   프리드리히 대왕, Bildnis Friedrichs des Grossen(위키미디어 공용)

328쪽   1900년의 운터덴린덴 거리, Berlin, Unter den Linden zwischen 1890 und
         1900(위키미디어 공용)